半總統制在
臺灣：總統權力新視角

陳宏銘———著

五南圖書出版公司 印行

推薦序

　　陳宏銘教授為國內研究半總統制之著名政治學者，他對於我國半總統制的運作實況及其理論意義經常發表深入的分析，學界頗受其惠。此次出版《半總統制在臺灣：總統權力新視角》一書，將焦點集中於半總統制憲政體制的關鍵行為者──總統，並揉合半總統制與美國「總統學」的理論文獻，獨出心裁，構做分析框架，緊扣臺灣憲政運作的實務，特別令人欣喜期待。

　　總體而言，本書有四項特色：掌握半總統制運作的關鍵變項、連結總統研究的理論文獻、開發臺灣的總統研究領域，以及將臺灣個案與比較研究相互闡明。半總統制是一種具有議會制與總統制雙重特色的憲政體制，基本上是以議會制為底（所以內閣要對民選的國會負責），再加上直選總統的設計（所以總統直接獲得全民的授權）。究竟這兩項議會制和總統制的核心制度安排要如何調和，便成為半總統制運作最核心的議題。在這兩者之中，責任內閣的設計相當清楚而明確：總理要率領內閣對國會負責，並在國會表達不信任時去職；但是總統直選究竟會帶來多少的總統權限，卻可以有很大的伸縮空間。因此總統的權力和角色便成為整個半總統制憲政體制運作的關鍵：如果總統僅擁有少量的權力，或自居於虛位元首的角色，則這個系統會運作得像議會制；如果總統掌握大權，或自居於國政的樞紐，則這個系統會運作得像總統制。當然在這兩種運作模式之間，也可能出現居中的類型。本書以總統作為研究的焦點，是抓住了半總統制關鍵變項，掌握了此種憲政體制的運作核心。

　　在半總統制的文獻當中，自然有許多是討論總統的權力和所產生

的影響，但是大多沒有和「總統研究」（presidential studies）的文獻對話。很顯然的，總統研究是總統制國家憲政體制研究的強項，並且以美國為典型的案例，而美國最初的制度設計，就是要和歐洲的議會制相區別。基本上，美國所強調的是行政與立法間的權力制衡，而不是行政對立法負責，而後者正是議會制與半總統制的核心特徵。此種制度的扞格導致研究和文獻的隔絕，因此雖然總統是半總統制中的核心行為者，卻鮮有人援引總統研究的理論和成果來關照半總統制，這不能不說是一個研究的缺憾。本書正視總統研究對理解半總統制的重要性，恰好填補了此一空缺。

除了抓緊了總統此一半總統制運作的核心變項，並且和總統研究進行理論對話之外，本書更開啟了臺灣總統研究的一扇大門。原來臺灣由於實行民主的時間較短，能夠積累的憲政實踐資料有限，因此雖然總統的權力很大，是政治體制中的主要行為者，但是針對總統所進行的研究卻是鳳毛麟爪，甚至遠不如對於國會所進行的研究。瞭解歷任民選總統是如何在半總統制的框架中運作其權力，對於臺灣而言，不僅具有學術上的重大意義，更是一個在實務上不可不深究的議題。就這一點而言，本書也是一個開路先鋒。

不過，本書並不僅限於臺灣的個案研究，而是讓個案和比較研究相互豐富、相互闡明。因此作者的策略經常是從一個理論的關懷進入多國的比較，然後深化到臺灣的案例，也有將比較性與理論性的篇章與個案分析並列，如此出入於一般與特殊、理論與實例、各國與台灣之間，游刃有餘，相互對比闡明，展現了作者細膩的分析能力和宏觀的理論眼光。此種多視角的研究策略，顯然比執著於特定角度的分析更為靈活、也更為有效。

就具體的內容而言，本書分為三個部分，分別指向總統在決策、立法，和政黨方面的角色，而構成了本書的主要內容。這三個面向可以透過一個整體的分析框架來理解。我們強調總統的權力大小

和權力如何行使是半總統制的核心變項，決定了半總統制的運作模式。然而，總統的權力究竟要如何測量呢？具體地來看，關鍵議題是總統如何控制國家機器（政府），而這又可以分為「直接控制」與「間接控制」的兩個途徑。直接控制是指總統能否號令閣揆（總理、行政院長），從而掌控行政；間接控制則是總統能否透過黨政關係影響國會，從而掌控立法，並以此控制國政。總統的權力，便是直接控制與間接控制的總和。權力大的總統同時擁有對政府的高度直接（行政）和間接（立法）控制，權力小的總統無論直接或間接控制都很有限。當然，總統權力也可能居於其中，或是隨國會的組成（總統黨是否居於多數，或在執政聯盟中是否居於優勢）而定。本書在討論總統的政策權力（第一篇）時，就是在處理總統對於政府的直接控制（控制行政權），而在討論總統的立法推動和總統與政黨組織間關係的時候，就是在處理總統的間接控制（控制立法權）。既然在半總統制下運作的總統必須仰賴直接控制和間接控制，那麼探究總統在政策權力、立法推動，和與政黨組織間的關係毋寧就是必然的。

　　作者的研究發現是非常獨特的。在第一篇的討論當中，區別了由憲法的明文規定和由實際運作所構建的兩套半總統制分類系統，前者就是Mathew Shugart & John Carey所界定的「總理總統制vs.總統議會制」，後者則是承襲並修改了Robert Elgie和吳玉山所發展出的運作類型，並分為「總統優勢」、「總理優勢」和「總統與總理平衡」等三類。作者發現第二種分類系統（特別著重總統對總理和內閣的任命實踐）比第一種更能夠與「總統的憲法決策權」、「總統有決策機構」，與「總統主持內閣會議」等相關聯，這就顯示了行為比法規更能夠指示半總統制的運作模式。

　　不論從憲法法規或是憲政實踐來看，臺灣都是屬於總統權大的「總統議會制」或「總統優勢制」，可是那都是因為總統對於行政院長的人事權（任命與罷黜）。由於總統將閣揆視為下屬，因此必然

試圖掌握行政大權，但是又由於我國憲法未賦予總統參與內閣會議（行政院會議）的權力，也沒有專屬於其下的正式決策機制，因此總統對於各部無法親身指揮，必須通過閣揆，使其意志難以貫徹，這就催生出許多的體制外的非正式機制，也容易造成總統和閣揆之間的爭執。這層困局，作者稱為「人事直接掌控」和「政策間接委託」之間的矛盾，的確是我國憲政體制中一個明顯的現象。

在第二篇的討論當中，分析的焦點轉移到總統和立法之間的關係，也就是總統對於政府的間接控制。作者在此對於陳水扁、馬英九，與蔡英文等三位總統如何試圖影響立法進行了分析，這是頗具有創新性的研究。其中對馬英九時期的立法推動，除了討論推動模式之外，還試圖瞭解推動效果，而對於另外兩位總統的立法推動，則主要著眼於總統如何推動立法。由於立法是由國會議員來完成，所以總統推動立法的工作主要的對象就是國會議員，特別是本黨的國會議員。那麼總統究竟如何影響本黨議員，來推進其立法的議程呢？我們可以從「總統是否擁有間接控制」的分析框架來看。這裡有兩個變項特別重要，一是「總統是否能控制本黨」，一是「總統黨是否能夠掌握國會」。這兩個變項可以用來衡量總統是否能掌控國會，從而間接地控制政府。如果加以運作化，則這兩個變項就成為「總統是否兼任黨主席」，和「府會是否一致」。照理說，一位兼任黨主席、又掌握國會多數席次的總統，在面對國會、推動立法的時候，是會和一位不兼任黨主席、又無法掌握國會多數的總統處於不同地位的。不過由於在三個時期（陳水扁、馬英九、蔡英文）當中，府會關係都沒有變動（陳水扁始終處於府會不一致、馬英九始終處於府會一致，而蔡英文在其第一任也始終處於府會一致），所以無法在針對各時期的分析中，看出府會是否一致（即總統黨是不是能夠控制國會）對於總統推動立法所產生的影響。但是總統是否兼任黨主席，則的確是一個變項，並且無論在陳水扁或是馬英九的任內，都可以發現，如果總統具

有黨主席的身分，便可更有力地陳述其對於法案的立場，並爭取同黨議員的支持。

在第二篇當中，透過各章的分析，可能最有意義的發現是總統對於黨政平臺（也就是非正式的協調機制）的重視。一如總統在試圖掌握行政權力時所發現的一樣，憲法並沒有賦予總統影響國會和立法的便利工具，所以總統就必須以非正式的體制外機構來施展影響力。我國憲法沒有給總統提案權，總統和立院領袖之間也缺乏正式的溝通管道，因此「九人小組」（陳水扁時期）、「五人小組」（馬英九時期）、「執政決策協調會議」等黨政平臺就應運而生，除了協調行政、也協調立法。透過本書的分析，我們發現馬英九總統透過黨政平臺所表達的立法偏好度最高，而蔡英文總統也在類似的黨政平臺中表現最多次的強烈指示態度。可以想見，當總統不兼任黨主席的時候，黨政平臺的重要性將更為提升，而無論是在指導行政、或是推動立法上均是如此。

在第三篇當中，作者探討論我國兩大政黨和總統之間的關係，這也是落在「總統對於政府的間接控制」向度上。作者發現「總統兼任黨主席」是一共同的趨勢，並且被規定在黨章當中（先是民進黨、繼而是國民黨）。造成此一現象的原因，當然就是協調黨政的必要性。因而總統兼任黨主席乃成為常態，只有在特殊情況之下（例如選舉敗選而黨主席必須負責）才會間斷，兩黨均是如此。作者在此更把總統兼任黨主席和「政黨總統化」（presidentialization of political parties）的國際趨勢連繫起來，使得臺灣的現象得以放到更大的框架中來理解，並從而揭示了可能的深層根源。透過大數目的比較研究，作者發現總統兼任黨主席是總統為主的半總統制政體中（這包括法律上的總統議會制和實際運作上的總統優越制）所普遍發生的現象。而其原因可能是實權總統必須要有施展權力的機制。

本書利用憲政體制的討論，揭示了許多政治現象的根源。由於總

統的閣揆任命權影響重大（這是1997年第四次修憲、建立半總統制時所給予總統的權限），因此中華民國無可避免地走向了以總統為主導的半總統制（無論從法律或從實務上來看皆是如此），但又因為憲法中並沒有給予總統便利的權力機構，所以總統必然會尋找或創設施展影響力的機制。這包括兩個面向：政黨和非正式的黨政協調機制。為了掌握政黨，所以總統無論屬於哪個黨、府會是否一致、個性如何不同，都會要爭取兼任黨主席，並以黨紀來約束從政黨員（主要是國會議員），從而影響其立法行為。另一方面，非正式的黨政協調機制則無論總統是否為黨主席都具有其重要性，蓋這是總統直接和行政與立法領袖溝通並施展其影響力的最重要渠道，因此無論處於何種情境之下，均為各總統所樂於設置與維持的。總體而言，本書指出了制度外權力渠道的發達，是制度內的壓力所造成的。至於面對此種情況，究竟是應該賦予總統正式的施展權力機制，還是應該剝奪其對於閣揆的單獨人事任命權，則是要看我們是站在效率、或是制衡的憲政價值角度，難以一概而論。作者在結論中將此一關鍵點出，可說是直指核心。當然，若認為現制無論如何令人不滿意，其實也是一種效率和制衡之間的妥協，而任何移動都會影響此一均衡，則也是一種看法。總體而言，本書探求了臺灣半總統制深層的壓力根源，解釋了重大的憲政現象，並揭示了如何可以改進的憲政考量，真是豐富而深入，可說是為我國半總統制研究開啟了新頁，值得為學界同仁大力推薦。

中央研究院院士

吳玉山

108年9月7日

識於南港

作者序

　　一個世紀前的1919年，在內閣制與總統制這兩種主要的憲政體制外，因為芬蘭和德國威瑪共和幾乎在同一時間的憲政嘗試，出現了後來被法國憲政學者Duverger稱之為半總統制的政府體制類型。中華民國當前的憲政體制即為政治學界廣泛歸類為半總統制，國人則習慣稱之為「雙首長制」。實際上在全球政治學界，半總統制已是被普遍公認為當代最主要的、也是最廣為採用的政府類型之一，其在研究上的價值，到了本世紀也取得了難以撼動的學術認可。今年恰逢半總統制施行滿100年，我國則於1997年修憲後實施此種制度，迄今運作逾20年。其間，雖然臺灣學術界對半總統制的相關研究甚多，但至目前為止，尚未發展出類似美國總統研究（presidency studies或presidential studies）的傳統。

　　在有關美國政治的研究中，有一個領域是特別聚焦在總統職位和其權力，其研究面向諸多，既包括傳統的制度途徑研究，也涵蓋行為科學的實證取向，或可統稱之為「總統學」。此處所謂的總統學，並不是在探討如何成為一位成功的或好的總統，而是在研究總統職位的權力性質和其運作與領導型態。我國雖非總統制，但人民選出的實權總統位居國家最高權力之中樞，在憲政實務上，其角色的重要性並不亞於總統制下的總統。因此，美國總統學所累積的研究智慧，對於探討我國總統的權力和運作也應有啟發作用。筆者於多年前開始思考和蘊釀，嘗試對我國半總統制進行新的議題與研究取向，經過幾年的探索，茲將初步的研究心得和成果彙整於本書中呈現，若干想法與美國總統學的關懷亦有相呼應之處。

　　本書係涵蓋已發表而重新增修內容的相關稿件以及最新的著作，構成系統性的專著（詳見導論說明）。本書的內容和觀點，希望對於從事我國憲政體制的研究者或學習者，以及關心憲政實務運作的讀者，都能夠有參考的價值。

　　筆者要感謝所任教的中原大學，本於全人教育之理念，提供教師完善的工作環境和資源，讓個人在從事教學與服務工作的同時，也得以在研究上有不斷精進的機會。最後，本書能夠順利出版，要謝謝五南圖書的鼎力支持、副總編輯劉靜芬小姐在出版事宜上給予的諸多協助、編輯林佳瑩小姐的細心校稿，以及文化大學蘇子喬教授在本書規劃上的寶貴意見。在此，也要特別感謝中研院吳玉山院士對筆者在半總統制研究上的鼓勵和對本書出版的支持與推薦，以及東吳大學黃秀端教授在半總統制國會研究上給予的啟發。此外，包括中山大學廖達琪教授、臺灣大學王業立教授、中研院吳重禮研究員（教授）、中正大學蔡榮祥教授、東海大學沈有忠教授、東海大學張峻豪副教授等在內的學者們，於過去一段時間在相關研究上所提供的重要意見，在此一併致謝。本書疏漏不足之處，尚祈讀者指正和提供寶貴的意見。

陳宏銘

目　錄

第二篇　總統的立法推動

導論：以總統為中心的憲政研究取向

　　半總統制（semi-presidentialism）已是普遍公認的一種當代的主要政府體制型態，並由法國學者Duverger在1970年代所歸納和命名的，以作為一種有別於傳統內閣制（parliamentarism，或譯議會制）和總統制（presidentialism）的另一種主要政府類型。[1]按Duverger（1980）的觀察，半總統制涵蓋3項特徵：1.共和國的總統由普選產生；2.總統擁有實權；3.除總統外，存在有內閣總理和各部會首長，他們擁有行政權，且只要國會不表示反對，就可以繼續做下去。Elgie則化繁為簡，在上述Duverger的定義基礎之上，捨棄其第2項特徵，將第1項和第3項予以保留，成為一較寬鬆且較易於檢證的定義：「總統由普選產生，任期固定，同時存在著需要向議會負責的總理與內閣。」以上是目前在定義半總統制時最重要的兩種方式。

　　以Duverger和Elgie的觀點此來看我國，首先根據中華民國憲法（含增修條文）之規定，總統經由人民直接選舉產生，符合Duverger對半總統制所界定3項特徵中的第1項，總統由普選產生。其次，依憲法增修條文規定，總統擁至少有以下實權：行政院院長的任命權、解散立法院的權力、主持國家安全會議與決定國家安全大政方針等，故也大致符合Duverger所揭示的第2項特徵。最後，除了總統之外，還存在著領導國家最高行政機關的行政院院長及行政院各部會首長，而行政院須向立法院負責，立法院得對行政院院長提出不信任案迫其去職，凡此規定亦符合Duverger所提出的第3項特徵。既然Duverger的定義比Elgie嚴格，那麼符合前者，當然就符合後者，所

---

[1] 關於英文"parliamentarism"的中文表達，以「議會制」較符合其本意，但由於臺灣的學術界以及一般國人長久以來習慣使用「內閣制」一詞，且此一名稱也易於理解和總統制的相對性，一則行政權中心在內閣，另一則在總統，因此本書一律使用「內閣制」的說法。

以無論採用何者爲半總統制之定義，中華民國的憲政體制均符合其特徵。

此外，我國半總統制常被國人稱爲雙首長制，因其存在著廣義行政權下總統和行政院院長的雙首長設置。[2]對於半總統制的雙重行政領導權威結構，Sartori有系統的觀察，他提出半總統制的以下5項特徵：1.國家元首（總統）乃由普選產生，不論是直接或間接的，有固定的任期；2.國家元首與總理分享行政權，因此形成一種雙重的權威結構，其三項界定判準如下（以下3至5點）：3.總統獨立於議會之外，但並非單獨或直接的賦予治理權，因此必須透過政府來傳送和貫徹其意志；4.相對的，總理與其內閣是獨立於總統而依賴於議會的，他們服從於議會的信任案或不信任案（或兩者兼而有之），並且在兩者的任何一種情況下需要議會多數的支持；5.在每一個行政部門組成單位確實具有潛在自主性之條件下，半總統制下的雙重權威結構允許行政權內部的各種平衡以及權力分布的變動性。

半總統制政府型態不僅在上個世紀末於我國所採用，世界上爲數眾多的其他國家亦廣泛實施，並在21世紀初與內閣制和總統制構成全球版圖三足鼎立之勢。這樣的憲政實然，使得半總統制作爲一項學術的研究主題，不僅在國內有其重要性，在國際政治學界也同樣受到重視，近年相關的研究著作有日益增多的趨勢。

2　半總統制與雙首長制（或稱「雙重領導制」，dual leadership）雖然在內涵上有其共通點，實則在概念上也有區分的需要。Blondel（1992）將雙首長制區分爲三類，其中「半總統制」僅是其中一種，另外兩種則是「雙重領導的君主制」（dual monarchies）和「共產主義體系」（communist systems）。雙重領導的君主制是最傳統的雙首長制，即存在著國王和首相的雙重領導，如過去的布列顛、瑞典以及1980年代的約旦、尼泊爾及摩洛哥，洛哥等例子；共產主義體系是在過去歐洲及北亞的共產主義國家中，同時存在著黨的領導人——總書記及政府的領導人——總理，而這兩個職務分別由兩人所擔任的情況。當前的雙首長制以半總統制居多，故以此概念指涉我國中央政府體制，也是有其立論基礎的。

壹、半總統制新研究取向的思考

多年來國內半總統制的研究，實質上呼應臺灣政治發展的脈動，並直指我國關鍵而重要的憲政課題，例如西元2000年首度政黨輪替後出現「分立政府」（divided governmemt）或「少數政府」（minority government）的現象，於是政治學界很快湧現了對此課題的研究文獻，以及有關政府籌組、行政和立法關係等種種相關研究。近年來，相關著作並致力於探討我國半總統制在憲法層面和實際運作層面的型態和表現，其中亦有納入其他如政黨、選舉制度和選舉時程等諸多變項，擴大了憲政研究和半總統制研究的範疇。整體而言，這也構成了既有的研究視野和取向。然而，這個研究取向對於「總統」的常態性的治理和權力行為之經驗研究，則著力較少。在臺灣是如此，在國際半總統制研究學界，可能也是如此。

或許從半總統的一位重要研究者Elgie（2016）的論文中，我們可以看到前述現象的部分脈絡。Elgie檢視了多年來國際半總統制研究主題和重心，而將其歸納為三波的研究發展：第一波集中在探討半總統制概念的界定與類型。第二波研究主要是檢視半總統制在新興民主國家的表現，主軸在於半總統制是促進還是妨礙民主的鞏固。其中一個研究焦點，在於傾向認定「總理總統制」較「總統議會制」利於民主的運作，迄今為止其與內閣制和總統制相較，在民主的表現上是否更佳，則尚無定論。第三波則是關注於半總統制在民主已經鞏固的國家所產生的效應，重點在於總統權力對憲政運作所帶來的不同效果影響，同時，相關研究並廣泛觸及政黨和國會等因素。

依此看來，著重總統權力的研究，在第二波已然是重點，但第三波則更為明顯。Elgie（2016）上述的劃分固然有其立論基礎，但其實每一波之間有很多重疊的主題，似乎不是如同他所劃分的那麼清楚。再者，第三波側重總統權力的作用，但學者對總統權力的判斷，有相當部分是以憲法設計為基礎，如Shugart與Carey（1992）

的研究；而Roper（2002）也是運用Shugart與Carey的權力計算指標。其他半總統制的研究，雖有嘗試透過量化的方式來解析總統的權力，但均遇到挑戰。其原因不難理解，因總統權力的算術計量，容易忽略權力之間可能發生的物理作用，甚至是化學變化。

　　由於臺灣的半總統制研究深受國際學術界的影響，所以Elgie（2016）上述的三波研究趨勢分析，對於理解多年來關於我國半總統制研究重點有所啟發。不過，Elgie的分析並沒有深入的討論這個研究領域作為一個重要科學研究的典範（paradigm）特色。當前對於半總統制下總統治理行為研究的不足，很可能的原因在於多數研究者受到既有半總統制科學研究典範的影響，擅長於宏觀性、結構性與制度性的研究取向，對於涉及總統、總理、國會等三個權力單位的常態性的、政策性的與治理性的行為研究，則著力較少。

　　套用Kuhn（1962）所言科學研究的典範觀，這是有關半總統制科學研究典範內涵的形成。常態科學的主要特徵在於，主流典範指導著研究（research）的進行，研究則意指「解惑」（puzzle-solving）的活動。從Kuhn本人的界定出發，典範係指具有以下兩個特徵的科學成就：一是作者的成就實屬空前，因此能從此種活動中的敵對學派裡吸引一群忠誠的歸附者；二是著作中仍留有許多問題能讓這一群研究者來解決。典範的評價也就是只能從間接地透過對其所衍生出的理論之能力來加以判定。

　　前述既有半總統制的研究，無疑是政治科學的一項重要研究領域。在臺灣，既有研究確實也吸引研究者的投入，其中中央研究院吳玉山院士多年來前瞻的引領和帶動，可以說是最主要和最關鍵的力量。既有半總統制的研究典範仍將持續發展，並與國際的半總統制研究接軌，也沒有衰退移轉的跡象。不過，典範固然無需移轉，但未嘗不能有「並存的典範」？對於臺灣半總統制研究取向和議程的宏觀思考成為重要課題，這較早來自於吳院士2012年的一篇重要論文中的討論。在該篇文章中，吳院士從多方面對新研究議程做出重要建議，其中包括採取兼顧憲法條文與實際運作、結合政治與法律學

門、整合質化與量化等之外，尤其特別談到：「透過比較研究，具體地分析在半總統制下影響權力歸屬的因素，並針對我國的實際情況進行討論；強化對於半總統制治理表現與體制演化的研究」（吳玉山，2012：22-23）。本書即受到上述觀點的啓發，著重兼顧憲法條文與實際運作，整合質化與量化，以及半總統制治理表現。

　　由此看來，臺灣憲政運作中涉及總統權力和領導的問題，有予以投入更多研究的需要，甚至是發展有關我國總統學研究的價值。這乃關於總統為主體的領導權和治理課題，也涉及總統在國會立法上的影響力，以及總統的黨政關係的研究。此一新的半總統制科學研究典範並非要與既有制度問題脫勾，它強調的是針對這個體制中最核心的角色──「總統」權力的實證研究，並兼具制度取向與行為取向的研究。新主題和新研究方法，除了借助國會研究和政治學其他領域的研究線索外，筆者進一步有感於美國總統學研究的啓發。

貳、美國總統學的研究緣起與智慧

　　美國的政治學研究，長期以來形成了對總統職位（或權力）的研究傳統，英文有稱"presidency studies"或"presidential studies"，本書以「總統學」一詞統稱這樣研究領域。熟悉美國政治的讀者，對Neustad的《總統的權力》（*Presidential Power*, 1960）之美國總統研究的經典著作不會感到陌生。Neustad的論述：「總統是虛弱的──其權力仰賴說服（persuasion）和議價（bargaining）。」也成為研究者耳熟能詳的命題。

　　美國建國200多年，以當前來看總統學的研究所累積的成果是相當輝煌，但其中的過程並沒有想像中的順利和快速，而是到20世紀末才達到較成熟的階段。回溯在1970年代，總統學的研究，除了Neustad的《總統的權力》和Corwin的《總統：辦公室與權力》（*The President: Office and Power*）外，其餘多屬過時之作。相關研究特別

缺乏對總統職位的制度分析外的行為原因和結果之分析，當時也無組織性的總統學研究者，談不上是有意義的總統學研究領域（a field of presidential studies）（George C. Edwards III, 2017）。Edwards分析，美國經歷了一段總統學研究處於低度發展的狀態，許多方面也未能跟進當代政治科學的水準，包括概念的定義和測量，假設的驗證以及適當的量化方法以形成經驗性理論。對美國政治中最重要和最有權力的總統職位，政治學學者卻最不了解。Edwards認為應該尋求理論化的、建構可驗證的命題。

　　Dickinson（2009）也指出：總統學在過去曾是邊緣化的，專注在個別總統細瑣的研究，僅有大量的描述，缺乏理論、缺乏可驗證的假設和系統性的資料。相較於國會和選舉的研究，總統學研究是一灘死水。Moe（2009）將此歸咎於Neustadt的論述，Neustadt在《總統的權力》這本具有里程碑的作品中對總統權力（Presidential Power, PP）的觀點是：「總統是虛弱的──其權力仰賴說服（persuasion）和議價（bargaining）。」之影響。Moe認為Neustadt的觀點使得總統權力取決於個別總統的特質，並不利於普遍性研究發現的積累和理論的建構。然而，這項歸咎也不盡公平，Neustadt的觀點至今對人們理解總統的權力特性仍有很大的啟發。

　　事實上，Edwards在1976年APSR上刊載的文章〈Presidential Influence in the House: Presidential Prestige as a Source of Presidential Power〉，已經開啟量化經驗研究，在此10年內關於總統和國會間關係研究論文的出現，已形成真正的總統學研究。然而對於什麼是應該探討的研究問題，則是總統學所持續面對的課題，對此Edwards歸納四大主題：領導公眾、領導國會、作成決策、執行政策，他並認為前兩者已有不少成果，接下來應該將焦點放在政策的決定和執行部分。

　　Edwards的觀點對於反思臺灣半總統制的研究，特別是關於總統權力的主題，也有啟發和適用之處，本書所聚焦於總統在政策、立法、政黨等三方面的權力，與之也有呼應之處。其中強調政黨權力的

面向，係考量我國主要大黨如民主進步黨和中國國民黨，均在不同的程度上異於美國政黨。眾所皆知，美國的政黨是一種選舉機器、柔性政黨，且總統本人即是政黨領袖，沒有兼任黨魁與否的問題，凡此，均與臺灣藍綠兩大黨有所不同。因此，對於臺灣總統權力的研究，須增加美國總統學所沒有的一個面向，即總統是否同時具有黨主席身分以及黨政關係的型態，因為這攸關總統實際上權力的行使。

參、總統權力的三個面向：政策、立法、政黨

本書除導論和結論外，共分三篇：第一篇「總統的政策權力」、第二篇「總統的立法推動」、第三篇「總統與政黨組織」。三篇共有七章，多數是由筆者過去幾年的研究論文所構成，初稿多發表於國內TSSCI級的期刊。第一章〈總統的政策權與決策機制：半總統制國家的跨國分析〉（《問題與研究》，2016年，第55期，頁125-156）、第二章〈臺灣半總統制下總統決策機制的困境：一個比較視野的研究〉（《政治學報》，2016年，第65期，頁1-35）、第三章〈半總統制下總統的法案推動與立法影響力：馬英九總統執政時期的研究〉（《東吳政治學報》，2012年，第30期，頁1-70）、第四章〈法案推動過程中總統的態度表達：以陳水扁執政時期經驗為例〉（《中華行政學報》，2014年，第15期，頁99-112）、第五章〈黨政運作機制的建構與總統的法案推動：蔡英文總統執政時期（2016-2019）的探討〉（未發表）、第六章〈半總統制下總統是否兼任黨主席與其黨政關係型態：比較視野下的馬英九總統任期經驗〉（初《臺灣民主季刊》，2016年，第13期，頁1-42）、第七章〈黨主席選舉競爭與政黨組織定位：以民主進步黨為例之研究〉（《政治科學論叢》，2015年，第63期，頁91-127）

其中第一、六章兩篇初稿亦曾收錄於五南出版，由沈有忠、吳玉山（2017）主編的《半總統制下的權力三角：總統、國會、內

閣》一書；第三章則同時收錄於五南出版的《轉型中的行政與立法關
係》一書（黃秀端主編，2014）。此次經五南圖書的支持，協助讓
這些散落各處的文稿能夠歸隊，經由重新收錄編排，成為一完整專題
的論著。本書這七章內容均配合最新的發展增補新資料以及最新的統
計數據。同時筆者也藉此專書寫作的機會，對原有初稿的中的觀點重
新審視和修改，期使內容更加完善。以下分別就本書的三篇，也就是
總統權力的三大面向和內容做一導論介紹。

一、總統的政策權力

　　第一篇「總統的政策權力」，著眼於總統的政策權限以及相對的
決策機關，這涉及其經常性的、持續性的權力運作和治理行為，反映
民選總統的統治權內涵，也是決定該半總統制是偏向總統權力優勢或
總理（我國為行政院院長）權力優勢的重要變數。不過，由於半總
統制存在著總統和總理雙重的行政權威結構，總統有什麼樣的政策權
限，相對的總理的政策權勢必連帶的此消彼長。舉例而言，當總統具
有主導國防與外交領域的政策權限時，總理也就不可能同時在這兩個
領域扮演主要的決策者；反之，則亦然。通常憲法條文對總統的政策
權限多能勾勒出基本的框架，這提供研究者理解和判斷的根據。當
然，憲法上對兩人權限的規定也可能會出現模糊地帶，使得欲論斷特
定國家中總統的政策權限，有其難度。

　　固然憲法規範是總統政策權限的基礎，但實質上總統政策權力的
來源，卻可能不僅止於憲法條文，舉凡憲政傳統以及總統的政治聲望
和政治實力，都可能有一定的影響。但憲法有無明文規定總統的政策
職權仍屬關鍵，其原因在於，憲法有明文規範時，總統具有行使職權
的完全合法性基礎，若總統逾越憲法規範，則其權力之行使就難以名
正言順。雖然在憲法無明文規定時，並不能排除總統因為其他因素而
享仍有決政權，例如總統掌控了總理（行政院長）人事權與獲得國會
多數的支持，又或者總統具有高度的聲望和民意支持等等，從而使其

在憲政運作中實質上具有一定的政策權力；甚且透過憲政慣例的補充，總統可能行使了憲法上未明文賦予的權限。然而，在這些種種前述情況下，憲政的實然終究有可能違背憲法的應然，因此容易產生憲政上總統擴權的爭議，甚至引發總統和總理、乃至國會間的衝突和僵局。

　　總統有無政策權限也涉及到一項容易被忽視的因素，那就是總統的決策機關。關於憲法是否賦予總統相關決策機關的配置以及什麼樣的決策機關，特別是內閣會議是不是由其主持，是影響總統所能發揮政策權力的關鍵因素。我們只要留意到，我國近幾任總統幾乎毫無例外的在憲法體制外籌設相關府院黨高層的政策（決策）協調平臺，就可以感受到總統決策機制的重要性。所以當我們在討論總統的政策權力時，不能僅限於上述憲法權限劃分的角度，而應擴及總統的決策機制層面。基於這樣的考量，筆者試圖在本書第一篇中，先探討全世界民主半總統制國家在這方面的經驗，而後再針對我國的情況加以研究。因此本篇共有兩章，第一章「總統的政策權與決策機制：半總統制的跨國分析」、第二章「臺灣半總統制下總統決策機制的困境：一個比較視野的研究」，分別針對跨國以及臺灣個案。

　　第一章以21個長期符合自由之家（Freedom House）「完全自由」標準的半總統制國家為研究對象，探討這些國家總統所具有什麼樣的政策權與決策機制，以及總統是否主持內閣會議；並試圖將這些條件與半總統制的類型（包括憲法類型以及實務運作類型）連結，觀察其中的相關性。其中憲法類型是以Shugart和Carey（1992）所建構的兩種次類型：「總理總統制」（premier-presidential）與「總統議會制」（president-parliamentary）為主，在總理總統制下，總理（內閣）僅對國會而不對總統負責，在總統議會制下，總理（內閣）同時對國會和總統負責；決定總理負責方式的關鍵因素，是總統是否有權罷黜總理，若是則屬於總統議會制，若非則屬於總理總統制。實務類型則有三種：「總統優勢」、「總理優勢」以及「總統和總理平衡」（簡稱「平衡型」）。

　　根據21個國家的經驗總結，發現不到一半的國家憲法賦予總統某政策領域的決定權，且權限多數屬於國防、國家安全、外交等領域。而一旦總統具有這類特定政策權限時，憲法也大都配置決策機制，如主持最高國防會議、國家安全會議等。且這個領域的政策權設計和次類型最具關聯性，其中並以總統議會制下的總統較具有這方面的權力。

　　本研究中另一項發現是，絕大部分國家的憲法均賦予了總統相關的決策或諮詢機關，僅有為數甚少的國家未明文賦予，後者全部屬於總統權力相對較小的總理總統制。此外，跨國研究結果顯示，總統具有主持內閣會議（部長會議）權力者，在各國中屬於少數；換言之，在絕大部分國家中，主持內閣會議的權力是交由總理行使。不過，整體而言，總統主持相關決策會議或內閣會議，與憲法類型關聯性較不明顯，這可能與Shugart和Carey的次類型劃分與總統權力大小沒有必然關係，若干國家總統權力不大，但卻被歸類在總統議會制，如冰島和奧地利；相對的像法國總統權力不小，卻被歸類在總理總統制，也說明了Shugart和Carey的次類型劃分有其局限性。在第二章中本書透過增加國家個案數目的方式，看其相關性是否會有新的發現。另外，如果我們將研究視野延伸到實際運作類型的觀察，則上述關於總統政策權和決策機關的權力，都與其有更高的關聯性，而超越形式上的憲法類型。簡言之，在現實上運作成總統優勢的類型中，其總統較有可能具有憲法上的政策權。而在現實上運作成總統優勢的類型中，相較其他類型，其總統較有可能具有憲法上決策機關，尤其是主持內閣會議。從「誰主持內閣會議」這個問題切入，可以相當程度辨識出該國半總統制憲政運作中，行政權中樞是傾向在總統或總理身上。

　　相對於第一章的研究重點是在各國的比較，第二章的重點則放在臺灣。但為了深化和延伸原有的跨國研究觸角，第二章一方面先擴充半總統制國家的觀察數目，由21個增加到37個，且聚焦在總統的決策機制，特別是總統有無主持內閣會議此一關鍵變項；另一方面則再

進一步以我國為研究對象，同時並納入四位民選總統執政時期的實務運作。

　　第二章歸納了三個主要的研究發現：第一，我國總統可單方任命行政院院長，但缺乏憲法下的政策決定機關，出現總統的「人事直接掌控」與「政策間接委託」現象，構成總統行使治理權的一項不對稱性設計，在比較37個國家憲法設計中相對是少數。所謂的「人事直接掌控」，係指總統透過任命行政院院長之權完全掌控此人事的任與免，去與留，幾乎不受到國會政黨席次結構所限制，甚至能藉此伸展到對行政院重要部會首長人事安排。然而，在政策決定權相對應的機制配置上，卻與上述人事權力完全不對稱。總統不僅非憲法規範下內閣之首腦，甚至連行政院會議的都無法出席。總統與行政院院長之互動，並無任何直接的、正式的制度連結與互動機制。其結果是，我國總統並無憲法層次的政策決定機制，無法在政策決定上，如同任命行政院院長一般，「直接」貫徹其意志，而只能透過指示閣揆和部會首長等，委託其「間接」實現和貫徹政策目標。為了因應上述不對稱的設計，總統在任內會盡可能兼任執政黨黨主席，避免在「政」和「黨」的部分同時都仰賴代理人，至少身兼黨名義上的領導人，藉此可以更有利於影響政策的領導與協調。

　　第二項研究發現，在37個國家中，18個國家其憲法賦予總統有主持內閣會議權限，這其中還有部分僅是特定時候才主持；換言之，大多數半總統制國家總統並不具有此權限。此外，在多數的總統議會制中，總統較有可能具主持內閣會議的權限。相對的，在多數的總理總統制國家中，總統並不具有主持內閣會議的權限。結論是，Shugart和Carey的兩種類型與總統是否具有主持內閣會議權限有一定的關係。不過，Shugart和Carey的分類著重總統對總理的免職權之因素，輕忽總統對總理的任命權之作用，所以即便兩種類型與總統是否具有主持內閣會議權限有一定的關係，但其相關性應該也不是最顯著的。筆者也與吳玉山院士同樣認為總統的任命權之重要性高於解職權，此一命題使得本研究獲得重要的研究發現，即由於總統有無單方

任命總理權，比總統有無解除總理權是關於總統控制總理去留爲更重要的變項，其與總統是否主持內閣會議之相關性，較之總統議會制或總理總統制次類型更高。

第三項研究發現，我國歷任民選總統決策機制之型態和運作固然有些差異，但共同點是都在憲法體制外建立機制，其運作模式亦有相通之處。不同的黨派、不同的府會關係之下，甚至是不同個性的總統，卻出現同樣的政治行爲（依變項），從「異中求同」的推論方法可知，必須是相同的因素（自變項）才可以解釋。我以爲這個相同的因素很明顯，那就是他們處在同樣的憲政制度設計下，處在臺灣半總統制的制度牽引或制約之下，這就是主要的原因。當然，處在同樣的憲政體制之下，他們所處的政黨生態和分立政府或一致性政府結構有所不同，對於體制外決策機制的需求性和運作方式可能存在著差異。在四位民選總統中，除了李登輝總統之外，其餘三位均建置定期性的黨政運作最高平臺，例如包括陳水扁總統時期的九人小組、馬英九總統時期的五人小組、蔡英文總統的執政決策協調會議。

二、總統的立法推動

本書第二篇在探討總統的立法角色。在臺灣過去的國會研究文獻中，甚少觸及總統在立法過程中的角色，彷彿我國總統是一位對法案的制定扮演無足輕重角色的虛位元首。相對的，關於半總統制的研究，也較未能將觸角伸入立法行爲的研究領域。整體而言，我國半總統制的研究與國會的立法研究，有一段時間幾乎是脫勾的。其原因主要是，總統並無提出法案的權力，其所欲推動的法案需藉由行政院和立法委員提出，所以一般認爲後二者才是主角，這樣的認知並沒有錯，但總統的角色卻容易被低估。在另一方面，由於研究在方法和技術上的難度，「總統立法影響力」的研究令許多人卻步。然而，這也不應該構成研究上重大的困難和阻礙。我國總統既是經由公民直選產生的實權元首，在人民的認知中，總統不只是行政、立法和司法三權

中某一部門的首長，而是國家和整體政府部門的領導人，所以亦常被期待扮演立法推動和政策領導的角色（Bulmer, 2017: 6）。而總統的政策往往需要藉由立法的方式進一步加以落實，因此雖然總統並無法案之提案權，但其背負民意和選舉政見之承諾，使其不可能置身於立法的推動事務之外，而勢必要設法令其所欲的法案能夠順利立法通過，以贏得政績。

在上述憲政實務運作和理論的考量下，筆者嘗試以馬英九總統執政時期為例，探討總統的立法權力，這應是國內首次針對總統立法推動行為的系統性、實證性的探討，引起相關領域的研究先進和學者的關注和濃厚興趣，促成筆者進一步將其擴展至其他總統的研究。本書第二篇即以該研究論文為起點，再延伸對陳水扁、蔡英文兩位總統的個案，共包括三章內容：第三章「半總統制下總統的法案推動與立法影響力：馬英九總統執政時期的研究」、第四章「法案推動過程中總統的態度表達：以陳水扁執政時期為例」、第五章「黨政運作機制的建構與總統的法案推動：蔡英文總統執政時期的探討（2016-2019）」。本篇將馬前總統個案研究置於3個研究的首章，而不是較早擔任總統的陳前總統個案，純然是因為它是筆者最先完成的作品，陳水扁和蔡英文兩位總統執政經驗的研究是之後才依序完成的。因此透過作品先後完成的時間，而不是依總統任期的先後來安排本篇各章，可以讓讀者更清楚掌握筆者研究構思的演進和轉變過程。

在第三章中，是以馬英九總統第一個任期的執政經驗為個案，並以第7屆立法院會期的法案為對象，探討兩個相關聯的問題，一是我國總統如何推動法案，二是其在立法通過上所產生的影響力。這個研究首先是就總統曾經表達過立場（偏好）的法案加以蒐集，系統性的歸納總統對這些法案表達態度的場合和類型，並分析不同場合所展現的不同的偏好強度。而後，進一步在此基礎上，觀察總統表達偏好的法案，最後在立法院通過情形，特別是那些總統態度較強烈的法案。我們將上述研究設計置於總統優勢的半總統制結構下來看，突顯

我國半總統制的特性，同時由於馬總統執政期間歷經不兼任及兼任國民黨主席的不同階段，因此「是否兼任黨主席」這項因素，也可供觀察國民黨黨政關係下總統法案推動的相關變化和影響。

本章研究結果顯示，在總統推動法案表達其態度部分，馬英九總統有相當的主動作為，其對較重要的法案幾乎大都明確表達其態度、立場和指示，甚至對法案條文的具體內容及立法議事程序進行指導。總統所表達態度的法案面向相當廣泛，遍及行政院所轄主要政策權領域，一定程度吻合總統優勢的半總統制特性。在推動場所上，黨政平臺是總統推動、表達法案和政策偏好的重要場所，其重要性至少不亞於在總統府等政府官方場合。若考量總統兼黨主席的因素，則馬總統在兼任黨主席之後，能夠以黨主席身分對黨籍立法委員的法案和政策指導帶來較為有利的影響，在黨內中山會報與中常會兩個場合的表達次數，略高於政府官方場合，足證兼任黨主席後在黨內的機制中有更多推動法案的作為和權力，增加總統對黨政部門的掌握機會。再從偏好強度來看，總統在黨政平臺的平均偏好強度最高，特別是府院黨高層會議，其次則是政黨內部的場合，這證實了黨政關係和總統運用政黨機制的重要性。

在立法的影響力方面，本研究透過三個層面來觀察：法案通過的時效（含延遲）情形；比較總統表達偏好的法案與其他種法案在通過表現上的差異；立法過程中總統態度對法案內容所產生的直接效果。前兩者係偏向量化的研究，後者偏向質性的觀察。研究結果較看不出總統的法案態度以及兼任黨主席對法案最終三讀通過具有明顯的促進效果，但這也不能反過來推論總統在法案的推動上表現不佳，也無法推論出總統兼任黨主席不利於法案的通過，或是總統沒有必要兼任黨主席。再者，若不考慮法案最終通過的情形，而是觀察立法過程中總統對行政部門或國民黨團法案內容的影響情形，我們發現總統對法案或重大政策內容的影響力是存在的，而這種影響較屬於立法過程中的階段性現象。至於此種階段性的影響力最終有沒有反映在立法三讀通過的法案內容，則因研究資料的限制，尚無法做出定論和過多的

推論。總結來看，本章的實證研究結果顯示，馬總統在法案的推動行為層面上具有相當實權和主動權，符合總統優勢的半總統制特質。

透過第三章馬英九總統個案的研究成果，讓我們奠定了有關半總統制下總統立法影響力的研究基礎，可以藉由其中的研究設計來延伸對陳水扁和蔡英文兩位總統的研究。擬說明的是，馬英九總統時期的研究涵蓋兩個層面：一是總統的立法推動行為；另一則是總統推動法案後所產生的效果，即立法的通過情形。第四章和第五章對陳水扁和蔡英文兩位總統的研究，則擬將研究重心調整，完全聚焦在第一個面向，即總統如何推動立法，特別是總統透過什麼方式對法案表達態度，以作為探討我國總統在立法上的領導行為之研究主軸。

第四章關於陳水扁總統執政經驗的研究結果顯示，陳總統在立法的推動過程中有其積極的角色，而這個角色必須放在兩個政治結構因素下來看，一是「分立政府」（divided government）（或少數政府，minority government）；二是陳總統是否兼任黨主席。在2000年至2008年的8年執政期間，由於民進黨一直未能在立法院中營造穩定的立法多數，行政和立法關係處於分立與少數政府狀態，這迫使陳總統常須站在第一線為行政部門的法案發聲或介入主導。陳總統所關注和推動的法案議題，廣泛地超出外交、國防與兩岸關係範疇，擴及內政的諸多層面；且總統利用各種場合與機會為政府法案「使力」之作為，是相當明顯的，這與馬英九總統的情況相似。

不僅如此，陳總統和民進黨一直在調整黨政關係，其中核心的主軸在於總統是否兼任黨主席，陳總統有時會以黨主席身分發言，一旦是在黨內機制發言，對象是黨內同志，其態度之表達往往較強烈。然而，即使未兼黨主席或並非在黨內強勢發言，陳總統在其他場合也常展現對特定法案立法的關心、督促，乃至於要求，甚至其發言是以總統的身分向人民喊話，訴諸民意（going public）。但2006年之後，陳總統在這方面的角色比較淡化。整體而言，從陳水扁總統的執政經驗來看，反映出實務運作上我國憲政體制是向總統權力傾斜的半總統制。

　　在完成對陳水扁總統個案的討論後，接著本書第五章是針對蔡英文總統的個案研究。蔡總統的執政是民進黨第二次取得中央執政權，但有別於陳水扁時期的分立政府（divided government），這次是一致政府（unified government）的時期，民進黨在立法院中擁有穩定的多數席次。在一致政府下，行政部門在國會中推動法案所面臨的困難要比分立政府時期少很多，但蔡總統仍面臨建構合適的黨政運作機制的挑戰，究竟蔡總統和民進黨如何因應這個問題，蔡總統又如何推動法案，這構成本章的主題。由於本書完稿時蔡總統執政才剛滿3年，本章的研究時程在於2016年至2019年年初，研究資料也限制在這段期間。

　　第五章的研究發現顯示，蔡總統在2016年5月就任總統後，身兼民進黨黨主席身分，透過政黨的機制進行對執政黨的直接領導，民進黨政府在執政初期也很快的循過去第一次執政時的經驗，建構多層次的黨政協調和運作平臺，而且民進黨政府也握有立法院多數席次。雖然如此，政府政策和法案的推動並非都很平順，迫使民進黨政府必須調整黨政運作。蔡總統逐於2016年10月間籌組總統親自主持的高層黨政平臺「執政決策協調會議」，相對於民進黨中常會和其他黨政平臺，其扮演更上游的政策決定和協調功能。但因對其憲政定位外界迭有疑慮，故在運作4個月後即停止運作，因此不再有定期的府院黨高層會議。再至2018年11月九合一地方公人員選舉民進黨選舉結果失利，蔡英文總統辭去黨主席，邁入總統未兼黨主席的階段，這在陳水扁和馬英九同樣都經歷過的階段。新階段的黨政關係試圖建構由總統、行政院長、民進黨立院黨團總召及民進黨主席所組成「四位一體」的黨政平臺，作為政策發想與檢討的機制，但其具體模式在本書完稿前並不明確，因為這段期間民進黨黨中央忙於因應黨內2020年總統初選的事宜。

　　本章透過第9屆立法院第2至6會期之間行政院優先法案的提出，觀察蔡總統如何對法案表達其態度，觀察總統的法案推動情形。研究結果顯示，蔡英文總統明確表達態度的法案為數相當多，顯示她對立

法的推動著力甚多，尤其集中在內政部分的改革性和民生經濟有關之法案。在法案推動和表達態度之場合方面，蔡英文總統有不少是以總統身分在出席非官方的民間公開場合，以及在總統府等若干官方場合正式傳達她對法案推動的態度，且多偏向是政策的說明或宣示。而執政決策協調會議的運作雖然只有短短4個月，但是相當值得關注的黨政平臺機制，總統在此會議中對特定法案所表達明確態度的次數，也不低於其在總統府的發言，且談話之內容較具指示性。最相對的，在中常會中總統對立法審議的態度表達和指示並不多，可見中常會並非主要的政策決定場域。總統對法案指示和推動的強度方面，在中常會和執政決策協調會議中，指示態度最強烈，後者的次數並更多於前者，故相對上是總統諸多決策平臺中具有重要樞紐角色。在總統府和出席民間場合時，蔡總統以國家元首身分出現，若談及法案，則多屬說明或宣傳（政績）形式，是體現總統儀式性身分。在法案的通過方面，本研究聚焦總統最在意的重要法案，結果顯示，其中除了促進轉型正義條例、財團法人法、勞工保險條例外，其餘大部分法案尚能如期通過。以上的研究結果，無法涵蓋整個4年的任期，但這並無礙於本章的重要研究發現。本章雖然只是階段性的研究發現，但應是國內迄今首篇此一主題的專題實證研究，希望能有助於讀者掌握關於這段期間蔡總統執政經驗的一些訊息。

三、總統與政黨組織

本書第三篇將總統的權力面向推展至政黨組織，核心焦點在於總統是否兼任黨主席以及黨政關係對總統權力的影響。在我國的半總統制下，總統是否同時為執政黨的黨魁，位居黨政關係金字塔體系中的頂端，具有牽引次級黨政體系運作的作用，並攸關總統在憲法體制外的權力掌握。

比較政治近來的研究更顯示，「政黨的總統化」（the presidentialization of political parties），以及其產生的「總統化的政黨」

（parliamentarized parties），是在具有實權總統的政府體制下廣泛出現的現象。總統是否身兼黨主席都可能產生這種現象，而當兼任時其程度更爲明顯。所謂「政黨的總統化」是在總統具有實質權力的政府體制下，會出現政黨從屬於總統的現象，政黨成爲總統權力運作的機制，政黨作爲一政治組織的自主性相對弱化，而這種作用是在議會制之下所沒有的。筆者在2009年出版的相關論文，是國內首先將此概念引進用來分析臺灣政治的作品，但當時局限在民進黨第一次執政時期的經驗。本書試圖一舉涵蓋民進黨和國民黨的兩個黨的研究，並進一步聚焦在總統與黨主席角色的關係，以及其中所牽引政黨組織定位和黨政關係之性質。

　　本篇包括兩章：第六章「黨主席選舉競爭與政黨組織定位：以民主進步黨爲例之研究」、第七章「半總統制下總統是否兼任黨主席與其黨政關係型態：比較視野下的馬英九總統任期經驗」。兩章的寫作方式並不一樣，前一章關於民進黨的部分，是以政黨爲主體切入，再連結至總統職位和憲政體制；後一章關於國民黨的部分，先以總統爲主體切入，再進入政黨的部分。兩章的研究設計不同，可提供讀者不同的角度來觀察相關現象，在目前國內相關研究文獻中也是較少觸及的主題。

　　第六章從政黨組織理論提出兩個政黨發展的軸線：「政黨選舉機器化」以及「政黨總統化」，並以民進黨爲例。本研究縱貫民進黨從創黨（1986年）迄今（2019年）的政黨屬性的變遷，以及伴隨著的黨主席角色與選舉競爭型態的演進。研究發現，民進黨從創黨至今，爲在各次選舉中贏得勝選，原有使命型政黨的性格減弱，整個大方向較傾向政黨選舉機器化的發展。然而，這並不意味民進黨只是單向的發展進程，長期來看仍同時並存使命型與選舉機器兩種性格，並相互拉鋸。再者，在民選總統的趨力下，競逐總統大位的因素與其政治機會結構，牽動著黨內菁英爭取黨主席的計算和抉擇，民進黨從而也走向政黨總統化的路徑，尤其是在陳水扁和蔡英文兩位總統執政時期更爲明顯。最後，在政黨選舉機器化以及政黨總統化的交織牽引

下，執政時期，總統是為當然黨主席，例外如負起選舉的責任而辭職未兼任，此時黨主席可能具有總統在黨內代理人的性質。在其他情況下，黨主席職位的競爭，也常成為黨內總統候選人選舉的前哨戰，黨主席一職也被賦予更多和總統職位的連結意涵。

　　本章所提出憲政體制因素對政黨組織特性的影響，是政黨研究的新嘗試，也讓憲政體制研究的觸角延伸到政黨領域。這不僅可用來觀察民進黨，也可用來分析另一個具有取得中央執政權力潛力和實力的大黨：國民黨。

　　第七章則將研究對象移轉至國民黨，並以馬英九總統執政時期為例，試圖探討半總統制下總統是否兼任黨主席以及黨政關係之型態。本研究雖然是針對馬英九總統執政下的國民黨個案，但擬從全球半總統制的視野下來理解，因此納入32個民主的半總統國家總統是否兼任黨主席的經驗，並結合藉由Shugart和Carey提出的「總統議會制」與「總理總統制」兩種半總統制次類型比較。根據跨國研究結果顯示，在半總統國家中出現總統兼任黨魁的比例居於相對少數，但若考量半總統制次類型，則總統議會制中的總統較易兼任黨魁，有過半數的總統曾兼任。合理的解釋是，總統議會制中的總統權力，通常要較在總理總統制中為大，因此總統也較有機會和實力取得擔任黨魁的機會。並且在此種體制下，總統掌有對總理去留以及在行政權上較大的控制權，是故總統若擔任黨主席，更有助於前述權力的運作以及對政黨的領導。

　　臺灣的憲政體制傾向具有濃厚的總統議會制特點，因此是符合跨國比較下的模式；確實，馬英九總統在任內多數時期是兼任國民黨黨主席。臺灣在憲法下既具總統議會制特性，在現實的憲政運作下亦呈現總統優勢的半總統制性格，在此情況下如果總統未兼任黨主席，那麼其除了因為無法同時兼任行政院院長，而須費心選擇一位忠於其理念和指示的代理人主持行政院之外，又必須同時在政黨中建立代理人，政和黨都需要代理人，在治理上何其不方便？總統無法出席行政院會議，憲法缺乏賦予總統常態性的政策決定機制，其需要費力建立

體制外各種決策諮詢機制和黨政聯繫平臺，再加上總統若無法有效掌控政黨，將會增大總統意志與黨意可能的落差的風險。相對的，若總統兼任黨主席，至少解決了黨權的領導問題，剩下的只有行政權的代理人行政院院長人選的問題，但後者透過任命權的行使，相當程度可以因應。這可以解釋爲何國民黨一如民進黨一樣，修改黨章讓擔任總統的黨員即同時擔任黨主席。

　　此外，由於馬總統任內同時出現兼任與未兼任黨主席，故可供分析其間黨政運作機制之差異。本章的研究結果顯示，馬英九身兼黨主席時，透過黨的機制直接領導國民黨，譬如他延續之前自己所創設的中山會報，他以黨主席才可以主持這個會議，也可以主持中常會，並以黨主席身分透過各種黨內機制直接對從政黨員下達黨的命令，這是未兼任時無法採取的作爲。這種情況其實同樣出現在民進黨的陳水扁和蔡英文兩位總統執政時期，差別在於兩黨的黨內權力機制設計有所差異，但本質上總統未兼任黨主席時，總統喪失了直接運用黨的權力機制的機會，兩黨情況並無不同。

　　本書透過總統權力三大面向，進行我國半總統制多角度的研究嘗試，希望對既有半總統制的研究理論有所補充。本書內容也涵蓋了我國民選總統的執政經驗，以及國民黨和民進黨兩個主要政黨的運作，對於我國憲政運作也呈現相關的實務訊息。本書的內容和觀點，希望對於從事憲政體制的研究者，以及關心憲政實務運作的讀者，能有參考的價值。

第一篇

總統的政策權力

1

總統的政策權與決策機制：
半總統制的跨國分析

壹、前言

　　半總統制作為有別於總統制與內閣制的政府體制形態，在1990年代後廣為全球新興民主國家所採行，並成為學術研究的重要對象。[1]雖然半總統制的研究主題相當多元，現有文獻亦累積了不少成果，但對於此種政府體制中的核心角色——「總統」的政策權力和相對應的決策機關配置，卻未成為主要關注的面向。總統的政策權與決策機關的制度設計，涉及到總統經常性的、持續性的治理行為，反映民選總統的統治權內涵，也是決定該半總統制是偏向總統優勢或總理優勢類型的重要變數。

　　相對於半總統制，在內閣制與總統制之下，關於最高行政首長的政策權限與決策機關的配置，基本上較為明確，其中又以內閣制更為清楚。在內閣制中，總理或首相領導內閣政府，掌有行政權，並主持內閣會議，作成政策決定。即使內閣制較具集體決策的特性，或者在多黨聯合內閣時，總理所屬政黨在內閣中的權力被瓜分，但總理作為最高的行政首長，其本質並沒有改變。相對的在總統制之下，總統為最高行政首長，居於行政權金字頂端，其角色也沒有什麼模糊地帶；但憲法卻不一定明文規定總統的正式決策機關。以美國為例，雖然在憲法通過之際並沒有任何能對總統提供建言的單位（如委員會、內閣），甚至沒有明載任何可以一起協商的集體領導機構的設立，只是簡單規定總統「得以書面命令各行政部門首長就其相關職務提供建言」。開國之初，華盛頓總統便會共同或個別徵詢部長們的意見，在1973年內閣一詞便被用來指涉這群顧問。在艾森豪總統之前，內閣是在非常不正式的基礎上運作，甚至沒有任何議程及會議紀錄。總統通常將內閣視為一個提出建議與諮詢的機構，但無法像

1　臺灣最早引進半總統制理論和實務的探討文獻約在1990年代中期，請見吳東野（1996）。

英國內閣，享有集體決策討論的角色地位（韋洪武譯校，2004：181-183）。

雖然在美國的總統制中，我們在憲法上找不到類似議會制下內閣會議的設置，但至少總統是最高行政首長並無疑義，故其在憲法之外創設相關的決策機制，以利於決策的進行和作成，是很容易被理解和接受的事，也不至於因此改變總統的政策權限和責任。然而，半總統制由於存在著雙重的行政權威（Sartori, 1997），總統和總理的政策權限可能存在模糊地帶，當總統可以主持內閣會議或得召開相關政府的決策會議，更影響總統權力的大小，因此是相當值得關注的課題，對此，現有的研究文獻甚少討論。[2]以臺灣案例來看，現行中央政府體制被政治學界廣泛認定為屬於半總統制類型，[3]憲法增修條文第2條第4項規定：「總統為決定國家安全有關大政方針，得設國家安全會議及所屬國家安全局，其組織以法律定之。」國家安全會議是總統的諮詢機關，而「國家安全」的意涵，依國家安全會議組織法，指的是「國防、外交、兩岸關係及國家重大變故之相關事項」。[4]另依國防法第9條的規定，除為決定國家安全有關的國防大政方針外，為因應「國防重大緊急情勢」，總統亦得召開國家安全會議。由以上來看，總統具有國防、外交、兩岸關係及國家重大變故有相關事項大政方針之決定權。但實務上總統對於政府各項政策的主導性和影響力，遠超過憲法增修條文所規定「國家安全有關」和「大政方針」之範疇，廣泛觸及各項內政問題以及具體政策細節，並不限於「大政方針」。

此外，憲法並無配置常態性的政策決定機關（機制）供總統運

2　林繼文（2012）、沈有忠（2014）的著作中觸及到總統主持內閣會議與否對總統權力行使影響之討論。

3　不論是以Duverger的原始定義，或者是Elgie的定義，臺灣均符合半總統制特徵，請見導論之分析。

4　依國家安全會議組織法第4條規定：「會議的出席人員包括：一、副總統。二、行政院院長、副院長、內政部部長、外交部部長、國防部部長、財政部部長、經濟部部長、行政院大陸委員會主任委員、參謀總長。三、國家安全會議秘書長、國家安全局局長。」

用，形同內閣制（議會制）「內閣會議」地位的「行政院會議」，是由總統單獨任命的行政院院長所主持，總統無法參與其中，而該會議卻是行政部門議決重要法律案、預算案之場所。因此，總統須迂迴的透過政黨的機制或黨政間的運作平臺來作成決策和領導；行政院院長固然主持行政院會議，卻未被視為是政府政策的最終負責人。上述現象某種程度而言，是相當詭異的；究竟，臺灣的情況放在比較各國的經驗中，是常態或特例？這是本文感到好奇的。

　　在半總統制國家中，與臺灣經驗相異的是法國。法國第五共和在非共治時期，行政權主要由總統主導，在共治時期則由總理主導。[5] 在決策機制上，憲法則是明文規定總統主持部長會議，此會議是行政之中樞，其議事擬定、召開及議案審查，均是由總統（府）掌握與決定。會議中，總統擔任主席，總理及所有部會首長均須出席，所有發言、審議過程的掌控、討論方向與內容指示，甚至連最後的決議，皆是由總統判定。[6] 在「左右共治」時期，總統雖然偏向是形式上的主席，整個討論與議決的過程多由總理主導（徐正戎，2002：95-110），但由於總統主持部長會議，總統會被告知政府正在準備的事項，故和共治前的程序並沒有不同。此外，議案不會等到已經決定才給總統看，總統也不會在部長會議上才看到計畫方案。總統除了週一、週二舉行和國防部長與外交部長的會談，在週三主持部長會議之前，則和總理會談，其對部長會議的決定權並不曾被質疑過（陳瑞樺譯，2001：44-47；林繼文，2012：356）。從這個角度來看，總統是否具有決策機關或是否能主持「內閣會議」（或部長會議），是半總統制下總統能否發揮政策影響力的直接而關鍵的因素之一。而這並不是一種過度看重憲法形式條文的重要性所得到的判斷，誠然在

---

[5]　相對的，臺灣歷來並無共治或所謂換軌經驗，相關討論請參閱周育仁（2001：1-26）。另外，對於共治的多元型態和形成路徑，請參考張峻豪（2016）之系統性探討。

[6]　至於總理雖然可以透過立法的方式來積極推動各項政策（憲法第15條規定，總統應於國會將所通過之法律送達政府15日公布）。不過，總統也可以採取拒絕簽署部長會議所決議之行政命令或其他方式予以反制。請參閱張台麟（2007：17）。

法國體制下，政府於部長會議開會前，其實已透過不同階段的前置會議（總統代表可參加甚或總統本人主持）進行了政策的討論甚或決定，但若非憲法賦予總統主持部長會議之權，總統或其幕僚代表也無法源依據可以前往召開或參與相關前置會議。因此，從憲政體制的層面而言，我們不能反過來說，總統主持的部長會議並不重要，而是前置會議更爲核心，這是倒果爲因的。

　　在臺灣和法國以外，現有半總統制的一般經驗是如何呢？由於半總統制存在著總統和總理的雙元行政領導結構，因此即使是在總統權力相對優勢的國家中，弱勢的總理也都握有一定程度的政策決定權，至少一定是內閣會議的成員，或是主持內閣會議的人。相對的，對於總統的情況，我們所知卻很有限。究竟在民主的半總統制國家，總統的政策權與決策機關相關設計是如何呢？是否因半總統制的不同類型而有所差異？

　　本章想藉由21個民主的半總統制國家，來探索上述問題，並特別將焦點放在一個核心議題，即內閣會議（或部長會議）由誰主持？藉由跨國性的探索總統和總理誰才是這個行政團隊的最高決策會議的主持者，來觀察何者才是憲法本意之下最高行政首長。本章連結總統政策權與決策機制，特別是內閣會議之變數，在理論上試圖補充半總統制之研究內涵。而擬說明的是，本章以憲法設計爲分析主體，並非忽略實際運作，而是本章前述問題意識之邏輯使然。筆者無法於這篇文章中深入掌握到每個案例中的全貌，但藉由包括臺灣在內的民主半總統制國家的憲法設計之檢視，再輔以相關文獻資料，結合實務運作，系統性歸納其中各種模式，應是首篇研究此一主題的跨國比較論文。最後，在研究發現的基礎上，本章在最後一節並對臺灣本身的憲法設計和實務運作略做討論，但更完整而系統的分析，將於本書第二章中展開。

貳、研究對象：21個民主半總統制國家

　　本章中納入的研究對象，係以全球民主半總統制國家為範圍。由於非民主國家的憲法體制對於實際的政治運作的規範效果較有限，所以本章主要以民主國家為研究對象。本研究參考吳玉山院士（2012）重要作品中民主半總統制的國家案例為基礎，再進一步篩選符合本研究定義之民主國家。本研究與吳院士之研究所採用認定民主政體之標準有異，其將「自由之家」（Freedom House）的評比中屬於「完全自由」（free）和「部分自由」（partly free）的國家均視為民主的半總統制案例。這樣的做法，優點在於所納入的國家數目較多，可以擴大更為供豐富的案例經驗，本研究則與Haynes（2005: 17）的觀點相似，將「部分自由」視為「轉型中的民主」（transitional democracy）類型，而「完全自由」為「已建立民主」的國家（established democracies）。Haynes的觀點接近民主化研究傳統中對於何謂「民主已建立」的認定標準。不過，採用何種民主判準主要還是視研究者的研究對象而定，在本書第二章中，筆者在另一延伸的研究中再嘗試採用近似吳院士的案例選擇標準，以呈現不同的風貌，讓讀者有更多元的參考。本研究設定5年為觀察時間，即從2014年至2018年評比中，若至少有一半的時間屬於「完全自由」的國家，則被列為可觀察的民主半總統制國家。依此標準，共有22個國家屬之，包括法國、芬蘭、葡萄牙、奧地利、冰島、愛爾蘭、波蘭、羅馬尼亞、保加利亞、斯洛維尼亞、斯洛伐克、克羅埃西亞、烏克蘭、蒙古、立陶宛、維德角、馬利、納米比亞、秘魯、塞內加爾、聖多美普林西比與中華民國。在22國家中，除了烏克蘭屬於「部分自由」（Partly Free）外，其餘國家在這5年的評比中，均維持多年完全自由的等級，顯示這些國家絕大多數是穩定的民主自由社會。但其中，聖多美普林西比缺乏較充分的資料，加以移除，故最終以21個國家作為分析對象。

參、半總統制與總統政策權領域

　　從Duverger（1980）開始，若干重要學者亦試圖對半總統制加以定義，或者予以分類，如Sartori（1997）、Elgie（1999）以及Shugart與Carey（1992）等人。在Sartori的定義中，其勾勒出雙重權威結構的核心特質，但缺乏對總統在政策權角色之描述。[7]至於Elgie，卻根本未觸及總統實權的內涵。[8]Shugart與Carey所建構的兩種次類型，「總理總統制」（premier-presidential）與「總統議會制」（president-parliamentary），後者中總統擁有解散議會的權力和立法的權力，但政策權仍有異於立法權，是偏向於行政權範圍的決策權。

　　造成上述學者們對半總統制的定義沒有能夠直接勾勒總統的政策權限特徵，並非偶然，也應非他們刻意忽視，而係半總統制的特性使然。儘管在這個制度之下總統是具有實權的國家元首，但這個實權是否包括政策權，僅就制度的基本定義和特徵，是無法得到解答的。一個國家的總統是否具有相關領域政策的決定權限，以及具有何種領域的政策權限，必須進入到具體的個案經驗中才能了解。而這個問題在總統制和內閣制之下並不會發生，在總統制之下，總統作為最高的行政首長，當然握有政策權；在內閣制之下，總統為虛位元首，並不具有政策權。

---

[7]　Sartori提出半總統制的以下5項特徵：1.國家元首（總統）乃由普選產生，不論是直接或間接的，有固定的任期；2.國家元首與總理分享行政權，因此形成一種雙重的權威結構，其3項界定判準如下（以下3至5點）：3.總統獨立於議會之外，但並非單獨或直接的賦予治理權，因此必須透過政府來傳送和貫徹其意志；4.相對的，總理與其內閣是獨立於總統而依賴於議會的，他們服從於議會的信任案或不信任案（或兩者兼而有之），並且在兩者的任何一種情況下需要議會多數的支持；5.在每一個行政部門組成單位確實具有潛在自主性之條件下，半總統制下的雙重權威結構允許行政權內部的各種平衡以及權力分布的變動性。

[8]　Elgie的定義係在Duverger的定義基礎之上發展，捨棄其第2項特徵，並將第1項和第3項予以保留和精簡為：「總統由普選產生，任期固定，同時存在著需要向議會負責的總理與內閣。」

　　在半總統制下，研究者需要深究每個國家的憲法和實際運作，才能掌握個案中總統政策權的實際情形。儘管研究者常常需要進一步考量憲政傳統、慣例，以及政治體系的諸多因素，才能掌握個案實際運作的底蘊，但忽略憲法的規範設計，顯然難以獲致全貌的理解。更明確的說，研究者首先仍需掌握一國的憲法設計，才能了解其總統在規範上的角色基礎。確實，學者對半總統制下總統權力的探索，便是以憲法的規範為主要基礎，其中最常見到的劃分方式是將總統權力區為「立法權」與「非立法權」兩大類（Shugart and Carey, 1992）。Shugart和Carey指出總統的「立法權」主要包括：「包裹否決／推翻否決權」（package veto/override）、「部分否決權」（partial veto）[9]、「命令權」（decree）、「排他性的立法提出權／政策保留領域」（exclusive introduction of legislation, reserved policy areas）、「預算權」（budgetary initiative）、「公民投票提請權」（proposal of referenda）。「非立法權」則分為組成內閣（cabinet formation）、解散內閣（cabinet dismissal）、國會譴責權（censure）、[10]解散國會（dissolution of the assembly）等。Shugart和Carey的分類中部分觸及政策權領域，他們將其歸類在「排他性的法案提出權／政策保留領域」，此係指總統對於某特定政策領域具有獨占的權力，在其提出草案之前，國會不能進行任何相關的立法行動，總統因此擁有強大的議程設定權，故謂排他性的權力。

　　Shugart和Carey是少數半總統制研究中討論到憲法上政策權的學者，但局限於「排他性的法案提出權／政策保留領域」，且討論相當

9　「部分否決權」指某些總統制國家不僅賦予總統否決整部法案的權力，還容許總統否決法案中的某一部分。

10　所謂國會譴責權（censure）是指國會對內閣進行譴責的權力，Shugart和Carey欲藉由這項權力的設計來衡量總統相對於內閣的權威。舉例而言，當國會不具有譴責權時，表示只有總統可以決定內閣首長的去留，總統相對權力很大；而當國會譴責權不受限制時，總統的相對權力處於較弱的狀態。儘管如此，由於該項權力在性質上仍屬國會的權力，Shugart和Carey將其列為總統的非立法權似未妥當。

有限。其他半總統制的研究，雖嘗試透過量化與質化的方式來解析總統的權力，但對於憲法賦予總統的政策權也很少加以關注。現有文獻除了較少關注總統的政策領導權力外，對總統決策機制的運用也缺乏探討，事實上總統透過主持相關政府會議，可以發揮實質上政策決定的權力。源於上述情況，總統政策權的探討，將涵蓋總統決策機關的配置。

肆、政策決定權與決策機關：比較各國設計

本章首先主要關注的是，與臺灣同樣採行半總統制的國家，其總統在憲法上是否被明文賦予政策權限，以及是否配置有決策機關（如擔任相關會議之主席）或主持相關國家重要會議？關於決策機關又可以將內閣會議（或「部長會議」，the council of ministers）獨立出來。通常，內閣會議成員會涵蓋總理及主要部會首長，若總統可主持會議，其意義特別重要。因此，這可以分成兩個面向來觀察，一是總統政策權限與總統決策機關的設計；二是在決策機關部分，特別關注總統是否主持內閣會議。

筆者仔細檢視21個國家的憲法和相關資料，判別是否在憲法中明文規定總統的相關政策職權和決策機關。憲法有無明文規定這件事的重要性在於，明文規定時，總統具有行使職權的合法性基礎，在此條件下總統的權力行使，完全具有合憲性的。剩下的問題是，總統的政治實力是否足以擔當憲法上職權的行使，而這則是另一層面的問題。相反的，當憲法未明文規定時，其權力之行使難以名正言順。固然，憲法無明文規定，並不排除現實上總統因為其他因素的關係，而具有一定政策決定的權力和影響力，譬如總統掌控了總理（行政院長）的人事決定權和國會的多數，又或者是總統具有高度的民意支持和聲望等等。且憲法有其成長和透過憲政慣例補充的空間，故總統行使了憲法上未明文賦予的權限，也不一定就與憲法意旨必然有所牴

觸。但這種情況，有可能被指稱違背憲法的本意，逾越憲法上的分際，或產生憲政上的疑義或爭議。

　　憲法的文字雖然會有模糊的時候，但透過文義解釋和體系解釋的輔助方法，通常可以相當程度掌握總統相關政策權限和決策機關的規定內涵。在表1-1中，呈現了21個國家關於總統政策權限、總統決策機關及總統是否主持內閣會議三個面向的基本概況。本研究也非完全停留在憲法規範層次，在第伍節中，會再納入憲政運作的實務類型層面進一步討論。

表1-1　21個半總統制國家憲法上總統的政策權限與決策機關一覽表

國家	總統政策決定權	總統決策機關	總統是否主持內閣會議
法國	・國防、外交（與總理共享）	・部長會議主席 ・主持最高國防會議	・是 ・部長會議主席
芬蘭	・政府的權力由總統和政府行使（涵蓋內政）	・未明文規定	・否
葡萄牙	・未明文規定	・主持國務會議（屬總統的諮詢會議） ・主持國防會議	・否
奧地利	・未明文規定	未明文規定	・否
冰島	・未明文規定	・主持國務會議（法律與重要政府措施須送至總統在國務會議中處理）	・否
愛爾蘭	・未明文規定	・主持國務會議	・否
波蘭	・總統得協同內閣總理及相關部長處理外交事務；總統對國家內部及外部安全	・召開國家安全會議 ・召集內閣會議（特別事項；不具內閣之權限）	・否

表1-1　21個半總統制國家憲法上總統的政策權限與決策機關一覽表
　　　（續）

國家	總統政策決定權	總統決策機關	總統是否主持內閣會議
羅馬尼亞	・未明文規定	・總統主持其所參與的政府會議	・有時是 ・總統被動受邀主持政府會議（總統未參與時，總理是主席）[12]
斯洛維尼亞	・未明文規定	・未明文規定	・否
斯洛伐克	・未明文規定	・主持政府會議	・是 ・主持政府會議（可要求政府提出報告）
保加利亞	・未明文規定	・主持國家安全會議	・否
克羅埃西亞	・國家安全事務	・可出席政府會議（參與討論） ・諮詢會議（憲法未明定其名稱）	・否
烏克蘭	・未明文規定	・主持國家安全與國防會議（總理也是成員）	・否 （但內閣會議同時對總統和議會負責）
蒙古	・未明文授予	・主持國家安全會議	・否
立陶宛	・決定外交基本議題、協同政府執行外交政策	・主持國家國防會議	・否
維德角	・未明文規定	・應總理要求主持部長會議 ・主持國防最高會議及國家會議	・有時是 ・應總理要求主持部長會議
馬利	・未明文規定	・主持部長會議 ・主持國防最高會議	・是 ・主持部長會議
納米比亞	・未明文規定	・主持內閣會議 ・總統爲國家安全的最高領導者，但憲法上無主持具體會議。	・是 ・主持內閣會議（總統缺席由總理主持）

---

11 需說明的是，羅馬尼亞的總統是屬於被動出席，若發生總理和總統不一致的情況時，總統不會獲邀出席。

表1-1　21個半總統制國家憲法上總統的政策權限與決策機關一覽表
（續）

國家	總統政策決定權	總統決策機關	總統是否主持內閣會議
秘魯	‧指導政府政策	‧總統主持其召集或出席的內閣會議	‧有時是 ‧總統主持其召集或出席的內閣會議
塞內加爾	‧國防、國家安全	‧主持部長會議 ‧主持最高國防會議 ‧主持國家安全會議	‧是 ‧主持部長會議
臺灣	‧國家安全有關大政方針	‧主持國家安全會議	‧否

資料來源：Constitutional Finder, http://confinder.richmond.edu/. International Constitutional Law, http://www.servat.unibe.ch/icl/.

　　以下進一步分別就政策權限與決策機關（含總統是否主持內閣會議）的研究發現，加以討論：

一、總統的政策權限

　　關於政策權限的面向，根據表1-1的資料，可按總統是否被明文賦予政策權限與其性質，歸納為3種類型：類型1是，國防或國家安全、外交方面的政策權限；類型2是，總統具有政策權限，但並未明確限定在某個領域，情況較為模糊；類型3是，憲法並未明文規定。

　　應予說明的是，對於總統在憲法上的政策權限是屬於獨享或須與總理分享，在此並不特別區分，即不論是否獨享，均判定總統具有此職權。以法國第五共和為例，若按憲法第19條至第21條的規定，外交事務是由總統與總理兩人協力決策並落實，因此是雙首長分享權力；但憲法也給予總統在外交事務上的特權，諸如第5條及第16條所規定總統一般外交權限。在國防事務方面，從憲法第5條、第15條、第20條第2項以及第21條第2項，亦顯示由總統和總理共同負責，但其間的界限，依照學者的通說，則是總統負責決策而總理負責執行

（徐正戎，2002：182-195）。無論如何，依照上述憲法的設計，法國總統在憲法上具有國防、外交事務上的政策權限（郝培芝，2010：65-98）。其餘國家，亦循此進行歸納。

表1-2　憲法上總統被賦予政策領域類型分析表

類型	政策領域	案例數	國家
類型1：明文規定	國防、國家安全、外交	6	法國、波蘭、克羅埃西亞、立陶宛、塞內加爾、臺灣
類型2：明文規定	其他（指導政府政策、政策決定）	2	芬蘭、秘魯
類型3：未明文規定		13	葡萄牙、奧地利、冰島、愛爾蘭、羅馬尼亞、斯洛維尼亞、斯洛伐克、保加利亞、烏克蘭、蒙古、維德角、馬利、納米比亞

資料來源：作者依據表1-1資料自行整理而成。

　　根據研究結果（表1-2），屬於類型1的共有6個國家，包括法國、波蘭、克羅埃西亞、立陶宛、塞內加爾、臺灣，占21個國家中的28.6%。其中波蘭憲法規定，總統得協同總理及相關部長處理外交事務，總統對國家內部及外部安全的諮詢機關為國家安全會議。立陶宛憲法則規定，總統決定外交基本議題，可協同政府執行外交政策。克羅埃西亞憲法也賦予總統在國家安全事務上的決定權。上述總統的政策權限可能有些是偏向政策方針而非政策細節，但即使如此，仍屬廣義的政策權限。

　　屬於類型2的僅有兩個國家，芬蘭與秘魯，占9.5%。這類國家總統的政策權限較模糊，例如芬蘭憲法規定政府的權力由總統和政府行使，由於「政府的權力」不能排除政策的權力，故應解釋為總統亦具有政策權限；[12]又如秘魯總統具有「指導政府政策」之職權。

---

12 芬蘭總統在2000年修憲後總統政策權限已被限縮，特別是傳統上的外交自主權已經大為削弱，並朝向議會制傾斜（沈有忠，2011：33-64；Paloheimo, 2001: 86-105; Paloheimo, 2003: 219-243）。

　　屬於類型3的，即憲法未明文賦予總統政策權限者，共有13個國家，占61.9%，超過半數，包括了葡萄牙、奧地利、冰島、愛爾蘭、羅馬尼亞、斯洛維尼亞、斯洛伐克、保加利亞、烏克蘭、蒙古、維德角、馬利、納米比亞等。

　　從上述看來，有三項值得關注的發現：第一，在明文規定總統政策權限中，多數屬於國防、國家安全以及外交事務等領域，這與一般對半總統制國家總統的政策權限領域之印象大致相符。至於臺灣，憲法增修條文僅規定賦予總統為決定國家安全有關大政方針，得召開國家安全會議及所屬國家安全局，並未明定「國家安全有關大政方針」之範疇，但依「國家安全會議組織法」主要涵蓋「國防、外交、兩岸關係及國家重大變故之相關事項」。由於兩岸關係涉及的事務層面非常廣泛，因此所謂「國防、外交、兩岸關係及國家重大變故之相關事項」的範圍，具有相當大的詮釋空間。

　　第二，大部分的國家憲法並未明文賦予總統在政策上的權限，當然，政治實務上總統可能具相當的影響力。第三，無論憲法有無規定總統的政策權限，總統與總理的政策權限不易截然清楚的劃分，隱含詮釋的空間。雖然大部分的國家憲法未明文賦予總統政策權限，但總統仍可能在國防或外交，甚至更廣泛的政策領域具有影響力。可能的原因很多，主要理由有以下：一是民選總統所具有實質的政治影響力，其在長期運作下並可能形成憲政慣例；二是總統得透過主持國防、國家安全、外交等相關會議和機制，甚至是藉由擔任內閣會議的主席而在政策決定過程中發揮實質的掌控力和影響力；三是若干國家總統根據憲法得單獨任命總理，如臺灣，則藉此可掌控總理及行政部門的政策制定。

　　進一步討論與政策權限相關但又具獨立性的職權，包括總統是否具有立法上的發動權、否決權或覆議權、法規命令權、發動公民投票權，分述如下。

　　在有關提出法案的權力方面，研究結果顯示（見表1-3），總統具有此權限的僅有5個國家，包括冰島、波蘭、斯洛伐克、烏克蘭、

蒙古，占23.8%。理論上，具有政策權限者，同時具法案提案權，也是合理的，但在前述總統具有政策權限的8個國家中，僅有波蘭總統同時有法案提案權，顯示兩者並無一定的關聯性。由此可知，在半總統制國家，總統多無權提出法案，總理所領導的行政部門以及國會議員才是提出法案的主題。我國的情況，亦是如此。

表1-3　憲法上總統被賦予法案提案權各國情況

類型	次數	國家
有	5	冰島、波蘭、斯洛伐克、烏克蘭、蒙古
無	16	法國、芬蘭、葡萄牙、奧地利、愛爾蘭、羅馬尼亞、克羅埃西亞、斯洛維尼亞、保加利亞、立陶宛、維德角、馬利、納米比亞、秘魯、塞內加爾、臺灣

資料來源：作者依據表1-1資料自行整理而成。

　　在有關否決權（或覆議權）方面，則與法案提案權的情況相異，其性質不在於具有立法上的發動權，而在於被動的針對國會通過的法案行使否決，要求國會進行覆議（reconsideration）。在總統制之下，其主動權在總統，在本研究21個半總統制下國家中具有此種權力者共有13個（見表1-4），其中有12個國家總統權力是屬於主動性質的，[13]例如法國第五共和總統得要求國會將所通過之法律全部或部分條文予以覆議，國會不得拒絕（憲法第10條）；另一個案即臺灣，總統權力是屬於被動性質，即必須先由行政院院長提出，總統再行使覆議的核可權。

　　在有關總統法規命令權方面，法規命令權係指總統可以發布替代法律的決定，亦即憲法授予總統一種具有法律效果（含終止），而無需國會事前同意的權力（Shugart and Carey, 1992; Roper, 2002）。此處法規命令權限定在總統主動發布，而非由總理或政府提出總統簽署

---

[13] 關於國會反否決的門檻，大部分國家的設計是過半數多數，蒙古與納米比亞則需要三分之二多數，波蘭則是五分之三多數。

表1-4　各國憲法上總統的法案否決權（覆議權）

類型	次數	國家
有	13	主動：法國、芬蘭、葡萄牙、保加利亞、立陶宛、維德角、馬利、蒙古、斯洛伐克、烏克蘭、納米比亞 被動：臺灣
無	8	奧地利、羅馬尼亞、克羅埃西亞、秘魯、塞內加爾、愛爾蘭、冰島、斯洛維尼亞、波蘭

資料來源：作者自行整理而成。

的情形，亦不包括事後獲得國會的追認的緊急命令權。本研究透過21個國家憲法逐一的檢視，並參考Shugart和Carey（1992）與Roper（2002）兩項研究資料。兩項參考研究採用量化方式給予總統權力評分數，但彼此所評分數不同。本研究則採取質性判讀，這是鑑於在研究中無需細究法規命令權的差異，僅區分總統有無此項權力。另外，Roper將波蘭總統的職權命令（元首形式上權力）列入，應屬高估其職權；在斯洛維尼亞案例中，其並將政府而非總統發動之命令權納入，亦不合適，這兩個個案本研究並不採用。研究結果顯示，共有5個國家的總統具有法規命令權（見表1-5）。

表1-5　各國憲法上總統的法規命令權

類型	次數	國家
有	5	法國、冰島、羅馬尼亞、烏克蘭、維德角
無	16	奧地利、愛爾蘭、芬蘭、斯洛維尼亞、葡萄牙、保加利亞、立陶宛、波蘭、蒙古、克羅埃西亞、斯洛伐克、馬利、納米比亞、秘魯、塞內加爾、臺灣

資料來源：作者自行整理而成。

　　至於公民投票發動權，本研究所關注的是總統單方可以主動提出公民投票交由人民複決的案例，亦即由總理（或政府）、國會，甚至

是人民連署提請總統公布的公民投票法案，[14]並不納入。以法國第五共和爲例，憲法第11條規定總統的公民投票提案須依政府在國會期間所提之建議，或國會兩院之聯合建議，係屬被動。因此，Shugart和Carey（1992）與Roper（2002）的研究，均排除法國案例，本研究也採同樣做法。筆者逐一檢視各國憲法條文，結果顯示僅有冰島與羅馬尼亞兩國的總統具有此種職權（見表1-6）。

表1-6　憲法上總統主動發起公民投票之權

類型	次數	國家
有	2	冰島、羅馬尼亞
無	19	法國、芬蘭、葡萄牙、奧地利、愛爾蘭、波蘭、斯洛維尼亞、蒙古、斯洛伐克、保加利亞、克羅埃西亞、烏克蘭、立陶宛、維德角、馬利、納米比亞、秘魯、塞內加爾、臺灣

資料來源：作者自行整理而成。

二、總統的決策機關

在政府的決策機關部分，半總統制與議會制政府有較多相似之處，亦即大部分國家的憲法設有專章關於「政府」（government）的設計，而其中大都存在著形同議會制下「內閣」（cabinet）的組織，並有類似內閣會議而稱爲「部長會議」（the council of ministers）的機制，或者亦有以其他名稱來代表政府的主要決策機關，如芬蘭總理主持的「政府全體會議」（plenary meetings of the Government）與羅馬尼亞和斯洛伐克各自總統可主持的「政府會議」（the meetings of the Government）。雖然在實務上，可能內閣

---

14 譬如保加利亞憲法明定國會發動，斯洛伐克與立陶宛憲法規定公民連署或國會發動，克羅埃西亞憲法規定政府提議與總理的副署下總統提出，馬利憲法規定內閣或國會提議，維德角則是人民、議會或政府提議，塞內加爾憲法則規定總理提議。

會議召開之前重大政策大致已定案，但畢竟內閣會議在憲法是行政部門最正式且最高的政策決定機制，賦予行政部門最終政策決定的合法性。內閣會議其成員涵蓋總理及主要內閣部會首長，若總統是此會議的主席，其意義比總統主持其他會議更為重要。

　　以法國第五共和為例，其形同內閣會議的部長會議，召開前尚有3個正式決策會議，其中總統或總統幕僚皆有機會正式參與其中。在第1個階段為「跨部會聯繫會議」（interministerial reunions），是首先進行的正式政策決定階段，由內閣成員主持，將部會首長的幕僚召集在一起開會，總理辦公室與總統府代表也會出席；第2個階段是「部際委員會」（interministerial committees），由總理主持，並由其親自協調部會間的不同觀點，但這類會議不見得能解決所有內閣的爭議問題；第3個階段是「部際會議」（interministerial council），乃由總統親自主持，此一會議解決最重要與最爭議的法案，這些法案或是部會首長間存在歧見而總理無法裁決定案的，或是屬於部會首長拒絕接受總理仲裁的法案，無論何者，最終仰賴總統藉由其強大的政治權力予以裁決。最後一個階段即是最為人熟知的部長會議，亦是由總統主持，但由於主要的政策決定已於前3個階段完成，因此這類會議通常扮演橡皮圖章（rubber-stamp）的角色（Elgie, 1993: 16-18）。由上述看來，政府政策立場在相關會議中可能已經確定，總統有沒有主持部長會議似乎並不重要？其實不然，恰好由於總統可以主持憲法賦予的部長會議職權，所以總統主持先行的部際會議，甚至總統府代表在更早的會議中參與討論，是具有憲法的規範基礎，否則總統擅自召開相關決策會議，也可能侵犯總理和行政部門的權限。

　　在所謂的內閣會議之外，半總統制國家的憲法也可能同時賦予總統相關的決策（或諮詢）機制，這包括主要兩種類型：一是國務會議（the Council of State）；二是國家安全會議（the National Security Council）或國防會議（the State Defense Council, the Higher Council of National Defense）。前者涉及的政策範圍較不具體，可以確定的是並非內閣會議，如葡萄牙國務會議主要是總統用來作為其保留權力

運用的諮詢機關，譬如解散國會、行使宣戰與媾和權，或者面臨政府下台時之因應措施。[15]後者則較明確，主要是總統行使國家安全和國防議題的決策會議。除此之外，總統也可能主持其他政府會議，但通常在憲法上這類會議的功能屬性並不那麼明確。

　　據此，表1-7將決策機關分為3種主要類型：類型1「主持內閣會議」；類型2「主持國防或國家安全會議」；類型3「主持國務會議或其他會議」。類型1主持內閣會議，又區分為常態性與非常態性兩種不同情況，常態性係指該會議固定由總統主持，非常態性則總統有時可主持，其他情況則是總理主持。另外，由於總統可能主持不同會議，故又存在表1-7中其他5種情況。

　　根據表1-7，屬於類型1總統可主持內閣會議的，共有8個國家，其中5個國家是常態性的，包括法國、斯洛伐克、俄羅斯、馬利、納米比亞、塞內加爾；另有3國憲法賦予總統有時可以主持會議，包括羅馬尼亞、維德角、秘魯，兩者合占約38.1%。在類型2，總統可主持國防或國家安全會議者，共11個國家，包括法國、葡萄牙、立陶宛、維德角、馬利、波蘭、保加利亞、烏克蘭、蒙古、塞內加爾以及臺灣，略超過半數，占52.4%。[16]在類型3，總統可主持國務會議或其他會議者，共有5個國家，包括葡萄牙、冰島、愛爾蘭、波蘭、克羅埃西亞，占23.8%。

　　除以上3種類型外，兼具類型1與2者，即總統既可主持內閣會議，又可主持國防或國家安全會議者，共有4個國家，包括法國、維德角、馬利、塞內加爾。另憲法未明文賦予總統相關決策會議和機關者，僅有3個國家，包括芬蘭、奧地利、斯洛維尼亞。換言之，絕大

---

[15] 葡萄牙國務會議成員包括總統、國會議長、總理、憲法法庭主席、前總統、監察使、兩個地區政府主席以及若干總統指派和國會選舉產生的委員。"Portuguese Council of State." *Wikipedia*, http://en.wikipedia.org/wiki/Portuguese_Council_of_State, Accessed on June 8, 2014。

[16] 波蘭的總統依據憲法第141條可以「就國家特別事項召集內閣會議，內閣會議由內閣閣員組成，會議由總統擔任主席」，但此會議並不具有內閣的權限。

表1-7　憲法上總統被賦予的決策機關類型分析表

決策機關類型		次數	國家
類型1： 主持內閣會議 （部長會議、政府 會議）	常態性 擔任主席	5	法國、斯洛伐克、馬利、納米比亞、 塞內加爾
	非常態性 擔任主席	3	羅馬尼亞、維德角、秘魯
類型2： 主持國防或國家安 全會議	國防會議	7	法國、葡萄牙、立陶宛、烏克蘭、維 德角、馬利、塞內加爾
	國家安全會議	6	波蘭、保加利亞、烏克蘭、蒙古、塞 內加爾、臺灣
類型3： 主持國務會議（或其他會議）		5	葡萄牙、冰島、愛爾蘭、波蘭、克羅 埃西亞
兼有類型1、2、3		0	無相關案例
兼有類型1、2		4	法國、維德角、馬利、南韓
兼有類型1、3		0	無相關案例
兼有類型2、3		2	葡萄牙、波蘭
3種類型皆無		3	芬蘭、奧地利、斯洛維尼亞

資料來源：作者依據表1-1資料自行整理而成。

部分的國家，總統在憲法上至少都被賦予相關的決策或諮詢會議。對於前者這類型國家，總統具有兩項決策機關可供運用，其半總統制的發展較可能朝向總統優勢的形態，法國、維德角、馬利、塞內加爾等國家中，除維德角外，多數是如此。而後者的總統決策權力基礎相對較弱，故在實際憲政運作中應較易偏向總理優勢的的類型，芬蘭、奧地利、斯洛維尼亞等國的憲政運作傾向如此。

三、政策權限與決策機制的關係

憲法是否同時明定總統的政策權限與決策機關，在理論上存在著以下4種情況，包括：「有政策權，有決策機關」、「有政策權、無決策機關」、「無政策權、有決策機關」以及「無政策權、無決策機

關」。透過表1-8對於21個國家憲法設計的歸納整理，呈現了這4種情況下的國家個案和數量分布情形。

表1-8　政策權限與決策機關

政策權　　決策機關		總統是否具有政策權限		
		是	否	合計
總統是否具有決策機關	是	7 法國、波蘭、立陶宛、克羅埃西亞、秘魯、塞內加爾、臺灣	11 葡萄牙、冰島、愛爾蘭、羅馬尼亞、斯洛伐克、保加利亞、蒙古、斯洛維尼亞、馬利、維德角、烏克蘭	18
	否	1 芬蘭	2 納米比亞、奧地利	3
合計		8	13	21

資料來源：作者依據表1-1資料自行整理而成。

　　從表1-8來看，在8個包括臺灣在內憲法明文規定總統政策權限的國家中，只有芬蘭憲法上未賦予總統決策（或諮詢）機關。因此，如果憲法已明確賦予總統政策決定權，則再配置相關決策機關也是合理的。相對的，在憲法未明文規定總統政策權限的13國家中，卻有11個國家的總統具有決策機關。換言之，這裡出現一個有趣的現象，即有些國家的總統根據憲法具有主持國務會議或國防、國家安全會議的職權，但憲法卻未明文提及其具有政策權，例如葡萄牙、冰島、愛爾蘭、羅馬尼亞、斯洛伐克、保加利亞、蒙古、斯洛維尼亞、馬利、維德角、烏克蘭等等。由此可見，半總統制下總統在實務上具有政策權，不一定來自於憲法明文的規定。在後文中筆者會試圖探索憲法上明文規定總統的政策權限與其半總統制實務運作類型的關係。

伍、政策權限、決策機關與半總統制類型

　　在前一節中，已就各國政策權與決策機制的設計情況進行了初步的討論和分析，接下來進一步探討的問題是：總統在憲法上的政策權領域內涵（含政策權限、法案提案權、否決權），以及決策機關配置，是否與其所屬於何種半總統制類型有所關聯？

　　半總統制是相對於總統制、議會制的另一種憲政體制形態，但屬於半總統制的國家甚多，且總統、總理和國會三角關係差異性可能很大，因此研究者嘗試劃分次類型。當前，關於半總統制的類型劃分主要有兩種邏輯，一是以憲法規範（條文）設計為基礎；另一是以制度實際表現的運作形態為主。第一種方式以Shugart和Carey（1992）的兩種次類型，即總理總統制相對於總統議會制為代表，也是目前常被援引的分類方式。按Shugart和Carey的分類，在「總理總統制」下，總理（內閣）僅對國會而不對總統負責，在「總統議會制」下，總理（內閣）同時對國會和總統負責；決定總理負責方式的關鍵因素，是總統是否有權罷黜總理，若是則屬於「總統議會制」，若非則屬於「總理總統制」。

　　Elgie（2003）則提出以下三分法：高度總統化的半總統制（Highly presidentialized semi-presidential regimes）、總統屬儀式功能的半總統制（Semipresidential regimes with ceremonial presidents）、總統和總理權力平衡的半總統制（Semipresidential regimes with a balance of presidential and prime-ministerial powers）。此一分類也是依據憲法的設計，但其被學界引用和討論的情形不如Shugart和Carey的兩種次類型。其實，Elgie的三分法並非最早提出，Duverger早在1980年的作品中便將半總統制分為「虛位元首的國家」、「總統擁有超大權力的國家」，以及「總統與政府平衡的國家」等三種情形（Duverger未曾明確冠以次類型之名）。但Duverger的分法並非建立在憲法之上，而是實務運作的劃分，這一點

與Elgie不同。Elgie後來的研究，主要是採用Shugart和Carey分類方式，而未見其2003年的分類。[17]

除了以憲法規範為分類基礎外，第二種類型劃分方式，著重於制度實際上的運作結果，可稱為「運作類型」，我們以吳玉山院士的劃分為例（吳玉山，2011）。吳院士跳脫以憲法為主的制度類型框架，以總統或國會多數決定總理與內閣人事，以及總統和國會多數是不是同屬一個政黨這兩個變項，架構出4種半總統制運作模式，分別是準內閣制（quasi-parliamentarism, QP）、換軌共治（alternation/cohabitation, ALT）、分權妥協（compromise, COM）與總統優越（presidential supremacy, PS）。他認為Shugart和Carey的分類隱含總統罷黜總理的權限，是決定總統能否掌握總理的主要因素，而非任命總理的權限，而這是有待商榷的。確實，各國憲法對於總理如何任命均有清楚規定，但對於罷黜則未必，如我國憲法增修條文規定總統可任命總理，則總統如欲更換行政院長，透過任命新的行政院院長，即可使得原行政院院長去職。所以認為罷黜權比任命權來的關鍵，立論基礎並不充分。何況在實務運作上，總統藉由任命總理的權限，自然能夠相當程度掌控了總理。且包括行政院院長在內的政務官，通常是新官上任，舊人去職，理應無動用免職令（罷黜）的機會。基於上述的理由，以下用來對照總統政策權的政治權中，將以任命總理的權限作為討論對象（見表1-9）。

---

[17] 國內學者林繼文（2000）、Tsai（2008）、蘇子喬（2011）、沈有忠（2011）、張峻豪（2011）也都嘗試建構不同的次類型。

表1-9　總統的權限（任命總理權、政策權、決策機關）與半總統制類型

| 國家 | 總統的權限 | | | | | | | | | 體制類型 | |
| | 任命總理權 | 政策權 | | | | | | 決策機關 | | | |
	直接任命與否	政策權（不分領域）	國防外交權	法案提案權	否決權（覆議）	法規命令權	公民投票主動發起權	決策機關（所有形態）	主持內閣會議	憲法類型	運作類型
法國	是	是	是	否	是	是	是	是	是（常態）	總理總統	總統優勢／平衡型
芬蘭	否	是	否	否	是	否	否	否	否	總理總統	總理優勢
葡萄牙	否	否	否	否	是	否	否	是	否	總理總統	總理優勢
奧地利	是	否	否	否	否	否	否	否	否	總統議會	總理優勢
冰島	否	否	否	是	否	是	是	是	否	總統議會	總理優勢
愛爾蘭	否	否	否	否	是	否	否	是	否	總理總統	總理優勢
波蘭	否	是	是	是	是	否	否	是	否	總理總統	平衡型
羅馬尼亞	否	否	否	否	是	是	是	是	是（有時）	總理總統	平衡型
斯洛維尼亞	否	否	否	否	否	否	否	否	否	總理總統	總理優勢
斯洛伐克	否	否	否	是	否	否	否	是	是（常態）	總理總統	總理優勢
保加利亞	否	否	否	否	是	否	否	是	否	總理總統	總理優勢
克羅埃西亞	否	是	是	否	否	否	否	是	否	總統議會	平衡型

表1-9　總統的權限（任命總理權、政策權、決策機關）與半總統制類型（續）

國家	總統的權限									體制類型	
	任命總理權	政策權						決策機關		憲法類型	運作類型
	直接任命與否	政策權（不分領域）	國防外交權	法案提案權	否決權（覆議）	法規命令權	公民投票主動發起權	決策機關（所有形態）	主持內閣會議		
烏克蘭	否	否	否	是	是	是	否	是	否	總統議會	平衡型
蒙古	否	否	否	是	是	否	否	是	否	總理總統	平衡型
立陶宛	否	是	是	否	是	否	否	是	否	總理總統	總理優勢
維德角	否	否	否	否	是	是	否	是	是（有時）	總理總統	總理優勢
馬利	是	否	否	否	是	否	否	是	是（常態）	總理總統	總統優勢
納米比亞	是	否	否	否	是	否	否	是	是（常態）	總統議會	總統優勢
秘魯	是	是	否	否	否	否	否	是	是（有時）	總統議會	總統優勢
塞內加爾	是	是	是	否	否	否	否	是	是（常態）	總統議會	總統優勢
臺灣	是	是	是	否	是	否	否	是	否	總統議會	總統優勢

資料來源：International Constitutional Law; Constitutional Finder。作者自行整理而成。

　　上述兩種類型劃分，不論是憲法類型或運作類型，對於總統在憲法上的政策權內涵以及決策機關，鮮少討論。本文進一步就總統在憲法上的政策權與決策機關，分別探討其與憲法類型和運作類型的對應關係。對於憲法類型，目前學術界的分類仍以Shugart和Carey的兩種次類型為最主要的採行方式，本章即以此為基礎；[18]在運作類型上，不同學者有不同的分類，本章參考吳玉山院士的研究結果和Elgie（2011：27-28）的資料，並回歸Duverger的三分法，提出3種類型：「總統優勢」、「總理優勢」以及「總統和總理平衡」（簡稱「平衡型」，見表1-9）。其中「平衡型」涵蓋吳院士分類中的「分權妥協」與「換軌」兩種模式。至於「總統優越」與「總理優越」則分別和本研究的「總統優勢」與「總理優勢」相近。[19]

　　在表1-9中，呈現了21個國家總統在憲法上的政策權、決策機關，以及體制類型（含憲法類型與運作類型）設計，並以總統是否具有直接任命總理而無需國會同意的權力作為對照。以下將進一步探討這些總統權限的設計與制度類型的關係。

一、任命總理權、政策權、決策機關與半總統制憲法類型

（一）任命總理權

　　關於總統是否具有直接任命總理權限和對應的憲法類型（表1-10），在13個總理總統制中，僅有2個具此權力；相對的，在8個總統議會制中就有5個具此權力。這顯示，總統議會制較總理總統制的總統，更可能具有直接任命總理的權力；且當總統不具有直接任命總理權時，其制度類型也有非常高的可能性是屬於總理總統制。

---

[18] 關於臺灣憲政體制歸類為總統議會制類型的確立和演化，可參考蘇子喬（2011）。
[19] 其他各種次類型或運作表現的類型劃分，請參考許恒禎（2012：78）的歸納。

表1-10　任命總理權與半總統制憲法類型

憲法上總統權限規定		對應的半總統制憲法類型：案例數		
		總理總統制	總統議會制	合計
任命 總理權	直接任命權	2	5	7
	無直接任命權	11	3	14
合計		13	8	21

資料來源：作者依據表1-9資料自行整理而成。

（二）政策權

表1-11呈現政策權與憲法類型，在政策權1的總統具有政策權限（不分領域）方面，在13個總理總統制國家中，僅有少數4個具此權力；相對的，在8個總統議會制國家中則有半數的4個具此權力。這顯示，總統議會制下的總統較總理總統制的總統，更可能具有政策權；且當憲法未明文賦予總統政策權時，其在憲法類型上有非常高的可能性是屬於總理總統制。因此，總統是否具有政策權和憲法類型之歸屬有一定的關係，其程度並不下於總統對總理任命權的影響。

在政策權2的總統具國防、外交等領域權限方面，在13個總理總統制中，僅有極少數3個國家具此權力；相對的，在8個總統議會制國家中則有近半數的3個具此權力。這顯示，總統議會制下的總統較總理總統制的總統，更可能具有此類政策權。

再就政策權3之法案提案權來看，若總統具有提案權，也被預期可發揮一小部分政策影響力。在13個總理總統制國家中，僅有3個具此權力；相對的，在8個總統議會制國家中只有2個具此權力。這顯示，總理總統制與總統議會制下的總統，多不具有提案權，且雖然前者比例略高於後者，但仍不顯著，亦即此一變項和憲法類型並沒有明顯的關係。

在政策權4之否決權或覆議（核可）權方面，在13個總理總統制國家中，高達11個具此權力；另在8個總統議會制國家中有3個具此權力。比較上述情形，總理總統制較總統議會制的總統，更可能具有

表1-11　政策權與半總統制憲法類型

憲法上總統權限規定		半總統制憲法類型：案例數		
		總理總統制	總統議會制	合計
政策權1	有政策權	4	4	8
	無政策權	9	4	13
	合計	13	8	21
政策權2	具有國防外交權限	3	3	6
	無國防外交權限	10	5	15
	合計	13	8	21
政策權3	具法案提案權	3	2	5
	無法案提案權	10	6	16
	合計	13	8	21
政策權4	具否決權（或覆議權）	11	3	14
	無否決權（或覆議權）	2	5	7
	合計	13	8	21
政策權5	具法規命令權	3	2	5
	無法規命令權	10	6	16
	合計	13	8	21
政策權6	具公民投票主動發起權	1	1	2
	無公民投票主動發起權	12	7	19
	合計	13	8	21

資料來源：作者依據表1-9資料自行整理而成。

此類權力，但由於前者的總統權力一般小於後者，所以這個結果形成一特別的現象。

　　在政策權5之法規命令權方面，在13個總理總統制國家中，僅有3個具此權力；相對的，在8個總統議會制國家中也只有2個具此權力。這顯示總理總統制與總統議會制下的總統，多不具有法規命令權，且此一變項和憲法類型並沒有明顯的關係。

最後，在政策權6之公民投票主動發起權方面，在13個總理總統制國家和8個總統議會制國家中，各僅有1個具此權力。比較上述兩者，差異不大，故此面向亦與憲法類型較無關係。

（三）決策機關

表1-12呈現決策機關與憲法類型，在決策機關1方面，即總統是否主持相關決策機關（含主持內閣會議）和憲法類型的關係。結果顯示，在13個總理總統制國家中，多達11個有此設計，而在8個總統議會制國家中，則高達7個具有決策機制。這顯示，不論是總理總統制還是總統議會制，其總統多具有決策機關。因此，總統是否主持相關決策機關和憲法類型，並不具明顯的關聯性。

在決策機關2方面，即只看總統是否主持內閣會議。結果顯示，在13個總理總統制國家中，有5個有此設計，而在8個總統議會制國家中，有3個有此設計，兩者比例相當。

表1-12　決策機關與半總統制憲法類型

憲法上總統權限規定		對應的半總統制憲法類型：案例數		
		總理總統制	總統議會制	合計
決策機關1	具相關機關	11	7	18
	未具任何機關	2	1	3
	合計	13	8	21
決策機關2	主持內閣會議	5	3	8
	未主持內閣會議	8	5	13
	合計	13	8	21

資料來源：作者依據表1-9資料自行整理而成。

（四）小結

　　從上述分析可知，在政策權方面，以一般政策權和國防、外交等領域的政策權和憲法類型最具關聯性，其餘較不明顯；其中並以總統議會制下的總統較具有這方面的權力。在憲政機關方面，總統主持相關決策會議或內閣會議與憲法類型關聯性並不明顯，造成這種現象的可能原因在於根據Shugart和Carey的次類型特徵，若干國家總統權力不大，但卻被歸類在總統議會制，如冰島和奧地利；相對的像法國總統權力不小，卻被歸類在總理總統制。這也會影響統計上的結果和我們對這個結果的解讀。所以我們可以再透過以下政策權、決策機關與半總統制實際運作類型關係的觀察，來探討這個問題。

二、任命總理權、政策權、決策機關與半總統制運作（實務）類型

　　在運作（實務）類型方面，與憲法類型不同，21個國家歸納為22個案例，主要是法國第五共和同時涵蓋兩種類型。法國第五共和在1986年至2002年間共出現過3次共治，論者常將此種體制歸類為共治型之半總統制。筆者不完全採取此觀點，理由是1958年至1980年以及2002年至2014年間並未形成共治，在為期甚長的非共治時間，行政權在雙首長間主要向總統傾斜，特別是2002年至2014年這段期間，很難將其視為是總統和總理平衡的形態，而是總統主導政府的態勢。但我們又無法否認1986年至2002年之間的共治經驗，故本章將法國歸類為同時出現過平衡型與總統優勢兩種情形。因此，表1-13至表1-15的案例數是22，而非21，這是首先必須敘明的。

（一）任命總理權

　　在總統是否具有直接任命總理和運作類型方面，表1-13結果顯示，在10個總理優勢型和6個平衡型中，都同樣只有1個是如此；相

對的在6個總統優勢型中，全都具有直接任命權。這顯示，總統任命總理權與半總統制運作類型有一定的關係，即總統優勢型的半總統制相較於其他類型下，總統明顯傾向具有直接任命總理的權力。

表1-13　任命總理權與半總統制運作（實務）類型

憲法上總統權限規定		對應的半總統制運作（實務）類型：案例數			
		總理優勢	總統優勢	平衡型	合計
任命總理權	直接任命權	1	6	1	8
	無直接任命權	9	0	5	14
合計		10	6	6	22

資料來源：作者依據表1-9資料自行整理而成。

（二）政策權

　　相似的情況也出現在政策權的情況。在表1-14結果顯示，政策權1方面，在10個總理優勢中，只有2個具政策權；6個總統優勢制中，有4個是如此；在6個平衡型中，則有3個。由此可見，在現實上運作成總統優勢的類型中，其總統較有可能具有憲法上的政策權。

　　再限縮在政策權限2來看，即總統具有國防、外交等領域權限，則情況也相似。即在10個總理優勢型中，只有1個具此領域權限；相對的在6個總統優勢型中，則有3個，平衡型與其不相上下。由此可見，在現實上運作成總統優勢的類型中，其總統較有可能具有國防與外交等領域的政策權。這種憲法上的政策權限設計與實際運作類型的關聯性，甚至超越與前述憲法類型的對應關係。

　　但在政策權3有關法案提案權方面，我們發現在總理優勢和總統優勢兩種類型中，多數國家總統不具有法案的提案權，尤其後者體制下總統權力理應較大，但卻並無任何個案；反而平衡型有一半的比例具有此權力。政策權5有關法規命令權方面，情況與此相似。綜合來看，理論上這兩種權限雖然是總統權力的一環，但在實務運作上卻不

一定與總統優勢的類型有關係，故基本上其與運作類型的關係，明顯不如政策權1與2之情形，這也符合我們原先的預期。

　　至於政策權4之否決權（覆議權），無論屬於何種運作類型，總統多具有權力，而細部來看，在總統優勢型和平衡型中出現個案的比例相近，都高於總理總統制。最後，政策權6公民投票主動發起權方面，無論在何種類型下，憲法上極少明文賦予總統此種權力。

表1-14　政策權與半總統制運作（實務）類型

憲法上總統權限規定		半總統制憲法類型：案例數			合計
		總理優勢	總統優勢	平衡型	
政策權1	有政策權	2	4	3	9
	無政策權	8	2	3	13
	合計	10	6	6	22
政策權2	具有國防外交權限	1	3	3	7
	無國防外交權限	9	3	3	15
	合計	10	6	6	22
政策權3	具法案提案權	2	0	3	5
	無法案提案權	8	6	3	17
	合計	10	6	6	22
政策權4	具否決權（或覆議權）	5	5	5	15
	無否決權（或覆議權）	4	2	1	7
	合計	15	7	6	22
政策權5	具法規命令權	2	1	3	6
	無法規命令權	8	5	3	16
	合計	10	6	6	22
政策權6	具公民投票主動發起權	1	1	1	3
	無公民投票主動發起權	9	5	5	20
	合計	10	6	6	22

資料來源：作者依據表1-9資料自行整理而成。

（三）決策機關

總統是否主持相關決策機關與對應的運作類型關係方面，如表1-15所示，在總統優勢型和平衡型下，總統均具有決策機關，至於總理總統制的比例則略低一些。如再將焦點集中在總統是否主持內閣會議方面，在10個總理優勢中，只有2個具政策權；在6個總統優勢制中，有5個是；在6個平衡型中，則有2個。由此可見，在現實上運作成總統優勢的類型中，相較其他類型，其總統較有可能具有憲法上決策機關。由以上可知，總統是否主持相關決策機關和現實運作類型具有一定的關聯性，並明顯超越其與憲法次類型的對應性。

表1-15　決策機關與半總統制運作（實務）類型

憲法上總統權限規定		對應的半總統制憲法類型：案例數			
		總理優勢	總統優勢	平衡型	合計
決策機關1	具相關機關	7	6	6	19
	未具任何機關	3	0	0	3
	合計	10	6	6	22
決策機關2	主持內閣會議	2	5	2	9
	未主持內閣會議	8	1	4	13
	合計	10	6	6	22

資料來源：作者依據表1-9資料自行整理而成。

（四）小結

從上述分析可知，除了總統任命總理權力外，總統的政策權限和決策機關與半總統制的運作類型具有一定的關聯性。在政策權限中，尤以總體不區分特定領域和國防、外交領域權限，較為明顯，但法案提案權和法規命令權則看不出有所關聯。在決策機關中，則以主持內閣會議權力與運作類型具明顯的關係，並明顯超越其與憲法次類型的對應性。

陸、結論：兼論臺灣案例的思考

半總統制存在著總統和總理的雙元行政領導結構，其中總理（或行政院院長）除握有一定程度的政策決定權，並幾乎都參與甚或主持內閣會議（或部長會議），但由全國人民選舉產生的實權總統，究竟各國在憲法上如何設計其政策權限，以及是否配置相關的政策決定或諮詢之機制，呈現多樣的面貌。本章藉由21個民主國家案例的歸納相關經驗，並進一步追問總統的政策權和決策機制設計，與半總統制的類型（包括憲法類型以及實務運作類型）存在著什麼樣的關聯性。本章連結總統政策權與決策機制，特別是內閣會議之變數，在理論上與實務上，試圖補充半總統制之研究內涵。本章的研究結果指出了現有文獻未能關注到的研究現象，呈現了值得探索的研究訊息。

根據21個國家的經驗總結，不到一半的國家憲法賦予總統某政策領域的決定權，明文規定總統政策權限中，多數屬於國防、國家安全以及外交事務等領域，這與一般對半總統制國家總統的政策權限領域之印象大致相符；且這個領域的政策權設計和憲法類型最具關聯性，其中並以總統議會制下的總統較具有這方面的權力。但無論憲法有無明文賦予總統特定的政策權，總統與總理的政策領域權力之劃分，均難以截然清楚。實務運作上，因國會中政黨體系的因素和憲政傳統所影響，將更形複雜。

本研究也發現，絕大部分國家的憲法均賦予了總統相關的決策或諮詢機關，僅有很少數國家未明文賦予，後者全部屬於總統權力相對較小的總理總統制，在運作上亦均屬總理優勢的半總統制。再者，具有特定政策權限的總統，在憲法上也幾乎都配有相關的政策諮詢或決策機制，但具有主持內閣會議（部長會議）權力者則屬於少數。此外，整體而言，總統主持相關決策會議或內閣會議與憲法類型關聯性並不明顯，造成這種現象的可能原因在於根據Shugart和Carey的次類

型劃分與總統權力大小，沒有必然關係。若干國家總統權力不大，但卻被歸類在總統議會制，如冰島和奧地利；相對的像法國總統權力不小，卻被歸類在總理總統制。在21個個案中有3個出現這樣的問題，就容易影響統計上的結果和解讀，也說明了Shugart和Carey的次類型劃分有其明顯的限制性。當然，如果研究個案數增加，這方面的問題可以減少許多，因爲像冰島和奧地利等情況的國家並不多。本書第二章在另一個相關研究中，對此有進一步的探討。

　　如果我們將研究視野延伸到實際運作類型的觀察，則上述關於總統政策權和決策機關的權力，都與其有更高的關聯性，而超越形式上的憲法類型。簡言之，在現實上運作成總統優勢的類型中，其總統較有可能具有憲法上的政策權。而在現實上運作成總統優勢的類型中，相較其他類型，其總統較有可能具有憲法上決策機關，尤其是主持內閣會議。從「誰主持內閣會議」這個問題切入，可以相當程度辨識出該國半總統制憲政運作中，行政權中樞是傾向在總統或總理身上。

　　最後，讀者應該會很好奇，如何從上述研究結果來看臺灣？在臺灣，中華民國憲法賦予總統的政策權限主要在於「決定國家安全有關大政方針」（主要包括國防、外交、兩岸關係領域），在決策機關方面配置有國家安全會議，這是政策權和機關的對應關係。但國家安全會議性質上屬於諮詢性質，很難經常性地召開，與一般內閣會議有很大的差別。總統雖然主持國家安全會議，但行政院下國防部、外交部和大陸委員會是否受總統領導，在憲法的解釋上是存在爭議的。因此，在憲法的類型上我國之所以屬於總統議會制，主要與總統掌握了對行政院院長的任命權，以及其他政治條件與因素較有關係，並非是總統在憲法上擁有相當的政策權力。亦即，1997年修憲前行政院院長係由總統提名經立法院同意產生，修憲後取消立法院同意權，從而加強總統對行政院院長的掌控和政府重要政策的影響力。

　　再檢視憲政實踐，臺灣亦走向了總統優勢的半總統制。民選總統的全國性民意基礎、加上政黨政治的因素，諸如不論是中國國民黨

或民主進步黨執政時期之總統，在多數時候均同時兼任執政黨黨主席，從而透過政黨的機制掌握統治實權，使得憲政實務上趨向總統優勢的半總統制。總統的政策權力不僅明顯凌駕在行政院院長之上，且實務上其影響範圍遍及各種政策議題，致行政部門的重大政策往往因總統的態度而做關鍵性的轉變。然而，總統實際上固然具有政策的影響力，憲法卻無賦予其常態性的一般性政策決定機關，甚至無法出席行政院會議，而常需在體制外迂迴的透過政黨、黨政平臺或其他機制和場所來作成決策。這表示在憲法設計中，行政院院長為最高行政首長之設計，在幾次修憲後並沒有實質的改變。我國的憲政運作在規範面和現實運作層面是否出現落差，又或者陷入模糊難解的困境，對此，本書在第二章中，將就我國幾任民選總統的實證研究，予以延伸探討。

2

臺灣半總統制下總統決策機制的困境：一個比較視野的研究

壹、前言

　　我國的憲政體制自1997年憲法增修後，普遍被學界歸類為半總統制，迄今已運作超過20年的時間。然而，在此種政府體制下，我國歷任民選總統，無論是國民黨籍還是民進黨籍，或是否在立法院中擁有多數席次之支持，皆同樣須費力建立各種體制之外的決策協調機制，以求整合政府與政黨等各部門之意見。造成此種現象的一項主要原因是，總統在憲法下缺乏正式的決策機關，這構成我國總統行使治理權的一項挑戰，甚至是難題。對於產生此一現象的原因與其後果，學術上的研究非常少見，導致對這個實務上重要議題的解決之道，也相當貧乏。因此，本文擬就此一問題進行探索。

　　在中華民國憲法體制下，與總統的決策機關有關者，僅有國家安全會議（以下簡稱「國安會議」）一項。嚴格來說，其僅是總統決定國家安全有關大政方針之「諮詢機關」，而非嚴格意義上政策決定機關。在我國，形同內閣制（議會制）下「內閣會議」地位的是行政院會議，中央政府重要法律案、預算案，均須經過其議決，而該會議是由行政院院長所主持，相對的公民直選而擁有全國最高選票基礎的總統，並無權出席。

　　在政策的作成方面，總統無法與聞行政院會議，只能間接領導行政部門。至於，歷任總統雖多有籌組總統經濟顧問小組，或關於兩岸、國際事務之相關小組會議，如陳水扁時召集的兩岸和平穩定互動架構小組會議，以及馬英九總統時期的兩岸與國際小組會議等，但均非憲法下的制度化決策機制。[1]在行政院院長的人事權方面，總統則相對上具有直接的掌控權。雖然，依憲法的精神，總統是否具有單方任意的任命權，存在著不同的見解。[2]對於憲法精神的不同見解是規

1　馬英九總統也曾召開財經會議，這是在2008年7月執政之初，面對民調滑落，因應「油電雙漲」、「股市下跌」等議題同時發酵而來的（張峻豪，2017：82-83）。

2　有認為依照1997年第4次修憲時國民黨與民進黨存在著「立法院多數組閣」的修憲共

範上意涵，但在實務運作上，歷任總統幾乎都可以單方任命甚至撤換
其職務，並鮮少遇到實質的阻礙。換言之，主持最高行政決策會議
並領導內閣的行政院院長，其並無選票基礎，也缺乏國會間接授權同
意，其職位是完全來自總統個人根據憲法之任命規定所授予。

　　申言之，在實務上由於我國缺乏聯合政府與共治的經驗，總統幾
乎不受到國會政黨席次結構所限制，而能透過任命行政院院長之權完
全掌控此人事的任免與去留，甚而藉此伸展到對行政院重要部會首長
人選的主導權。如此看來，總統的人事權不可謂不大；然而，在攸關
總統治理權行使的關鍵，即政策決定權與決策機制的配置，則與上述
人事權完全不對稱。由於總統不僅非憲法下內閣的首腦，甚至連行政
院會議都無法與聞，因此其與行政院院長的互動，除了透過非制度性
的或所屬政黨內部的場域進行外，並無任何直接的、正式的制度連結
與互動機制。亦即，我國總統並無憲法層次的政策決定機制，無法
在政策決定上，如同任命行政院院長一般，直接貫徹其意志，而只能
間接指示或示意行政院院長和部會首長等，委託其實現政策目標。然
而，「內閣」是否能貫徹總統意旨，非總統本人能完全掌控，且總統
欲推動的政策和法案最後還得仰賴立法院的支持才能達成。

　　簡言之，我國半總統制關於總統權力的設計，出現總統對行政院
院長的「人事直接掌控」與「政策間接委託」特徵，構成總統行使
治理權的一項不對稱的現象。或謂根據憲法增修條文，總統擁有國
防、外交、兩岸關係的政策決定權，實則，在憲法下總統亦僅能透過

識，總統並無任意裁量的權力，而應尊重立法院多數意見（陳新民，2006：128；黃錦
堂，2000：8-9）。亦有認為，修憲時取消立法院對行政院院長人選的同意權，而《憲
法增修條文》規定「行政院院長由總統任命」，表明總統具有任意裁量之權力，立法院
對內閣的建構僅擁有消極抵制的權力（蔡宗珍，2004），所謂立法院多數組閣的修憲共
識，並未化為增修條文具體規範（湯德宗，2002：364-365）。上述兩種觀點亦有被歸納
為「立法院派論」與「總統派論」，或者是「限縮論（強調內閣制）的觀點」與「擴張
論（強調總統制）的觀點」（蘇子喬，2013；蘇子喬、王業立，2016：89-93），前者強
調總統任命行政院院長須尊重立法院多數陣營的意見，後者主張總統得完全依己意決定
行政院院長人選。

國家安全會議此一諮詢機制決定相關大政方針，而這些政策領域非總統排他性的獨占權力，同時是爲行政院本有的政策權範圍；行政院還下轄國防部、外交部，以及大陸委員會等機關。甚且，總統由於無法律案提案權，其所欲推動之法案最終不得不仰賴行政院（暨有關部會）提出，並透過立法委員的配合予以制定法律，加以落實。從比較政府的角度來看，雖然美國總統亦無權提出法律案，但根據美國憲法的規定，聯邦政府行政權屬於總統，因此總統並不會因爲無提出法案的權力，而影響其所具有的政策決定權，所以與我國的情況有所不同。

　　由此看來，人事的直接掌控，只要總統行使一次單方任命行政院院長權力就可以底定，並延續制約；但政策的間接委託，則需反覆操作，依個別政策推動的所需進行商討、交付和指示，其運作較前者費力。在此情況下，不同黨派的總統在執政時均形成以下共同的運作模式，即均費力建立各種決策諮詢機制和黨政互動平臺，也都嘗試兼任黨主席以求主導政策和立法，並皆促成了執政黨的政黨總統化（the presidentialization of political parties）現象。同時，幾位總統任內也都面臨外界對這是否符合憲法下總統角色和分際的不同聲音。[3]

　　如果我國政府體制是總統制，那麼即便憲法沒有明文規定總統的決策或諮詢機關，但由於總統個人爲最高行政首長，故在憲法以外創設相關決策機制，不至於因此造成對總統權力或政治責任的明顯爭議。同樣的，在內閣制中，總理（或首相）領導內閣政府，掌有行政權，並主持內閣會議或「部長會議」（the council of ministers），作成政策決定。因此，即使內閣是集體決策的機制，非總理個人定於一尊，又或者在多黨聯合內閣之下，總理所屬政黨在內閣中權力

3　前總統陳水扁曾表示：「前總統李登輝、馬英九、現任總統蔡英文和他本人，都曾以總統身分兼任黨主席；四位民選總統寧願背負違背多數民意的罵名，被輿論批判不符黨政分際或成立沒有法源的府院黨政策協調平臺等黑機關，且不分藍綠沒有例外，關鍵就在於憲政體制與民選總統之間的扦格。」此一明確表述雖僅來自四位總統中之一人，但其所指出的現象應具有參考價值，引自顧荃（2017）。

被瓜分，但總理作為最主要的政策決定者，其本質沒有太大改變。然而，半總統制具有行政權雙元化的特徵，情況與前者是截然不同的。

行政權雙元化表示總統和總理分享行政權，而行政權的運作仰賴政策決定機制。即便獨裁或威權的統治者，也不免需要相關的決策機制。[4]本文從全球的視野觀察半總統制國家的憲政經驗，並探索臺灣的制度設計和歷任總統的實務運作。具體的研究問題如下：關於總統決策機制，全球主要半總統制國家的憲法是如何設計的，是否可以歸納其中的不同模式？我國是屬於哪一種型態？此外，我國歷任總統在實務運作上的決策機制是如何安排的？關於各國的經驗，本研究在第一章的研究基礎上進一步擴大國家數量，納入更廣泛的整體民主半總統制國家，並在此基礎上進一步延伸探討臺灣的憲政經驗。具體而言，本章試圖先透過37個半總統制國家的憲法設計，再探討歷任4位民選總統執政時期決策機制的建置和運作，並聚焦在國家安全會議與總統親自主持的黨政最高決策會議之運作。

貳、文獻探討與理論視角

關於總統在憲政體制下的決策機制配置與設計，是屬於廣義上總統權力的一環，也可視為是總統政策制定權力的展現。從憲法上的職權來看，如第一章中所述，現有學者對總統權力進行的研究，曾試圖劃分為「立法權」與「非立法權」兩大類，但未見將決策機關列為觀

4　以現行國家安全會議為例，其前身即是因應動員戡亂時期下總統執政所需而創設的，因為憲法本文並未設置任何總統的決策或諮詢機關；此足證連威權統治者也需要相關權力機關輔助。再以古代封建帝制時期為例，即便如清皇朝建國革創時皇權之強盛，但皇帝努爾哈赤依然需要籌設議政王大臣會議，以作為中樞決議機制；而國人熟知的雍正時期之「軍機處」亦是後來演化出的新單位。

察對象。[5]如前所述，這個議題在總統制或議會制政府中也許其重要性不是那麼明顯，但在半總統制下，尤其是在我國的憲政運作，有其特別的重要性。

　　然而，當前對於半總統制下總統治理行為研究較為不足，此種情況與既有半總統制研究傳統有關，這可以分為全球性的和臺灣本土政治發展的現實因素兩方面來看。全球性的因素中，最核心的時代趨動力，主要來自Huntington所謂「第三波」民主化（the third wave）的影響。由於民主化湧現大量新興民主國家，研究者關心這些國家憲政體制的選擇以及制度的民主表現，並產生相關的理論關懷。由於這些國家當中有很多是採行半總統制，因此廣泛的有關半總統制的採行、運作和民主表現，都屬於此一理論和現實的關懷範疇。

　　再從臺灣本身政治發展因素來看，一個時間上的分水嶺，係源起於西元2000年政黨輪替後出現的「分立政府」、「少數政府」現象，而形成以「半總統制分立政府和少數政府」為焦點的研究課題，同時也衍生出行政和立法關係、府會關係等等相關重要研究議題，匯聚成為臺灣憲政研究的重心。如果再加入政黨的變數後，半總統制現實上的運作類型研究，也應運而生，同屬於此一脈絡。若又再納入選舉制度和選舉時程變項，暨其所牽引的政府型態和運作，也豐富了憲政研究的範疇。最後，此一全球性風潮和本土性政治發展特性的並存、匯聚、激盪，從而創造出臺灣憲政研究和半總統制研究的蓬勃發展。多年來，半總統制的研究固然直指我國重大憲政問題的諸多要害，憲政體制研究領域，不論是傳統的制度取向、新制度主義取向或結合行為主義的實證研究，其所累積的成果，絲毫不遜於政治學中其他領域的研究。不過，較多屬於宏觀性、結構性與制度性的議題。我們發現，臺灣憲政運作中經常性的、現實性的、當下性的問題，其中直接與治理層面有關的問題，較少受到關注。與其同時，既

5　林繼文（2012）、沈有忠（2014）的著作中曾述及總統主持內閣會議與否對總統權力行使之影響。

有全球半總統制研究所累積的理論，卻又不一定都能用來解釋臺灣相關現象和解決其實務問題。廣泛來講，這乃關於總統和內閣為主體的行政權治理課題，此一新的研究視野並非要與制度設計和行政立法關係結構問題脫勾；恰恰相反，它應該仍是在既有半總統制憲政結構下的研究，可以是制度與行為結合與並存的研究取向；可以兼融民主表現與民主治理的課題。

　　循此，本書第一章中曾嘗試以21個民主半總統制國家憲法設計的探索，分析各國憲法中總統的政策權與決策機制之設計模式，以及探討其與半總統制憲法上的次類型和實際的運作類型的關係。研究核心發現在於，如果總統具有特定政策權限，那麼憲法也大都設計有對應的政策諮詢或決策機制；而且總統是否具有主持內閣會議（或部長會議）權限，與半總統制的運作類型明顯的具有關聯性。本章延續該研究關懷，擬調整研究設計，聚焦在決策機制，並進一步將重心放在臺灣幾位民選總統的執政經驗為對象。

　　本文提出兩個值得探討的命題：第一，我國總統具有直接（單方）任命行政院院長權力（簡稱「任命權」），但缺乏憲法下的政策決定機關，構成不對稱性的設計，比較各國經驗中這是否是少數？第二，是涉及總統憲法下權力的搭配或內在邏輯，即如果總統在總理人事方面具有任命權的話，那麼在政策權領域中是否傾向同時具有主持內閣會議的權力（簡稱「主持權」）？由於本文循吳玉山院士（2012）的相關見解，認為總統「直接任命總理權」相較總統「解除總理職位之權」，是總統控制總理（即控制內閣人事）更重要的變項，那麼可以推演出的命題是：「任命權」與「主持權」的相關性應該高於Shugart與Carey（1992）的「兩種半總統制次類型」與「主持權」的關係，這是因為後兩個次類型僅著重總統有無解除總理權，而未論及任命權的重要性。[6]經由上述命題的探討，可以進一步討論的

6　Shugart與Carey（1992）提出的兩種次類型是：總理總統制（premier-presidential）與總統議會制（president-parliamentary），請見本文第參節的進一步說明。

是，我國半總統制的制度設計因素，是否是導致歷任總統不得不建構體制外決策平臺的關鍵原因？

擬說明的是，關於總統體制外的決策機制，涉及政黨的層面，從相關研究文獻來看，許多研究者觀察到，在總統具有實權的憲政體下；政黨可能是總統行使權力的重要憑藉，因此政黨有總統化（the presidentialization of political parties）的跡象，從而出現「總統化的政黨」（presidentialized parties）。對於我國總統兼任政黨黨主席，掌控黨權而出現象的「政黨總統化」現象，將在第六、七章中分別延伸討論，在此焦點放在總統於制度內以及黨政平臺的決策機制，至於政黨內部的權力機制並非研究重點。

參、全球視野下半總統制總統決策機制設計

究竟全球各個民主半總統制國家，在憲法上如何設計總統決策機制？在此，關於屬於半總統制國家認定，主要參考吳玉山院士（2012）和Elgie的研究。[7]另外，本文納入的國家涵蓋近5年（2015-2019）「自由之家」（Freedom House）的評比中，大部分時期屬於「完全自由」（free）與「部分自由」（partly free）的國家。「完全不自由」（not free）屬於專制國家，其分析參考之意義不大，故不列入。[8]最後共有37個國家因符合上述條件，且同時有憲法條文資料可供判讀，因而納入分析。

筆者檢視37個國家的憲法和相關資料，以判別是否在憲法中明文配置總的相關決策（諮詢）機關。憲法有無明文配置這件事的重要性在於，明文配置者，總統具有行使職權的合法性基礎，在此條件

---

[7]　請參考Elgie個人學術網站，http://www.semipresidentialism.com/?p=1053。

[8]　例如俄羅斯被列入在吳玉山院士2012年的著作中，但其近年來均屬完全不自由國家，故予以剔除。

下總統欲執行憲法上賦予的職權，是完全具有合憲性的；剩下的問題是，總統的政治實力是否足以擔當憲法上職權的行使。憲法無明文規定者，可能藉由法律另予規定，但其位階不如憲法明文規定。總統的職權應該是屬於「憲法保留」，亦即應由憲法明定，如透過法律加以補充規定者，也可能因為法律的修改而變動，其穩定性和權威性遠不如憲法，也可衍生是否符合憲法精神之疑義，因此本文並不納入法律層次的研究。至於憲政慣例也具有憲法的規範效果，但對其之認定相當困難，亦非本研究分析之對象。

　　我們首先關注的是37個國家總統決策（或諮詢）機制總體配置情形。筆者逐一將所有國家憲法規定加以檢視，主要觀察的有三方面的機制：國防或國家安全會議、國務會議以及內閣會議（或部長會議）。上述研究結果一併呈現在表2-1。其次，在有關總統的決策（或諮詢）機制中，最重要的是內閣會議，因其攸關總統和總理何者才是行政權的中樞。進一步，可再探究內閣會議的主持者與該國在半總統制類型上的關係，這是第二部分的討論。

表2-1　全球37個半總統制國家總體上總統決策機制配置

國家	總統的權限				半總統制次類型
	任命總理權限	決策機關（機制）			
	單方任命與否	國防或國家安全會議	國務會議	內閣會議	
西歐					
奧地利	是	否	否	否	總統議會
芬蘭	否	否	否	否	總理總統
法國	是	是	否	是	總理總統
冰島	否	是	是	否	總統議會
愛爾蘭	否	是	是	否	總理總統
葡萄牙	否	是	是	否	總理總統

表2-1　全球37個半總統制國家總體上總統決策機制配置（續）

國家	總統的權限				半總統制次類型
	任命總理權限	決策機關（機制）			
	單方任命與否	國防或國家安全會議	國務會議	內閣會議	
東歐					
保加利亞	否	是	否	否	總理總統
克羅埃西亞	否	是	是	否	總理總統
馬其頓	否	是	否	否	總理總統
蒙特內哥羅	否	是	否	否	總理總統
波蘭	否	是	是	否	總理總統
羅馬尼亞	否	是	否	是（有時）	總理總統
斯洛伐克	是	是	否	是	總理總統
斯洛維尼亞	否	否	否	否	總理總統
前蘇聯					
亞美尼亞	否	無	無	否	總理總統
保加利亞	否	是	否	否	總理總統
喬治亞	是	是	否	否[9]	總理總統
吉爾吉斯	否	是	否	是	總理總統
立陶宛	否	是	否	否	總理總統
烏克蘭	否	是	否	否	總理總統
亞洲					
東帝汶	否	是	是	否	總理總統
蒙古	否	是	否	否	總理總統
斯里蘭卡	否[10]	無	否	否	總統議會
臺灣	是	是	否	否	總統議會

---

[9] 喬治亞雖由總理主持內閣會議（Government meeting），但憲法第78條規定總統有權要求特定事項於內閣會議中討論，並可要求出席此會議。

[10] 斯里蘭卡憲法第42條規定總統任命總理，但總統須考量最可能獲得議會信任的人選，由於須獲議會的信任，故判定屬非總統單方可以決定人選。

表2-1　全球37個半總統制國家總體上總統決策機制配置（續）

國家	總統的權限				半總統制次類型
	任命總理權限	決策機關（機制）			
	單方任命與否	國防或國家安全會議	國務會議	內閣會議	
土耳其	是	是	否	是（有時）11	總理總統
非洲					
布吉納法索	是	是	否	是12	總統議會
維德角	否	是	否	是（有時）	總理總統
馬達加斯加	是	無	否	是	總統議會
馬利	是	是	否	是	總理總統
莫三比克	是	是	是	是	總統議會
納米比亞	是	是	否	是	總統議會
尼日	是	無	是13	是	總理總統
塞納加爾	是	是	否	是	總統議會
多哥	是	無	否	是	總統議會
突尼西亞	否14	是	否	否	總理總統
美洲					
海地	否	無	無	是	總理總統
秘魯	是	是	否	是（有時）	總統議會

資料來源：Tschentscher (1994). International Constitutional Law Countries、各個國家憲法。

---

11 根據土耳其憲法第121條規定，部長會議由總理擔任主席，但總統在認為有必要時則可主持。

12 布吉納法索部長會議是由總統主持，而憲法第47條規定總理在憲法特定規定情況下代理主持此會議。

13 尼日憲法第69條規定，總統是「共和國會議」主席，總理是成員，共和國會議是為了防止和解決體制和政治危機，並以協商一致的方式決定。此處雖非國務會議，但既非內閣會議，也非國安和國防會議，故暫歸類在國務會議類型。

14 突尼西亞憲法第89規定，總統必責令議會中最大黨或最大的選舉聯盟之成員為總理人選，並籌組政府，故不具有單方任命權。

一、各國總統決策機制設計類型之統計分析

　　根據表2-1，我們可以進一步再予以類型化成表2-2。總統具主持內閣會議權限者共有18個國家，其中的14個國家是常態性擔任會議主席，包括最具代表性的法國第五共和；[15]另有4個國家在特定情況下可以主持會議，如土耳其憲法規定主要由總理主持，但總統認為有必要時也可能主持。秘魯總統則可主持其所召集的內閣會議，羅馬尼亞和維德角的總統則被動受邀主持會議。固然，這些國家一般性的內閣會議主席主要是總理而非總統，但總統既非全然沒有出席乃至主持會議之機會，至少在憲法上其權力與完全沒有出席會議可能性的國家應有區隔。此外，也有若干國家憲法未明定誰主持內閣會議，如蒙地內哥羅[16]、馬其頓[17]、亞美尼亞[18]。整體而言，總統具有主持會議權力的國家僅接近一半，顯然大部分國家主要仍由總理行使政府正式會議的主席職權。

　　如果進一步看總統是否主持國防會議或國家安全會議，研究發現共有22個國家主持這類型相關會議。其中有9個國家總統主持國防會議，11個國家（含中華民國）的總統主持國家安全會議，另有2個國家的總統主持國防暨國家安全會議。整體而言，具有主持國防會議或國家安全會議的國家數量約達六成左右。再就國務會議或政府會議（非內閣會議與部長會議）來看，亦有9個國家有此設計，通常都定位為總統的「政治諮詢機制」。

15　法國第五共和憲法明文規定總統主持部長會議，此會議是行政中樞，其議事擬定、召開及議案審查，均是由總統（府）掌握與決定。在「左右共治」時期，總統雖然偏向是形式上的主席，整個討論與議決的過程多由總理主導（徐正戎，2002：95-110）。一般情況下，總理雖然可以透過立法的方式來積極推動各項政策（憲法第15條規定，總統應於國會將所通過之法律送達政府15日公布），總統也可以採取拒絕簽署部長會議所決議之行政命令或其他方式予以反制（張台麟，2007：17）。

16　蒙地內哥羅憲法第102條僅規定總理代表與掌理政府運作，未明定誰主持內閣會議。

17　馬其頓憲法第95條規定行政部門政治組織與活動由法律規定，未明定誰主持內閣會議。

18　亞美尼亞憲法第152條雖規定「總理」主持國安會議，卻未明定誰主持內閣會議。

　　總統兼具上述三種會議主席權力者，僅有莫三比克。另外，憲法上並沒有明定總統決策（或諮詢）機制者包括有芬蘭、奧地利、斯洛維尼亞、亞美尼亞。

表2-2　半總統制國家憲法下總統決策機制類型分布

決策機關類型		次數	國家
類型1： 主持內閣會議 （部長會議）	常態性擔任主席	13	法國、斯洛伐克、納米比亞、塞內加爾、吉爾吉斯、布吉納法索、馬利、馬達加斯加、尼日、海地、莫三比克、多哥、斯里蘭卡
	非常態性擔任主席	4	羅馬尼亞、維德角、秘魯、土耳其
類型2： 主持國防會議或 國家安全關會議	國防會議	9	法國、葡萄牙、立陶宛、烏克蘭、維德角、馬利、塞內加爾、吉爾吉斯、布吉納法索
	國家安全會議	11	波蘭、保加利亞、烏克蘭、蒙古、塞內加爾、臺灣、突尼西亞、喬治亞、馬其頓、土耳其、莫三比克
	國防暨安全會議	2	東帝汶、蒙地內哥羅
類型3：主持國務會議		8	葡萄牙、冰島、愛爾蘭、波蘭、克羅埃西亞、東帝汶、尼日、莫三比克
兼有類型1、2、3		1	莫三比克
兼有類型1、2		4	法國、馬利、塞內加爾、維德角（非常態）
兼有類型1、3		1	尼日
兼有類型2、3		3	葡萄牙、波蘭、東帝汶
三種類型皆無		4	芬蘭、奧地利、斯洛維尼亞、亞美尼亞

資料來源：作者依據表2-1資料自行整理而成。

二、總統主持內閣會議權與半總統制次類型

　　若干研究者嘗試以總統憲法上的權力來分類半總統制，如Shugart與Carey（1992）、Metcalf（2000）及Roper（2002）等人，其中以Shugart與Carey的兩種次類型：總理總統制（premier-presidential）與總統議會制（president-parliamentary），是目前常被援引的方式，也具有簡約性（Elgie, 2011: 28）。兩種類型的差異在於，在總理總統制下，總理（內閣）僅對國會而不對總統負責；而在總統議會制下，總理（內閣）則同時對國會和總統負責。其中，「總統對內閣是否有免職權」則是決定一個半總統制國家是屬於內閣單向負責的總理總統制或內閣雙向負責「總統議會制之關鍵」（蘇子喬，2013）。

　　Shugart與Carey（1992）的兩種類型分法雖然在半總統制研究領域廣受引用，但其著重於總統對總理的免職權，輕忽總統對總理的任命權之作用，在這方面的立論基礎其實並不夠堅實。因此本研究嘗試納入一個新的分析變項，即總統在憲法上是否具有單獨任命總理的權限，觀察其與總統主持內閣會議的相關性。如前所述，這是涉及總統憲法下權力的搭配或內在邏輯，亦即總統如果在人事方面有單方任命總理權的話，那麼在政策權領域中是否也傾向同時具有主持內閣會議的權力？

　　表2-3顯示[19]，如果以絕對數字來看，在37個國家中，共有18個國家其憲法賦予總統有主持內閣會議權限，並未過半；換言之，多數半總統制國家總統在憲法上並不具有此權限。進一步觀察2個半總統制次類型的情況，在這18個總統具有此權限的國家中，僅有8個屬於總統議會制，而有10個屬於總理總統制。然而，由於本研究中總理總統制國家的總數為26個，本來就遠高於總統議會制，所以不能因

---

[19] 本文表2-3中關於「總理總統制」和「總統議會制」國家的認定，主要參考Elgie的歸納：http://www.semipresidentialism.com/?p=1053。

此推論總理總統制比較容易出現總統主持內閣會議。我們必須要進一步看個別次類型中的情況，因此從這樣的角度來看，在11個總統議會制中，有8個國家的總統具有主持內閣會議的權限，約占64%。相對在26個總理總統制國家中，卻只有10個國家的總統具有主持內閣會議的權限，僅占38%。因此，在多數的總統議會制中，總統較有可能具主持內閣會議的權限。相對的，在多數的總理總統制國家中，總統並不具有主持內閣會議的權限。結論是，Shugart與Carey的兩種類型與總統是否具有主持內閣會議權限有一定的關係。

表2-3　半總統制次類型與總統主持內閣會議權限

		半總統制次類型		合計
		總統議會制	總理總統制	
憲法下總統是否主持內閣會議	是	8	10	18
	否	3	16	19
	合計	11	26	37

資料來源：作者依據表2-1資料自行整理而成。

　　不過，Shugart與Carey（1992）的分類著重總統對總理的免職權之因素，看輕總統對總理的任命權之作用，所以即便兩種類型與總統是否具有主持內閣會議權限有一定的關係，但其相關性應該也不是最顯著的。而且，既然本文認為總統對總理的任命權的作用是更重要的總統權力，那麼我們就可以藉此觀察，其是否較總統議會制和總理總統制的分類與憲法下總統是否主持內閣會議之關係更明顯。表2-4顯示，次數分布最多的恰好是內閣會議主持權與單方任命總理權均無和均有的情況，分別是16與13。換言之，主持權與任命權之關係，或者兩者傾向皆具，或者兩者傾向皆無，呈現高度的正相關性。進一步解析，在18個總統具有主持內閣會議權的國家中，有高達72.2%的13個國家是屬於總統有單方面任命總理權限者。即便扣除2個非屬常態性主席的個案，也有61%的比例。相對的在19個總統不具有主持內閣

會議權的國家中，僅有3個國家總統有單方面任命總理權限，而有高達84%的16個國家不具有此權限。換言之，具有其中一種權限的，也有很高的可能性具有另一種權限。

表2-4　總統任命總理權與主持內閣會議權限

| | | 憲法下總統是否具單方任命總理權 | | 合計 |
		是	否	
憲法下總統是否主持內閣會議	是	13	5	18
	否	3	16	19
	合計	16	21	37

資料來源：作者依據表2-1資料自行整理而成。

　　如果再個別看總統具有和不具有主持內閣會議權的情況，我們發現，在16個總統具有單方面總理任命理權國家中，有高達81%的13個國家其總統具有主持內閣會議權；而在21個總統不具有單方面總理任命理權的國家中，也同樣有高達76%的16個國家總統不具主持內閣會議權。以上顯示，一旦總統具有單方面總理任命權，就有非常高的可能性其總統同時具有主持內閣會議權；即總統對總理的任命權與主持內閣權兩者權力具高度相關性，且相較於Shugart與Carey（1991）的兩種類型與總統是否具有主持內閣會議權限的關係，要更為顯著。

　　值得進一步討論的是表2-4中所示，含我國在內的，總統在憲法上具有單方任命總理權，但並未具有主持內閣會議權者，共有3個國家，另外兩國為奧地利與喬治亞。在奧地利，從歷史來看，總統在1929年基於特定的目的與政治環境獲得直選的正當性與權力，其權力僅限於解決當時的共和困境。基於這樣的認知，奧地利的總統從來沒有發展出類似於法國第五共和總統的治理模式（Welan, 1992:

38）。[20]因此，憲法賦予總統任命總理的權力，沒有正式限制總統選人之規定；不過，總統的權力多受制於政治現實。雖然奧地利憲法賦予總統更多的決策迴旋餘地，但該體系已經發展成爲一個議會體系（Köker, 2013）。也就是，總統在政府組成時扮演被動的、儀式性的角色，而非有自主任命的權力。在制度上雖保留半總統制的架構，實際運作卻偏向議會制（沈有忠，2011）。因此，在一般非危機清況下，奧地利其實際運作下總統的權力相較憲法上的規定爲小，這與我國的情況不同。因此，從研究顯示，奧地利總統也幾未兼任執政黨黨魁，反而是總理兼任（陳宏銘，2016b）。

在喬治亞方面，在1995年至2004年間，是屬於總統制，2004年後採行半總統制（蔡榮祥，2018：88）。2010年修憲後總統權力受到很大的限制，將原憲法賦予總統的內政外交大權交予總理，建立了強勢的總理（吳玉山，2016）。原憲法規定總統任命總理，但實務上總統在政府的組成過程，以及政策制定過程中之角色不大（Nakashidze, 2017）。修憲後總理由國會提名，再由總統任命，總統更無法將總理與閣員免職。喬治亞現任總統爲無黨籍，過去亦有兼任黨魁之例。喬治亞並在2017年8月進行憲改，擬由半總統制轉向議會制。

比較我國與上述兩國，雖然均維持半總統制架構，憲法上總統均具有單方面總理任命理權，但並未具有主持內閣會議權。不過，奧地利實務運作最具議會制精神，喬治亞憲法上總統權力也朝向受限的方向運作。相對的，我國總統在實務上掌握了決定閣揆的權力，歷來總統多數情況下同時爲執政黨黨主席，而與上述兩國有所不同。兩國並未有透過黨的機制或其他建置體制外決策機制的需求，特別是奧地利，這種情形也與我國情況相異。在下一節中擬針對我國的個案進行更深入的討論。

---

[20] 轉引自沈有忠（2011）。

肆、我國憲法下總統決策機制與運作

本節主要以我國為研究對象，討論憲法關於總統決策機關的設計，分析國家安全會議之設置與運作。

一、中華民國憲法下總統決策（諮詢）機制

審視中華民國憲法（含增修條文）內容，並無配置總統常態性的政策決定機關（機制）。但是憲法增修條文第2條第4項規定：「總統為決定國家安全有關大政方針，得設國家安全會議及所屬國家安全局，其組織以法律定之。」另國家安全會議組織法第2條規定：「國家安全會議，為總統決定國家安全有關之大政方針之諮詢機關。」因此，總統可以召開和主持國家安全會議，不過，此會議是總統決定國家安全有關的大政方針之「諮詢機關」，不是政策制定機關。此外，同條並規定：「國家安全係指國防、外交、兩岸關係及國家重大變故之相關事項。」第4條規定：「會議的出席人員包括：一、副總統。二、行政院院長、副院長、內政部部長、外交部部長、國防部部長、財政部部長、經濟部部長、行政院大陸委員會主任委員、參謀總長。三、國家安全會議秘書長、國家安全局局長。」

至於總統作為三軍統帥，從李登輝前總統起，三軍統帥每週會固定接見國防部長，稱之為「小軍談」。李、扁、馬的小軍談做法是，每週單獨見部長，有時是同時見部長與總長，但都是總統1人見。蔡英文一開始也是，後改變為帶著國安會秘書長與副秘書長3人，一起聽部長的報告。在小軍談之外還有「大軍談」，定期1個月1次，由軍方提報議題，參加成員包括軍方、行政院、國安會與國安局等單位，多達20餘人。蔡英文上任之初，將本來1個月1次的大軍談，調整改變成「中型」的國防軍事會談，一次約5到12人參加，國防部長與參謀總長是當然成員，其餘參與成員視議題而定。其後又恢

復大軍談，但參加成員並非固定，與李、扁、馬等政府時期仍略有不同（呂昭隆，2018；吳明杰，2016）。

從比較半總統制視野來看，我國總統決策機制的設計屬於表2-2之類型2，即「未具主持內閣會議權，但具主持國家安全會議權」之類型。此種總統權限配置在本文37個國家中，共有9個屬於此類型。但若考量半總統制次類型，則我國是總統議會制中總統未具主持內閣會議權之類型，而此種類型僅有3個國家屬之，偏向是少數類型。若再看總統是否具單方任命總理權，則臺灣屬於很少數的具有此權而卻無主持內閣會議的3個國家之一，此符合本文一開始的預期。

二、我國國家安全會議之運作

在我國憲法規範下與總統政策決定（諮詢）機制有關者，僅爲國家安全會議。國家安全會議所涉及的國家安全事項包括國防、外交、兩岸關係及國家重大變故之相關事項，這是法制上的規定。其中，「國家重大變故之相關事項」如何界定，存在著很大的解釋空間。再者，國家安全會議作爲諮詢機關有兩種意涵，一是會議；另一是實體機制的常設幕僚組織。後者是由秘書長、副秘書長、諮詢委員及秘書處所組成，經常針對與國家安全有關之國防、外交、兩岸關係及國家重大變故之相關事項等蒐集資訊予以分析與研究，並就當前重要問題邀集行政部門、學者、專家等各界人士提供意見，做必要的諮詢幕僚及協調作業，再將研究結果提呈總統參考。本文重點不在於後者的幕僚組織，而著重於前者的會議型態，並以總統本人主持的會議爲分析對象，因爲此會議中行政院重要首長也常須出席。

國家安全會議是基於何種事項召開？如何運作？我們可以就1993年12月30日國家安全會議組織法完成立法後，4位公民直選總統的經驗略做觀察。

表2-5　1996年後召開法定的兩次國家安全會議情形

會議名稱	總統	時間	議題
國家安全會議	陳水扁	2006/05/18	審查核定「國家安全報告」
	馬英九	2009/08/14	因應國家遭逢莫拉克風災變故

資料來源：作者自行整理而成。

　　包括李登輝、陳水扁、馬英九以及蔡英文等4位總統任期，實際上曾經召開過法定的「國家安全會議」，只有兩次。第一次是陳水扁總統任內於2006年為審查「國家安全報告」，第二次是馬英九總統任內於2009年為因應國家遭逢莫拉克風災而召開（表2-5）。其餘總統親自主持的會議，皆非法定的國家安全會議，而常以「國安高層會議」名義召開，此涵蓋李登輝1996年至和蔡英文迄今之任期。此外，尚有國安首長會議及幕僚工作會兩種會議，非總統親自主持，位階不如國安高層會議。

　　以「高層會議」（「國安高層會議」）名義召開會議，係由李登輝任內開始。李登輝任內從未有以國安會名義召開會議，而是用「高層會議」由總統主持，據分析係有意避免讓國安會成為具有實質的決策機關。李登輝任內末期，有人提議重新擬案恢復「研究處」編制，以增強國安會的研究力，但李登輝持國安會是「諮詢機關」之定位，並沒有同意。國安會亦一度構想設置發言人，但考量有違國安會「諮詢機關」定位的疑慮，最後也是作罷（陳文政，2011）。

　　由於「國安高層會議」是歷任民選總統用來召開的會議，因此對其討論的議題和召開頻繁程度的探討，可供了解實務運作的情形。由於國安高層會議召開資訊，媒體多有報導者。每位總統實際召開會議之資料外界無法得知，在李登輝任內，由於其具體會議有關之報導資料非常有限（參見表2-6），但我們可以知道的是約每3個月固定舉行一次高層會議（鄒景雯、陳明通，2015）。李登輝執政時期的國安會主要任務集中在外交與兩岸事務，軍事事務反而其次。而且，李登輝對國安會議的運用愈到後期愈為倚重，並經常跨過部會首長（陳文政，2011：369）。

表2-6　李登輝總統任內召開國安高層會議情形例舉

日期	會議召開事由／主題
1995/02/07	為確保1996年大選順利，討論國安「應變計畫」
1999/07/20	再詮釋特殊國與國關係
1999/09/23	成立「九二一地震救災督導中心」

資料來源：作者依據媒體報導資料自行整理而成。

　　在陳水扁任內，則繼續沿用以「高層會議」的名義召開相關會議，其召開之情形大致如表2-7。根據我們所檢索的媒體報導，陳水扁所召開的會議應有10次以上，主題包括因應美國與伊拉克戰事、研議嚴重急性呼吸道症候群（Severe Acute Respiratory Syndrome, SARS）防疫策略、世界貿易組織（World Trade Organization, WTO）問題、兩岸關係、國統會與國統綱領、禽流感疫情發展及防治工作，以及國家安全報告討論等等。[21]

表2-7　陳水扁總統任內召開國安高層會議情形例舉

日期	會議召開事由／主題
2003/01/25	針對美國與伊拉克戰事一觸即發，因應國際局勢可能的變化
2003/03/16	聽取行政院反恐行動小組與美伊情勢財經因應小組最近運作的報告
2003/04/30	討論嚴重急性呼吸道症候群（SARS）防疫策略，以及對各部會所屬業務衝擊等議題
2003/05/28	中國向世界貿易組織（WTO）施壓企圖矮化臺灣地位，拖累我國無法與其他會員國簽署「政府採購協定」（GPA）作業，已引發歐美等外商強烈不滿
2004/11/10	針對兩岸及國際局勢問題進行討論

---

21 至於有關陳水扁總統在外交重大政策的決策運作與模式，請參閱劉世忠（2011）專書的深入分析。

表2-7　陳水扁總統任內召開國安高層會議情形例舉（續）

日期	會議召開事由／主題
2006/02/27	聽取國安會有關廢除國統會與國統綱領報告
2005/06/17	討論國安會草擬國安報告中有關財經初稿內容
2005/08/20	因應近期中國官方海測船、漁船不斷越界，並預防禽流感等傳染病入侵
2006/03/10	聽取國家安全會議、行政院農委會、衛生署及海巡署所作有關禽流感疫情發展及防治工作的簡報
2006/04/21	對國家安全報告定稿前進行意見交換

資料來源：作者依據媒體報導資料自行整理而成。

　　馬英九總統任內有關國安高層會議共召開次數，若同樣從媒體的報導來看，至少有37次以上，明顯多於陳水扁總統任內，可能也不低於或相當於李登輝總統每年約4次的情形。從表2-8來看，馬總統召開會議的議題中除國防、外交、兩岸關係外，也多了有關美國牛肉輸臺、塑化劑和食安等問題之因應處理。另外，在馬總統任內所召開的各項國安會議，以2013年和2015年度完整統計為例，分別召開145次與192次；另2014年和2016年的部分時期（僅有前7個月）之統計，分別召開106次和109次。[22]由此看來，有諸多會議是屬於國安首長會議及幕僚工作會兩種會議。

表2-8　馬英九總統任內召開國安高層會議情形例舉

日期	會議召開事由／主題
2008/06/16	臺日雙方船艦在釣魚臺海域對峙，整起爭端急速升高成為敏感的主權議題
2008/08/25	為避免臺灣外交遭邊緣化，將儘快成立跨部會「東協（ASEAN）小組」
2008/11/03	因應海協會長陳雲林訪臺
2009/05/06	總統到薩爾瓦多途經美國，疫情分析

[22] 資料來自國家安全會議網站之「預算書」（國家安全會議，2017；國家安全會議網站）

表2-8　馬英九總統任內召開國安高層會議情形例舉（續）

日期	會議召開事由／主題
2009/12/07	討論第4次江陳會的準備進程
2009/12/19	討論南部缺水及因應措施
2009/12/30	因應美牛爭議風暴
2010/03/26	南韓軍艦沉沒事件
2010/06/15	針對「後ECFA因應策略研析」進行討論
2010/06/15	兩韓發生砲擊事件
2010/11/23	北韓砲擊南韓小島，引發雙方交火
2011/03/13	日本東北大地震災情持續擴大，引發核電廠輻射外洩危機
2011/03/18	針對日本核災情勢
2011/03/21	針對利比亞情勢
2011/05/11	針對節水與防汛
2011/06/08	塑化劑風暴
2012/03/02	美國商務部次長桑傑士延後訪臺、美牛議題
2012/03/04	美牛議題情勢發展
2012/03/04	美牛風暴持續延燒
2012/03/19	美韓FTA（自由貿易協定）
2012/08/16	香港保釣人士日前登上釣魚臺事件
2012/09/09	針對日本政府可能進行釣島國有化提出對策
2013/04/11	北韓飛彈試射
2013/05/15	臺菲漁事糾紛
2013/11/18	針對我國與甘比亞兩國情勢做出裁示
2013/11/29	中共當局片面劃設東海防空識別區
2013/12/02	中共當局片面劃設東海防空識別區
2014/02/06	含王郁琦自中國大陸返報告等議題
2014/05/14	越南排華暴動危及臺商安全
2014/10/13	因應劣油與食安風波
2014/10/21	就伊波拉病毒的防疫首度進行研議

表2-8　馬英九總統任內召開國安高層會議情形例舉（續）

日期	會議召開事由／主題
2014/10/20	因應劣油與食安風波
2015/03/31	討論後續參與亞行投進程
2016/02/01	茲卡病毒
2016/04/25	沖之島礁爭議
2016/04/27	因應日本公務船強押我國籍漁船「東聖吉16號」事件
2016/05/09	回函WHA

資料來源：作者依據媒體報導資料自行整理而成。

　　在蔡英文任內，也已召開了好幾次國安高層會議，包括因應南海常設仲裁法院宣判涉及我國太平島主權、外交經貿戰略、美國總統大選、聖多美普林西比宣布與臺灣斷交、中共遼寧艦於臺灣海峽行駛、非洲豬瘟防疫工作⋯⋯等等事件（參見表2-9）。

表 2-9　蔡英文總統任內召開國安高層會議情形例舉（至 2019/06/30 止）

日期	會議召開事由／主題
2016/07/19	南海仲裁宣判後續局勢發展與新南向政策
2016/09/19	第2次對外交經貿戰略會談
2016/11/10	美國共和黨總統候選人川普當選美國總統
2016/12/22	西非聖多美普林西比宣布與臺灣斷交
2017/01/11	中共解放軍遼寧艦從臺灣海峽中線以西北返
2017/06/14	我國與巴拿馬斷交
2017/09/03	北韓試爆氫彈
2018/01/08	中共M503南往北等4航路以及遼寧號航艦穿越臺灣海峽
2018/04/14	中共將在臺灣海峽進行實彈演習；美軍對敘利亞展開飛彈攻擊
2018/06/20	美中貿易衝突最新情勢與政府因應
2019/01/02	非洲豬瘟防疫工作
2019/03/11	因應及反制「一國兩制臺灣方案」指導綱領

表2-9　蔡英文總統任內召開國安高層會議情形例舉（至2019/06/30止）（續）

日期	會議召開事由／主題
2019/04/14	因應區域及中東安全情勢發展
2019/05/11	因應美中最新貿易情勢

資料來源：作者依據媒體報導資料自行整理而成。

　　由上述資料顯示，國安高層會議所討論之議題，大部分限縮在國家安全會議組織法第2條所述國防、外交、兩岸關係及國家重大變故相關事項範圍，但若議題非關國防、外交、兩岸關係，卻為社會重大議題和事件者，是否屬於「國家重大變故相關事項」？如前所述，則存在模糊的空間，且國安高層會議仍非法定會議，其定位不如正式的國家安全會議明確。不過，由於兩岸關係的特殊國家處境，有關國家安全事項之範圍可大可小，從而提供總統介入國家重要內政事項的可能性。惟無論如何，國家安全會議作為一會議編組或實體機關，是為諮詢機關，非總統的政策決定機關，總統難以仰賴此機關領導中央政府進行一般性重要政策的決定。總統欲在重大的國防、外交、兩岸關係議題以外介入和影響政府行政和立法部門的決定，只有另覓途徑，而此途徑（或「蹊徑」），可能不只一條，但可以確定的是，均非憲政制度內的陽關大道。

伍、我國總統決策機制實務運作：以黨政運作最高層平臺為焦點

　　經由公民直選產生而擁有幾百萬張選票基礎的總統，由於缺乏憲法下正式的決策機制，只能在憲法規範外另覓途徑，以作成決策。對其而言，確實構成治理上的挑戰。透過兼任黨主席以期能更確實掌握黨權，再由黨權強化政策權力的行使與貫徹，也許是其中一條重要

路徑。以下的分析將集中在最高層級的、由總統親自參與的決策平臺，其中以黨政高層會議（或會報）為主要分析對象，其他關於政黨內部的機制較非主要重點。

一、黨政運作最高平臺

在4位民選總統中，除了李登輝之外，其餘3位均曾建置定期性的黨政運作最高平臺（參見表2-10）。李登輝時期可能由於臺灣民主化剛開始，國民黨以黨領政的模式尚濃厚，中常會和黨內權力機制仍有較多的作用，且國民黨在行政和立法部門完全執政的優勢下，李總統似乎沒有另外搭建其他機制的主觀意圖和客觀必要性。

相對的，陳水扁總統當時處於「分立政府」，需要突破國會少數的困境，因此建立了各種黨政協調機制，包括他與呂副總統、行政院唐飛院長每週於總統府內固定會面一次，後來還增加府、院、黨三大秘書長層級的協商會報（陳水扁，2001：187-188）。不過，其協調過程溝通成本很高，於是改於總統府召開所謂的「九人小組會議」。「九人小組會議」於2000年11月間首次召開，會議由總統親自主持，除總統外，成員包括副總統、總統府秘書長、行政院院長、行政院秘書長、民進黨黨主席、民進黨秘書長、民進黨立院黨團總召集人和幹事長等八人。

表2-10　歷任民選總統黨政運作最高平臺設置情形

總統	黨政運作最高層平臺	召開時間	會議成員
李登輝	無定期機制	無	無
陳水扁	九人小組會議	每週二晚間舉行，小組會議討論政務、黨務、選務問題	總統、副總統、總統府秘書長、行政院院長、行政院秘書長、民進黨黨主席、民進黨秘書長、民進黨立院黨團總召集人和幹事長等八人。

表2-10　歷任民選總統黨政運作最高平臺設置情形（續）

總統	黨政運作最高層平臺	召開時間	會議成員
馬英九	府院黨高層會報五人小組	每星期一中午在總統府召開，包括政務、立法院的民意，及黨務資訊溝通	正副總統、立法院長、行政院長和國民黨主席
蔡英文	執政政策協調會議	每星期一，具政策協調與決定功能	總統、副總統、行政院長、行政院副院長、民進黨立法院黨團總召集人、幹事長、民進黨秘書長、智庫執行長及執政縣市代表

資料來源：作者自行整理而成。

　　「九人小組會議」不僅討論政務，也包括黨務、選務問題。不過，九人小組仍不算是最高的實質決策機制，據當時民進黨黨主席謝長廷形容，其「只是資訊交換，不是決策」；行政院秘書長邱義仁也表達「九人小組只是協調機制，不是民進黨的最高決策，也不能取代行政院決策機制」；同時也傳出，黨秘書長吳乃仁更因九人小組從來不談重要政策，一度考慮退出（王健壯，2016）。九人小組看似非實質的決策機制，但已是當時具體存在的最高黨政平臺。九人小組在2002年7月民進黨進行「黨政同步」，陳總統兼任黨主席後便停止運作（陳宏銘，2009b：38-39）。其後雖有黨政協調會議，總統並未出席，僅有行政院副院長主持。

　　九人小組停止後，陳總統任內至少召開兩次由其召集的最高層會議，與會成員涵蓋總統府、行政院與民進黨高層人士，其一為「大溪會議」，於2002年8月24日舉行。「大溪會議」於在桃園大溪的鴻禧別館召開，會議結論中的最後一項：「今後將不定期召開府、院、黨決策會議，進一步深入探討重大國政方針，由國安會統籌幕僚作業。關於民主、反恐、公投等政治議題，將另擇期繼續討論」。[23]時

---

23 從陳水扁總統在會議上的致詞，可以看出這個會議定位為決策會議：「今天這個會議，

隔兩週，以「反恐」和「民主」為名的「三芝會議」，於臺北縣三芝鄉的佛朗明哥俱樂部舉行。兩大會議白紙黑字地被定義為「府、院、黨決策會議」。

在馬英九總統部分，其當選總統後一開始並未兼任黨主席，除了一般黨政協調機制，並成立「五人小組」之府院黨高層會報，每星期召開一次，是執政時期最高層級的溝通平臺。此五人小組是政務及黨務資訊溝通的場所，其成員包括正副總統、立法院院長、行政院院長和國民黨主席。自馬英九兼任黨主席起，國民黨方面改由秘書長參與。另在2014年9月所謂「九月政爭」後，立法院院長王金平不再受邀參加會議，改由國民黨政策會執行長參與，這種情況延續直至朱立倫和洪秀柱擔任黨主席時。金溥聰在擔任國安會秘書長時，曾加入此高層會議，出席人員增為六人（陳宏銘，2016b：19）。與陳水扁情況不同的是，馬英九在兼任黨主席之後，此平臺仍持續運作。

2016年蔡英文總統執政後，則形成了多層次的黨政運作平臺，其中包括週一晚間的行政立法政策協調會報，通常由行政院副院長主持；週三上午蔡英文固定與行政院長林全交換意見，下午再以民進黨主席的身分主持民進黨中常會；週四中午有林全與立委的「便當會」；週五為立法院民進黨團大會。上述機制與陳水扁和馬英九兩位總統執政時的情況，並無太大差別。不過，蔡英文仍有感於需要建置更有效的決策平臺，以確保黨政運作順利，因此於2016年10月3日起，每星期召開執政政策協調會議（蘇芳禾、李欣芳、曾韋禎，自由時報，2016）。執政決策協調會議為總統府、行政院與民進黨重大決策討論常態化之機制，成員包括：總統、副總統、行政院長、行政

集合總統府、行政院及執政黨的決策菁英，希望能夠集思廣益，對當前國家總體發展面臨的內外挑戰，作情勢的研判，並對各項重大經濟問題及相關的外交、兩岸及政治等課題，進行檢討與意見交換，集合大家的智慧與經驗，共同發展、研擬出未來國家發展的戰略，作為施政主軸及決策的最高指導原則，以利府、院、黨各項具體政策的形成及推動實施，也讓外交及兩岸政策、內部經濟發展、對外經貿關係、政治運作等各個層面能夠彼此呼應、充分配合。」（李季光等，2002）

院副院長、民進黨立法院黨團總召集人、幹事長、民進黨秘書長、智庫執行長及執政縣市代表。

根據蔡英文接受媒體專訪時的答覆，她對此時期民進黨政府的黨政協調系統有以下的描述（自由時報，2016/11/14：A2）：

這個政府跟以前不一樣，是多層次協調系統，部會之間有政務委員主持的協調系統，有時院長也會出面協調，而立法與行政部門間、院與院間也有溝通管道，總統也會召集五院院長，我有時也會請行政院長、立法院長吃午餐，還會利用黨的系統，把地方執政的縣市長找來。

若是高度困難、需要做高層的政治決定，就需要有週一晚上的「執政決策協調會議」，這個會議的目的是大家坐在一起共同決定，會後就分頭朝一致的方向推動，絕不是總統一個人決策。

執政決策協調會議在出席的成員上，則與前述陳水扁的九人小組和馬英九的五人小組有所不同，還納入黨的智庫執行長及執政縣市代表。由於此機制受到外界的不同評價，在2017年2月7日以後便停止運作。[24]

二、4位民選總統經驗比較

綜合上述，本研究發現我國4位民選總統均嘗試創建以總統為核心的黨政運作平臺，或者藉由掌控政黨機器來彌補憲法下決策機制的不足。我們可以從「異中求同」和「同中求異」兩個層面進一步分析。

---

[24] 執政決策協調會議的召開，曾被質疑有逾越憲政分際之虞，司法院長許宗力在立法院資格審查其人案時，被問到此一議題時曾表示，會議是否要開，「確實要再進一步考慮」。另根據媒體報導，民間團體臺灣守護民主平臺按「政府資訊公開法」，向總統府申請歷次會議出席名單及會議紀錄，令府方感到困擾（鍾麗華，2017）。

　　首先，在異中求同方面，特別是李登輝以後幾任總統，他們所屬的是不同的政黨，執政時期又橫跨分立政府與一致政府的不同行政和立法的政黨結構，甚且他們也兼具不同領導性格，但何以他們任內都出現尋求體制外決策機制的同樣現象？從本研究的角度來看，這是由於他們處於相同的憲政制度之下的結果，也就是這是制度誘發相似行為的結果。具體的說，我國半總統制設計出一位公民直選的實權總統，他可以單方任命行政院院長以及具有其他權力，這誘發他自認為是最高的政府首長，但在缺乏正式的決策機制之下，他們必須設法因應結構的限制。其方法是兼任黨主席，或是將憲法下的職權充分運用和延伸，譬如，如果國家安全會議不便用來決定一般政策，那麼創設憲法沒有明文禁止之機制，但這是不是符合憲法規範精神，對其而言並不是最重要的考慮，因為首先面對的是決策機制上的難題。

　　再就同中求異來看，雖然陳水扁、馬英九和蔡英文3位總統都尋求體制外決策機制的同樣現象，但他們所處的政黨生態和分立政府或一致性政府結構，對於體制外決策機制的需求性和運作方式，可能存在著差異。在馬英九和蔡英文執政的一致性政府時期，由於總統所屬政黨在國會中握有多數（甚至在掌握絕對多數席次時的「全面執政」），較能貫徹其決策與競選承諾，因此其體制外決策機制所能發揮「拍板定案」的效果，相對上比處於分立政府時期的陳水扁更甚。反之，在分立政府時期，總統的決策要獲得實現，較易受到國會多數黨的制肘，總統固然仍有建置體制外的決策機制的需求，但更關鍵的是在法案的推動上要能解決國會中少數執政的困境。陳水扁總統透過兼任黨主席進而更實質掌握民進黨，影響立法院中執政黨成員之現象，似反而更為明顯。即便陳水扁總統執政時期九人小組會議僅是協調機制，並非真正具有決策性質，但體制外的決策機制仍提供執政者強化內部的溝通和整合功能。

　　最後，3位總統任內多數時期同樣都傾向需透過兼任黨主席強化黨政運作機制。陳水扁兼任黨主席是為了「突破少數的困境」，馬英九和蔡英文兼任黨主席則是為了「鞏固多數的優勢」。陳水扁執政的

初期創建「全民政府」，並且沒有擔任黨主席，以示超然，但並沒有因此避開分立政府的困難，以致後來才會兼任黨主席，進行所謂的「黨政同步」。馬英九則是為了挽回國民黨流失的執政多數優勢，在經過1年半後接任黨主席，從所謂的二線站到第一線。蔡英文則自始就兼任黨主席，至2018年年末才因民進黨在九合一地方選舉中敗選而辭去職務。

陸、結論：總統決策機制的困境與展望

本研究歸納全球半總統制國家的制度設計模式，並不意味我國一定要依循和引進相關經驗，但經由跨國憲法設計之歸納和比較，對於我國憲政之運作仍不乏有參考或討論之價值。進一步的，本章透過比較研究和我國制度個案特性的分析，以及相關總統建構決策機制之實務探討，某種程度證實了3個命題。

這3個命題分別是：第一，我國總統可單方任命行政院院長，但缺乏憲法下的政策決定機關，出現總統「人事直接掌控」與「政策間接委託」現象，構成總統行使治理權的一項不對稱性設計，在比較37個國家憲法設計中，相對是少數。

第二，由於總統有無單方任命總理權，比總統有無解除總理權是關於總統控制總理去留為更重要的變項，其與總統是否主持內閣會議之相關性，較之總統議會制或總理總統制次類型更高，就此點而言，Shugart與Carey（1992）次類型的理論優勢可以打一點折扣。

第三，歷任民選總統決策機制之型態和運作固然有些差異，但共同點是都在憲法體制外建立機制，其運作模式亦有相通之處。不同的黨派、不同的府會關係之下，甚至是不同的個性的總統，卻出現同樣的政治行為（依變項），從「異中求同」的推論方法可知，必須是相同的因素（自變項）才可以解釋。我以為這個相同的因素很明顯，那就是他們處在同樣的憲政制度設計下，處在臺灣半總統制的制度牽

引或制約之下，這就是主要的原因。當然，處在同樣的憲政體制之下，他們所處的政黨生態和分立政府或一致性政府結構有所不同，對於體制外決策機制的需求性和運作方式，可能存在著差異。

　　進一步的，如果說總統具單方任命行政院院長，但缺乏憲法下的政策決定機關，這某種程度確實構成不對稱性的設計，但這究竟是否為我國總統行使治理權的一項困境？筆者認為答案可以是「是」；也可以是「不是」，端視當時的總統如何自我定位。如果總統認為自己並非最高行政首長，行政院院長才是，也許他不會認為憲法的設計有什麼大問題，也沒有必要另設決策機制來主導政府政策。但如果總統自認為行政院院長是其部屬，則很可能認為憲法的設計帶給他很大的不方便，於是在憲法之外尋求解決之道，也就不可免了。事實顯示，歷任總統傾向第二種情形。以此推估，未來的總統類型也不易超脫前人模式，也同樣會面臨體制內決策機制的欠缺。

　　從正面來看，我國總統權力的不對稱性在半總統制國家中是少見的，總統需在憲法之外搭建決策機制所帶來的不方便，恰好構成對其權力的一種限制。這也提醒了總統，憲法關於行政權中樞所在的設計本意是行政院，這不見得是憲法的缺失。相對的，總統體制外的權力運作和任務型編制，較非長治久安之計，且也容易招致批評有違我國憲政體制精神，同時對於總統和行政院院長的政治課責的釐清也帶來困難。從憲法設計的層面思考，因應之道，似可以嘗試思考是否減少上述總統權力的不對稱性。

　　減少上述總統權力與其決策機制間的不對稱性，可以透過縮減總統在行政院院長人事上的權力或是增加總統的正式決策機制兩種方案。第一個方法，可考慮修憲使行政院院長的產生改由總統提名經立法院同意（但須完整的同意權行使程序），以提升行政院院長的國會支持基礎，如此，並強化閣揆對立法院負責的關係，減少總統介入一般性政策制定過程之需求，從而減少體制外決策機制需求。此種體制也是弱化總統權力的半總統制改革，也是偏向以行政院院長為行政權中樞的半總統制。當然，此種方案只能降低而無法完全避免總統建立

體制外決策機制，因爲如果遇到總統的政黨與國會多數黨相同的一致性政府時，總統的提名權幾乎形同任命權，爲強化其權力以及決策一致性，此種體制外的決策機制勢必還是會出現。

　　第二個方案是，著眼於增加總統的正式決策機制，可以考慮由總統主持國務會議，即廢除行政院會議，國務會議取代原行政院會議之功能，如此，就是走向鞏固或甚至是強化總統優勢的半總統制。上述兩種模式並非就沒有缺點，但就政治課責而言應該會比現狀好。由於憲政體制的設計牽一髮而動全身，上述只是一部分的討論，全面性的體制定位之思考尚要更多的面向同時納入分析。

　　最後，鑑於我國憲法修改的門檻極高，國人對是否一定要修改意見也不一（請參考本書結論篇章之探討），短期內在未能有機會修改憲法的情況下，我國憲政體制的運作仍仰賴國家領導人、政治菁英，以及各政黨對憲法精神的共識、信守，並使憲政文化有更多成長和深化的空間。若缺乏成熟的憲政文化，徒賴形式憲法制度的設計，也不易使政府體制運作順利。

第二篇

總統的立法推動

3

半總統制下總統的法案推動與立法影響力：馬英九總統執政時期的研究

壹、前言

　　研究臺灣半總統制的文獻已累積諸多成果，但相關研究較少伸展至立法研究領域，特別是對於這個體制之下最為核心的人物「總統」，關於他在政府法案推動上的角色和行為，欠缺學術專文加以探究。相對的，臺灣的立法行為研究文獻，亦甚少觸及半總統制下雙重行政領導結構特質的影響，使得在探討行政和立法機關的立法行為和立法影響力時，多未能將總統的角色獨立看待，彷彿我國是虛位元首的內閣制。整體而言，我國半總統制研究與國會立法研究，在本文初稿發表前，幾乎是脫勾的。而由於法案是政策的法律化，這對於我們想要了解實務上民選總統如何透過立法推動和影響力的發揮，以實踐其政策（或政見）的主張，構成了限制。在我國，由全體公民直選產生而具有重要實權的總統，對於國家法案的推動究竟扮演何種角色？其相關行為和影響的情形又是如何？這構成本章兩個相關連的核心問題。為回答此問題，本章試圖搭起半總統制和國會立法研究的部分橋梁，並以總統為分析焦點和起點。

　　同樣屬於半總統制，我國總統並不具有如同法國第五共和下總統可以主持部長會議的權力，作為國家最高行政機關之行政院，其常態性的政策決定機制——行政院會議，係由行政院院長主持，總統並無參與機會。另根據我國憲法含增修條文以及國家安全會議組織法之設計，總統雖具有決定國防、外交和兩岸關係之國家安全有關大政方針決定權，不過法案主要仍由行政院和立法委員提出。在某些的情況下，司法院、考試院與監察院等三院亦可提出，憲法並未賦予總統提出法案的權力。實務上，行政院相當程度扮演承擔實踐總統政見承諾和政策目標之角色，總統所欲之法案多賴行政院或同黨立法委員提出，其個人通常未站在第一線，因而以憲政機關為分析單位的立法研究，焦點多在於行政院和立法院。

　　總統沒有提出法案的權力，這一點確實可作為理解為什麼國內立

法研究甚少觸及總統角色之部分原因，但僅僅是這一點，卻並不足充分說明相關文獻之貧乏。固然總統並無法案的提案權，甚至對於立法院三讀通過的法案行使覆議（權）僅能是被動的狀態，憲法規定須待行政院院長提請後其方可進行核准，故憲法上總統幾無立法權可言。但總統作為中央政府中唯一民選且具有全國選票基礎的國家領導人，若說其沒有實質的立法影響力，則恐怕與政治現實相去太遠。何況，行政院院長由總統任命，行政院所推動的法案很可能即是總統所交付或委由執行辦理的事項，故在法案推動上其幾乎不可能置身事外。如果再將黨政層次的影響因素納入，總統可能透過政府體制外的政黨決策機制，以及政黨與政府政策協調平臺，對於立法和行政部門中的從政黨員發揮影響力，推動法案。甚至當總統兼具黨主席身分時，更可直接領導政黨，在黨內的決策機制中正式的發號施令、貫徹政策。這在國民黨和民進黨的執政時期，都可看到相關的經驗。國內的相關研究，也逐漸重視此一因素（陳宏銘，2009）。因此，由以上從總統的權力基礎、對行政院院長的任命，以及總統與政黨的關係等幾方面來看，我國總統對於法案的推動不僅不是消極被動的角色，而是很有可能有其積極表現和施力之處。

然而，何以學術界對總統如何推動法案以及其在立法上的影響力，幾乎缺乏專論？其原因筆者以為恐怕與研究方法上難以有效處理有關。研究方法上的困難除了因總統並無提案權，研究者無法取得類似美國總統制下「總統法案」的清單，使得關於總統立法偏好資料的分析有其困難外，對於立法影響力的定義和測量亦缺乏成熟的既定方法可依循。然而筆者相信，實權總統背負著民意託付，不可能不把握適當的機會來表達他的法案態度和立場，促成重要法案的通過，讓他的選舉政見和政策目標得以實現，並贏得政績。從這樣的角度來理解，問題就在於研究者可以藉由什麼方法，對總統的立法推動行為加以掌手握，將其可能發揮的影響力加以探測。

準此，本章試圖透過立法行為的實證研究，探討臺灣半總統制中最核心的人物——「總統」，就其在法案推動和立法影響力方面做

觀察。研究問題在於，我國實權總統並無出席和主持行政院院會之權，亦無法案提案權，究竟其如何推動他所特別重視的法案？而其產生了什麼影響？[1]具體而言，本章以馬英九總統執政經驗為個案，研究時程以其第一任的任期（2008-2012）為範圍，並就第7屆立法院為研究時程，扣除第1會期時馬英九總統尚未執政，故以第2會期至第8會期的法案為對象。對於馬英九總統第二個任期的相關經驗，可參考本書第六章的研究。[2]

　　由於總統並無法律案的提案權，故並無法直接掌握總統可能存在的立法議程和法案清單，而只能藉由其他方法來掌握總統對法案的態度。在本文，主要藉由報紙的報導（含總統府新聞稿）之資料，來試圖掌握其對法案的偏好和強度。

　　進一步來看，本文主要探討兩個相關連的問題：一是關於總統如何推動其重視的法案，此處所定義之推動，限縮在總統明確表達特定法案偏好的行為，而為報紙所確認報導者，包括場所或機制，以及強度。至於非媒體報導而無法查知，或有賴訪談或其他方法才可查知者，並不在本文探討範圍。二是關於總統立法影響力，此處所謂立法影響力之定義，主要限縮在總統表達支持的法案，特別是其偏好較強的法案之最終通過的情形。亦即在本篇試探性研究中，偏向呈現總體層次的分析，而暫不從個體層次細究每位立法委員投票和總統法案偏好立場關係之分析，亦不涉及解釋影響力高低之因果分析。而除了觀察立法通過情形外，對於立法影響力，本文亦輔以若干質性的討論。

　　上述問題雖然可以成為兩項的獨立研究，但其實是相關聯的問

---

[1]　此外，除了著重總統的立法角色，亦有針對行政院院長角色之研究，如沈有忠（2017）的研究，其將行政院院長區分為兩個類型：政黨菁英與官僚菁英，探討兩種類型在法案通過上的影響。

[2]　近年來學術界偶有少數研究也投入相關研究，如邱師儀（2016）從總統國會制的府院和府會互動來探討馬英九總統的立法影響力，以及沈有忠（2018）比較了陳水扁和馬英九兩位總統任內的法案通過情形的部分探索。

題，不妨一併進行，以求連貫。而透過總統法案推動的行為分析，可
以跳脫靜態法制層面的討論，呈現臺灣半總統制下總統實際法案乃至
政策推動的部分，而略補現有文獻之不足。最後，由於馬總統執政期
間，總統、行政院及立法院多數均由國民黨所掌握，是處於所謂的
「一致性政府」（unified government）狀態，故基本上行政和立法
關係的政黨結構條件被控制而不變；再者，馬總統於2009年10月17
日兼任黨主席，故這一階段歷經總統是否同時為執政黨黨主席的不同
階段，該因素應可供吾人觀察當總統兼具政黨主席這兩種身分時，與
僅有總統身分時，在如何影響國會立法以及立法影響結果是否有所差
異，加以分析解釋。

　　最後，由於半總統制總統立法行為的研究在理論上並無可供依循
和參考的架構，現有的理論主要係建立在總統制的研究傳統。本文試
圖將我國總統的立法推動行為放置在「總統優勢的半總統制」之憲政
架構，以及國民黨的黨政關係型態下來理解，而這樣的制度和結構性
因素，也構成臺灣案例在理論上的特性。

貳、文獻與理論探討

　　本文以下首先就半總統制的主要文獻做一簡要的討論，其次再檢
視美國總統制的文獻，而後在第三部分說明我國案例的理論意涵。

一、半總統制研究檢視

　　在包括Duverger（1980）、Shugart與Carey（1992）、Sartori
（1997）以及近來Elgie（1999）等人在內，對半總統制的幾項重要
定義中，很少明確探討總統在立法權方面的內涵。其中Duverger所提
的3項制度特質並未觸及總統是否具有立法領域權力的設計，但應是

可涵蓋在第2點「總統具有可觀（considerable）的權力」之中。[3]在
Sartori（1997）的定義中，勾勒出雙重權威結構的核心特質，但亦缺
乏對總統在立法權上角色之描述。[4]另外，Elgie（1999: 13）定義相
當精簡「總統由普選產生，任期固定，同時存在著需要向議會負責的
總理與內閣」，同樣未能得知，半總統制的總統是否在定義上應具
有立法領域的權限。只有在Shugart與Carey（1992）的「總統—議會
制」（president-parliamentary regime）類型中，較明確提及總統擁
有解散議會的權力或立法的權力，或者兩者兼具。

　　至於Shugart與Carey（1992: 150）以及Metchlf（2000）雖然
都試圖劃分總統權力為「立法權」與「非立法權」兩大類，其中的
「立法權」主要包括：否決權、總統的命令權、排他的立法提出權
（exclusive introduction of legislation）、[5]預算權、公民投票之發動
權、司法審查權。[6]但其「立法權」範圍不免相當廣泛而寬鬆，且這
類研究也旨在探討憲法規範上的總統權力屬性。在這樣的背景下，對
於半總統制下總統立法權的研究，不論是在國外或臺灣，都未為一獨
立的研究課題。[7]迄今為止，毫無疑問的，學術界關於實權總統在立
法上的領導之研究，當推對美國總統制下總統的研究，其不論是量化

---

[3] Duverger對「半總統制」提出3項特徵：1.共和國的總統由普選產生；2.總統擁有相當的
　　（considerable）權力；3.除總統外，存在有內閣總理和各部會首長，他們擁有行政權，
　　且只要國會不表反對，就可以繼續做下去。

[4] Sartori（1997: 131-32）提出半總統制的以下5項特徵：1.國家元首（總統）乃由普選產
　　生，不論是直接或間接的，有固定的任期；2.國家元首與總理分享行政權，因此形成一
　　種雙重的權威結構，其3項界定判準如下（以下3至5點）：3.總統獨立於議會之外，但並
　　非單獨或直接的賦予治理權，因此必須透過政府來傳送和貫徹其意志；4.相對的，總理
　　與其內閣是獨立於總統而依賴於議會的，他們服從於議會的信任案或不信任案（或兩者
　　兼而有之），並且在兩者的任何一種情況下需要議會多數的支持；5.在每一個行政部門
　　組成單位確實具有潛在自主性之條件下，半總統制下的雙重權威結構允許行政權內部的
　　各種平衡，以及權力分布的變動性。

[5] 指禁止議會對某特定政策領域加以立法，除非總統先行提出一項法案。

[6] 至於「非立法權」包括有：組成內閣權力、解職內閣權力、不信任制度對應下的總統權
　　力、解散國會權。

[7] 近來也有研究者結合國會監督與半總統制的研究，請參閱廖達琪、陳月卿（2019）。

或質化的相關文獻均相當可觀。因此，本文的研究視野需相當借助於
美國的研究文獻，而後再考量臺灣案例的特性做理論上的修改，發展
本文的特色。

二、美國總統制研究

　　美國是總統制主要代表國家，歷來對美國總統職位和其權力運作
之研究（presidential studies），成為美國政府與政治研究的一個重
要領域。有關總統的立法領導和影響力，更是其中的主要議題。但在
美國憲法的設計下，總統是行政部門的首腦，而非國會的領袖，立法
權則是操之在國會，總統不得參與立法程序。但事實上，美國憲法的
精神在經過長久的情勢變遷後，其總統已經利用各種手段，充分擔負
起領導立法的任務。現在的美國總統，事實上已具備了類似英國內閣
總理所擁有提出法案的權力，但卻沒有像英國一樣所加諸於總理的相
關責任。

　　美國總統在現實上雖扮演領導立法的任務，歷來政治學者對於
總統的立法影響力，卻存在著不同看法。有認為，總統主導著國會
立法；也有總統不見得能主導立法；更有人持總統與國會共享立法
權之見解（盛杏湲，2003）。對此，黃秀端（2011）歸納相關學者
的觀點，例如Huntington（1965）認為，總統權力的擴張使得國會
的角色已被削減為只是拖延與修改而已。Ranney（1993）也持類似
的看法，他認為國會所通過的重要法案都是由行政部門起草與推動
的，在美國政治體系中唯一能監督整體立法過程的就是總統。George
C. Edwards III（1989: 4-5）也認為，總統是一個指揮者（黃秀端，
2011：283）。另有學者持不同的觀點，他們認為國會仍是重要的立
法參與者。Schroedel（1994）認為，從憲法中立法權的安排來看，
國會相對於總統還是多一些。Neusdadt（1960）認為，總統的權力是
「說服的權力」，總統要發揮其影響力必須展開他的領導能力與說服

技巧。[8]

　　本文乃探討我國的半總統制經驗，而非美國總統制經驗，對於前述不同的看法，何者較接近臺灣經驗，筆者不擬預設立場；對於本文而言，總統如何發揮立法影響力以及有無發揮立法影響力，乃研究所欲解答的問題，而非結論。然而，美國與臺灣的經驗雖然難以相提並論，但兩國總統均為民選產生，為實權的國家元首，行政和立法關係的權力分立特質亦有其部分相似之處。例如，美國總統無法自行提案，必須透過國會中同黨的議員提出，我國總統則多賴行政院提案實現其政策，故對美國經驗的研究仍不排除可能對臺灣案例的探討有參考價值。

　　對於美國經驗的研究面向相當多元，以下僅擇要討論。首先，先就美國總統在國會的立法領導行為來看，而後再討論立法影響力。在總統的領導立法的行為方面，依照憲法，總統主要是利用國情咨文（State of the Union address）來影響立法，國情咨文與年度的預算咨文或經濟報告，形同總統向國會所提出的總體立法計畫（Thomas et al, 1994: 202）。此外，憲法亦賦予總統否決權（veto power），可對抗國會的立法意見。以上是憲法的設計，但就憲法以外的層面來看，美國總統可以運用的策略或相關資源就不局限於此，譬如總統可直接爭取選民的支持，而採取「訴諸民意」（going public）的手段，這是其愈來愈常運用的重要領導策略（Kernell, 1997）。

　　自從Neustadt（1960）發表經典著作《總統的權力》（Presidential Power）一書之後，如前所述，關心總統和國會關係的學者相當重視總統影響力的探討。但總統影響力是否真的重要？還是其他因素較重要？對此，學者看法並不一致。Covington等人（1995）曾分析「國會中心」（Congress-centered）與「總統加持」（presidency-augmented）（或可謂「總統中心」）兩種模式，在解

---

[8]　Edwards（2009）不同意總統的權力是「說服的權力」之觀點，他認為總統難以使用說服的方法就能左右國會議員和民眾的想法。

釋總統於國會計名投票的成功情況。「國會中心」模式主張，總統記名投票的成功只是國會中政黨和意識型態組成的函數，個別總統的作為和特質對於立法結果的影響是邊緣的。他們發現，國會中政黨和意識型態組成的差異，影響總統在立法上的不同表現；相對的總統的技巧卻與其成功率並無系統性的關係。Covington等人雖不否認國會中心的研究取向價值，但認為「總統加持」模式亦有其解釋力。他們觀察總統對立法過程的直接影響，認為總統的立法參與是其法案設定議程和立場的一種反映，而在這其間，國會領導人對於總統立法成功亦具有影響力。他們並主張總統對立法的影響有兩個重要變項：一是該法案是否在總統的立法議程上；二是總統支持或反對該法案。就前者而言，總統贏得在議程上法案的投票數，會較非議程上的法案來得多；對後者而言，總統贏得其支持法案的票數，則會較他反對的法案之票數為多。

除此之外，主張總統因素重要者，常舉出總統的立法影響與其個人聲望有關。譬如威爾遜（Woodrow Wilson）總統，他即相信總統的力量根植於其向全國的訴求和演說，而許多學者也呼應這樣的想法（Collier and Sullivan, 1995: 197）。換言之，訴諸公益、提高個人聲望都有助於影響立法。但許多研究者則持保留態度，如Edwards（1989）便認為政黨因素扮演較重要角色，而非總統，因為不管總統的聲望如何低，總是會有那些執政黨的死忠議員支持行政部門和總統。同樣的，不論總統的支持度有多高，總是會有一定程度的反對者存在，他們不會支持總統的法案。Collier與Sullivan（1995）也質疑總統的聲望所扮演的作用，他們認為經驗研究提供很少的證據來支持聲望這個因素。甚且，總統的聲望並非其個人可控制的因素，也不是直接影響立法成功的因素。Bond與Fleisher（1996）也認為，如果總統和國會在政策偏好上高度相似，總統的成功會較高；換言之，不論總統是否強有力，聲望高與低，其偏好之所以成功，是因為和多數的國會議員吻合。

然而，Gibbs（2009）針對柯林頓和小布希時期所採用的綜合因

素分析研究顯示，總統聲望、經濟情況，以及「國會中政黨邊際席次掌控」（margin of control in congress）等因素，在決定總統於國會中的成功上皆具重要性。至於議題的顯著性的因素，則並不重要，而政黨的團結度在兩種分析上呈現重要性。

在上述的討論基礎上，進一步探討總統的立法影響力之測量。在美國的相關研究中，關於總統立法影響力，主要環繞在「總統在國會的成功」（Presidential Success in Congress）的探討。由於有關美國的國會運作和議員的資料建構完整，容易取得，故欲探討「總統在國會的成功」的表現並解釋其原因，比較容易展開，相關測量方法也較細緻。譬如，Congressional Quarterly（CQ）年鑑中呈現了「總統計分表」（Presidential box-score），它計算了一年或一屆國會（兩年期）中總統要求制定法案且實際通過的數值，再除以總統要求制定法案的總數值，此一計分表提供了總統法案的立法成效。相對的在臺灣，因立法資料的限制，就難以做到。若再輔以其他國會議員的法案投票紀錄資料，美國的研究則可以更進一步計算，個別投票對於總統要求的法案之支持或反對情況。不過，學者對於如何的測量並未有一致的做法，並且研究者對總統的年度立法計畫是否反映總統真誠（sincere）的偏好，也有不同的看法。譬如，認為這可能是總統策略性的（stragetic）行為，是受到其與國會關係的脈絡因素所影響，總統實際上修正了他真實的偏好，考量了國會和民意的反映，藉以爭取法案通過的績效。

Edwards（1985, 1989）便認為，觀察總統所推動的法案有沒有立法通過，僅係建立在總體性的資料分析上，難以滿足較堅實的有關立法行為之因果分析，相對的個體層次的資料分析，則可掌握到議員對法案的個別「支持」情況。此外，他提出了4種觀察總統支持的類型：1.總體支持（overall support）：即對所有總統表達了立場的法案加以觀察；2.非一致支持（nonunanimous support）：即考量有爭議的法案才進行觀察；3.決定性投票支持（single-vote support）：以法案審查過程中，最決定性階段的投票支持為觀察；4.關鍵議題

（key votes）：由於總統若在無關緊要法案上的獲勝，反而會掩蓋重要法案的失敗，所以應採取挑選重要的法案議題研究。

　　以上建立在美國經驗的文獻對本研究具有啓發性，不過因爲美國在這方面的研究相當成熟，有關總統立法影響力的多元層面和相關因素較容易進行，相對的在臺灣現有的研究條件下，限制會較多。同時，美國的政府體制與臺灣不同，因此也必須考量我國半總統制的特性。

三、臺灣案例的理論意涵

　　從憲法的設計來看，我國的體制傾向半總統制已廣爲政治學界所認定，但半總統制包含不同的次類型或運作的型態，我國的情況如何？關於半總統制不同的類型劃分方式：一是以憲法規範（條文）設計爲主，一般稱之爲次類型，如Shugart與Carey（1992）的分類；另一係以制度實際上的運作和表現型態爲主，如吳玉山（2011：8-13）的分類。在本章中，筆者考量我國的總統可以直接任命行政院院長無需立法院同意，故其實際運作偏向「總統優勢的半總統制」，亦即在總統和行政院院長兩者的關係中，由於行政院院長係由總統所任命，故此種半總統制是總統居於權力主導地位的型態。以本章中馬英九總統任期的經驗來看，馬總統本人亦曾表示：「我是國家元首，行政院院長是國家最高行政首長，我會尊重行政院院長，行政院院長要負責執行我的政見，不然我選這個總統幹嘛？」（李明賢等，2008）因此，現實運作下的憲政體制特性確實較似總統優勢的半總統制。但需強調的是，對於我國憲法規範下的半總統制定位，學者觀點不一，因此所謂「總統優勢的半總統制」的詮釋，乃著重於「憲政實然」，並不意味行政院院長在憲法下的職權是弱勢的，也不一定是憲法規範之本意。

表3-1　憲法上總統被賦予法案提案權各國情況

類型	國家數	百分比	國家
有	5	23.8	冰島、波蘭、斯洛伐克、烏克蘭、蒙古
無	16	76.2	法國、芬蘭、葡萄牙、奧地利、愛爾蘭、羅馬尼亞、克羅埃西亞、斯洛維尼亞、保加利亞、立陶宛、維德角、馬利、納米比亞、秘魯、塞內加爾、臺灣

資料來源：參考陳宏銘（2011）修改而成。

　　臺灣雖屬實際憲政運作上偏向總統優勢的半總統制，但與大多數民主的半總統制國家一樣，總統並無法案的提出權和發動權（見表3-1）。至於總統的覆議核可權，必須是行政院院長提請後，才被動的行使。覆議主要是行政院和立法院兩造之間的關係，總統不過是間接而較為被動的角色，與總統制下總統行使否決（veto）的主動性質以及其給予總統在立法上的影響力，不可等量齊觀，較不宜視為立法上的權力。我國總統無提出法案的權利，也無法出席和主持行政院會議，憲法上最高行政機關的首長是行政院院長，這與美國總統制下總統本人即為聯邦政府最高行政首長的情況並不相同。因此，我國總統欲推動法案和影響立法的議程，常須仰賴憲法職權以外的機制和手段。因而，在臺灣的研究方面應予探索的一項重點是，總統究竟利用什麼場合或機制，傳遞、甚或指示其政策立場和法案態度。

　　再者，總統與政黨的關係也會影響到立法的推動，這在美國案例中雖然不是重要因素，但在臺灣經驗中則不容忽視，特別是總統是否兼任黨主席有其重要的影響。當總統身兼黨主席時，可直接領導政黨，透過在黨內的權力（或決策）機制中正式的發號施令，也可對在立法院中的黨團有更大的影響力，對立法和行政部門中的從政黨員發揮政策上的影響力，以推動其所欲的法案。近來國外文獻逐漸強調在總統具有實權的政府體制下，政黨的性質與黨政關係型態的作用，特別是有關「總統化的政黨」（presidentialized parties）現象的討論（Samuels, 2002; Clift, 2005; Samuels and Shugart, 2010）。所謂「總統化的政黨」意指總統所屬的政黨，在包括政策與意識型態、組

織，以及選戰中之角色等方面，呈現自主性降低，某種程度是服膺於民選總統的權威之下。即無論總統是否為執政黨正式的黨魁，都是黨實質上領導人，具有領導和影響政黨運作的實質最高黨權（請見第六章的討論）。

　　整體而言，本文在前述部分的觀察取向，比較接近「總統中心取向」，其中Covington等人強調的總統的立法議程，則可以轉換成觀察總統支持的法案，並掌握其偏好強度。

　　再就立法的影響力來看，同樣基於我國的憲政體制特性和立法研究條件，前述以美國經驗為基礎的研究雖有參考價值，但採取個體層次的分析和因果推論會非常困難，並不容易應用在臺灣的研究上，故宜先採取總體的層次做觀察。若總體的層次有所成果，則個體的層次亦有嘗試突破的空間。此外，由於我國總統並無類似美國總統的立法計畫可供參考，因此如何能不加遺漏的掌握總統推動的法案也會有困難。本章乃限縮在總統曾表達支持偏好的法案，因為行政院背負落實總統政策的責任，這些法案幾乎都屬於立法院各會期中，行政院所提出的優先審議法案清單之中。透過觀察總統表達偏好的法案最終立法通過的情形，再比較其與總統未表達態度的法案之通過情形，以及總體行政院優先法案的通過情形，可以相對獲得關於總統在法案影響力的訊息。因此，若與美國的研究相較，似具有Edwards的「總體支持」和「關鍵議題」兩項性質，即一方面觀察總統曾明確表達法案的支持偏好，另一方面又特別重視總統表達更具立法急迫性的優先法案；後者所以成為總統更強力表達立法成功之目標，往往是重大的政策議題及關鍵議題。

　　綜合上述的討論，本章檢視半總統制的特性，參考美國總統制的研究經驗，並結合國民黨黨政關係的結構因素後，勾勒出臺灣案例的理論特性：1.在屬於總統優勢的半總統制憲政特質下，總統是否有較大的權力和動機，對重要法案表達態度和指示，且不限於國防、外交或兩岸關係等議題，而擴及於各個政策領域？2.由於總統缺乏憲法下的政策決定機制，加上國民黨的黨政關係屬性，總統是否會仰賴黨政

溝通平臺來遂行其立法的影響？3.當總統兼任黨主席，其是否相較未兼任時會有較多的機會在政黨內部下達政策指示，並影響黨籍的立法委員，從而促使在法案的通過上表現爲佳？4.基於前面3項推論，雖然我們預期總統有較大的權力和動機，對重要法案表達態度和指示，但實際上總統的法案偏好是否帶來立法通過的明顯正面效果，則因爲變數較多，可能需從多面向加以觀察，否則難下定論。

參、研究方法

如前所述，我們有理由相信，我國總統具有實權且背負民意付託，會設法把握可以利用的機會來表達其法案偏好和立場，以促成支持的法案能夠順利立法通過，讓其選舉政見得以實現，並贏得政績。從這樣的角度來理解，接下來的問題在於研究者可以藉由什麼方法，或多或少把總統的立法推動行爲加以捕捉。

本文涵蓋兩部分：一是關於總統法案的推動行爲；另一是總統的立法影響力。第一個部分涉及3個問題，即總統對什麼法案表達了明確的偏好（本文主要指支持的立場）？在何種場合表達？此外，偏好的強度有多強？最後一個問題是因爲總統可能對不同的法案會表達不同程度的支持態度（力道）。上述3個問題的回答，可透過報章媒體的報導資料（及「總統府新聞稿」），進一步加以分析。其次，關於總統立法影響力，由於總統並無法律案的提案權，故主要採取間接的測量，將其限定在前述總統表達支持態度的法案最終通過之情況，特別是總統表達較急迫性的法案之立法情形。這部分主要透過「立法院法案查詢系統」，也輔以若干質性的分析。以下分別說明：

一、立法院「新聞知識管理系統」檢索

總統法案的推動，係以總統明確表達特定法案偏好，而希望立法

院能儘速審查通過者作爲觀察基礎，而報紙的報導是主要資料來源之
一。立法院國會圖書館之「新聞知識管理系統」收錄了國內主要報紙
的新聞報導，可作爲資料的來源。具體而言，在檢索的方法上乃透過
以下方式：

　　（一）行政院所提優先法案（重大法案）之檢索：這是在每會期
開議前行政院所提交立法院優先審查的法案，這類法案在行政院院長
是總統任命且又是同黨的情況下，雖然並非每一項都是總統最在意的
法案，但總統想要推動的法案幾乎都被納入其中，因此我們預期總統
的重要法案應會被排入行政院所提優先法案中。[9]

　　（二）國民黨籍委員所提的法案之檢索：一些沒有在會期一開始
被行政院提出的優先法案，可能隱藏在與總統同黨的國民黨立法委員
提案中，這也是我們檢索的對象。但這類法案筆數相當多，透過檢索
第1至第6會期法案的新聞筆數，篩選超過100筆以上者，屬於較重要
的法案，藉此可再檢索是否總統曾表達過偏好，而補第一種方式之遺
漏。

　　（三）總統發表法案態度的場所之檢索：如「中常會」、「中
山會報」、「府院黨高層會議」、「五人小組會議」等等場合之檢
索，可補前兩種之不足。

　　透過上述多重的檢索，過濾幾千筆的新聞，再透過報導中內容的
質性判讀，可得到所需資料，雖不一定能將總統曾經表達過偏好的
報導百分之百「一網打盡」，但應可獲取絕大部分較明確的報導訊
息，應該有相當的代表性。

---

[9]　在美國關於立法影響力的文獻中，強調必須留意法案的重要性（Kelley, 1993; Howell
　　et.al, 2000）。重要的法案，往往受到社會更多的矚目以及不同意見者之間更多的角力，
　　而研究者對何謂重要法案及其如何觀察，雖然看法有所不同（梅休，2001；Mayhew,
　　1991; Edwards, 1997），但對重要法案或重大法案不能被忽略，則應是沒有爭議的。在
　　本文中，行政院所提優先法案（重大法案）被定義爲主要的重要法案。

二、總統府網站的「總統府新聞」檢索

　　此一網頁，逐一記錄了當時馬英九總統在重要場合中的談話內容，可以補前述資料之不足。

三、「立法院議事及發言系統─法律提案及進度」檢索

　　藉由此一系統，以及「立法資訊網法案動態追蹤平臺」，可以查詢到第7屆各會期的法案資料，包括由行政機關或是由立法委員提出，亦可以進一步搜尋到個別法案的審議進度，包含通過與否、提案內容、提案日期、通過日期，以及通過條文公告等等。此一系統對於本研究在整理各會期的各該法案相關資料時，有相當大的助益，藉此以掌握總統法案的推動成效。另外，行政院研究考核委員會網站上設有「總統政見專題」的專屬網頁，其中亦呈現總統政見在立法上的執行情形，也提供我們進一步比對相關的資料。

　　除上述關於法案的檢索、蒐集以及分析的方法外，本章關於總統立法推動行為中涉及的黨政關係和黨內機制部分，亦輔以3位國民黨籍立法委員的深度訪談資料，3位受訪者或曾擔任國民黨立法院黨團幹部，亦有擔任黨政協調的樞紐角色。基於尊重受訪者的隱私和學術倫理，文中以英文代號替代姓名（請參見附錄一）。

肆、研究設計

　　本研究主要處理兩部分：一是關於總統的法案推動行為；另一是關於總統推動後的影響情形。茲就這兩方面的具體研究設計，說明如下：

一、關於總統的法案推動

本研究試圖先釐清以下事實：

（一）偏好表達的場合：可分為：1.政府之官方場合—總統府（含元旦講詞）、中央政府機關、地方政府等；2.國民黨黨內—中常會、中山會報；3.黨政平臺—府院黨高層會議、總統與立法委員的會面，以及其他；4.民間場合—總統下鄉參訪場合、接受電視臺訪問等。藉此，可進一步歸納總統表達場合的類型。

（二）偏好表達的時間：總統表達的時間不一定和行政院提出法案的時間一致，可進一步就其所對應的立法院會期觀察相關模式。

（三）表達支持偏好的法案：這部分逐一將總統表達偏好的法案記錄，可以知道哪些法案是其支持和推動的。

（四）表達內容：記錄每筆新聞報導的重點，呈現總統談話和表達的內容。

（五）偏好強度：判讀表達偏好的強烈程度，分為以下三個強度：1.「強度1」：僅表達對法案的支持偏好、關心態度或說明政府推動這項法案；2.「強度2」：對法案內容表達具體的見解和建議、表達明確的立法議事和程序要求，或對行政和立法機關下指示；3.「強度3」：明確下達要求法案「儘快通過」、「這會期務必通過」或「以最快的速度通過」等。強度2與3並非可以一刀完全劃分，但基本上後者是總統較明確要求通過最急迫性的法案，故仍予以適度區分。

藉由上述基本資料的建構，可進一步探討以下問題：

（一）總統表達法案偏好的場合有何模式？何種場合較多？在兼任國民黨黨主席前後，是否有所不同？其意涵為何？擬特別說明的是，兼任黨主席前的時間相較兼任後短（兼任前2008年5月20日至2009年10月16日，約2至3個會期；兼任後2009年10月17日後至2012年，約4至5個會期）。不過，由於本研究是以兼任前後各自時程內的情形為觀察面向，而非單純的次數作為解讀的基礎，所以仍可呈現

比較的意涵。

（二）總統在不同的場合所表達的偏好強度，是否有所差異？其意涵爲何？

二、關於總統的立法影響力方面

對於總統立法影響力主要不脫量和質兩方面觀察，量的部分是本文資料所能提供較多訊息者，指的是總統表達態度的法案通過的情形，諸如時間和比例，而這又可進一步比較總統未表態的法案以及行政院整體優先法案之通過情形，以深化對總統影響力的了解。所謂質的部分，是輔助性的資料分析，主要補量化之不足。準此，分爲三個方面來觀察：

（一）立法影響力探測之一：立法時效／延遲時間

主要篩選出總統特別重視的法案爲研究對象，亦即針對「強度3」的法案爲主體，這些法案多屬總統明確要求當會期通過者。至於其他法案，雖然總統表達了支持偏好，但由於程度不夠強烈，在此不納入分析而留待第二部分再合併觀察。本研究試圖分析這些總統較在意的法案所通過的情形，並先釐清以下事實：法案最終是否當期三讀通過；若非，其延宕多久？由此可觀察到一部分的立法影響力。

（二）立法影響力探測之二：總統有無表達態度的法案，以及與行政院整體重要法案之通過情況比較

相較於第一種集中在強度3法案，只觀察立法時效／延遲時間之情形，我們可以再採取另一種方式，即進一步比較總統有表達偏好與沒有表達偏好的法案之不同情形，以及相對於總體行政院優先法案的通過情形，如此比較方法可以獲得更多的訊息。

（三）立法影響力探測之三：總統影響了什麼？

　　質性的觀察係以立法過程中總統的態度對法案內容、方向所產生的直接效果為依據，而不考量其通過時效／延遲等情形。換言之，若總統表達對某項法案的態度甚或指示，而該法案在內容、方向或策略上確實受到總統態度的影響，則該法案儘管未能如期完成立法，從而在量的部分被判定總統並未發生正面的影響力，但在質的部分因為影響了行政部門或立法委員草案的設計，廣義來講亦可視為已經發生了立法的影響作用。但系統性的質性觀察較前述量化的研究困難，涉及到對法案內容主觀的判斷，以及較充分的資料輔助，需要更進一步的專文討論，本文在此僅能做部分的討論，略補前述量化數據之不足。

伍、研究發現一：總統對法案的態度表達與推動

　　關於總統法案的推動 —— 支持偏好的表達，本研究的發現如下：

一、總體描述

　　附錄二納入了馬英九總統在第7屆立法院各會期法案中曾表達支持偏好，且為報紙（含中央社）及總統府新聞所報導的情形。這些報導中，總統的發言幾乎都不只是在政策的表述層次，而常是以法案的形式呈現，其中又以行政院所提案而進入立法院審查議程為多。在接續的分析中，將先做一簡單綜合的分析，細項的討論則在之後進行。

　　整體而言，總統表達法案偏好的場合包括有4大類型，第一，在政府官方場合，以總統府（含元旦講詞）最多，總統常藉由接見國內

外賓客之談話場合，順便帶出某項政府推動和重視的法案：譬如，在2009年5月10日邀請社運人士、學者、律師交換意見，表達了對「集會遊行法」的明確態度，包括應朝「寬鬆」設計，部分罰則確有重新檢討的必要之意見等等。馬總統也可能於總統府所召開的某些特別會議中，討論某項法案，如2009年2月22日召集相關部會開會，指示相關單位儘速制定「二二八紀念管理條例」。馬總統也曾在出席經濟部、青輔會以及與地方縣市首長的餐敘場合，表達特定法案的支持和推動態度。在上述官方的場合中，總統談話訴求的對象相當多元，有時是針對國內外賓客，有時是針對政治人物，如立法委員和行政官員，並藉由媒體的報導和傳述而想要達到「訴求民意」（going public）的效果。

第二類的場合是在國民黨黨內，在2009年10月17日馬總統兼任國民黨主席之後，中常會以及「中山會報」（於中常會召開前一天舉行）均由他主持（見圖3-1、表3-2），這是在兼黨主席之前所未有的機會。值得特別留意的是，星期二舉行的中山會報，是在馬英九2005年首度擔任黨主席時所設置，由黨主席親自主持，其設立之緣由，一位黨政運作關係重要人士同時也是立法委員，有以下的描繪：

> 我覺得那是屬於中常會的幕僚會議，因為中常會開會人數多，在組織上面是比較複雜的，所以總是要一個會前會先來整理整個會議的狀況。（受訪者A）

中山會報設置後，中常會的定位與功能明顯式微，故有黨內人士質疑，黨章明定中常會是全代會閉會期間黨內最高權力機關，但似已被中山會報取代，而後者在黨章並無正式地位。在這兩個場合中，也常見馬總統表達法案的態度或做出相關的裁示和意見。譬如2010年1月13日在中常會中針對「產業創新條例」表達，由於在本會期未能三讀通過，因此要求儘快完成立法。又如在2010年5月25日於中山會

報上表達，希望立法院能於本會期通過「災害防救法」修正案。

　　第三類場合主要是執政黨和政府之間的溝通和協調平臺機制，即所謂的黨政平臺。在2008年5月20日國民黨重新執政後，建構了多層次的黨政平臺（見圖3-1、表3-2），其中「府院黨高層會議」（或謂「五人小組會議」）是最高層次的平臺，成員包括正副總統、立法院長、行政院院長和國民黨主席。自馬英九兼任黨主席起，國民黨方面改由秘書長或副主席代表。對於五人小組和黨內機制的差異，受訪的黨政協調負責人提到：

　　　　政策的形成，應該是總統他是召集人，所以像五人小組這樣子的，那是以一個總統的高度去決定一個政策。可是到黨裡面的時候，他就檢討立法行政有沒有好好的把這個政策去做一個執行，需不需要黨出面來做協調。（受訪者A）

　　馬總統常在此場合進行政策和法案討論，如在2009年3月23日於馬總統於府院黨高層會議中表達，希望立法院儘快在4月中旬前完成地方制度法的修正。又如2009年5月25日於府院黨高層會議中表達，希望在剩下會期時間內能夠儘速通過溫室氣體減量法及相關法案。此外，在本章附錄二中也可看出，總統也會在與黨籍立法委員座談時，針對特定法案加以推動。

　　從圖3-1來看，在這個法案制定過程中，總統對法案表達態度和下達指示的經常性機制包括：黨政高層會議、中山會報、中常會。在總統未兼任黨主席時，其需要仰賴黨與政的雙重代理人，黨的部分主要需要黨主席和秘書長的配合，政則需要是由行政院院長忠實貫徹其施政理念。在總統兼任黨主席時，總統則可直接領導政黨。但不論馬總統有無兼任黨主席，在立法議程中總統不易直接介入，需仰賴各種黨政協調機制的協助。

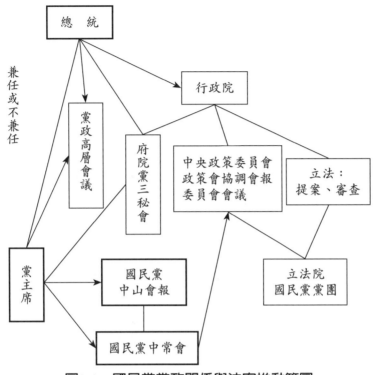

圖3-1　國民黨黨政關係與法案推動簡圖

資料來源：作者自行整理而成。

說明：1.框線中粗線條者係馬總統直接參與之會議／平臺，細線條者其未參與。

　　　2.箭頭線條係具上下指揮關係者，無箭頭者則是水平互動關係。

　　在黨政間尚有其他的溝通協調機制輔助，請見表3-2。其中府院黨三個機關的秘書長會議（府院黨三祕會議）是在馬總統兼任黨主席，金溥聰擔任秘書長後建置的。此外，金溥聰常扮演貫徹馬總統意志，體現黨內和黨政間協調以及指揮角色。一位國民黨黨團幹部曾分析到：

　　……在我們反映給黨中央及金秘書長接任以後，他就透過黨政平臺，以黨輔政。這個構想使得我們目前在許多問題上都可以進行溝通，立法與行政，還有黨，這三方面緊密結合。特別是在一些敏感議

題上，如果行政與立法部門間有一些問題與代溝，金秘書長就會直接
強調，並反映人民的感受度。像之前說抽菸的人要課徵多少稅，這
類事情應該是透過宣導，而不是給人民一種把他們當作提款機的印
象。（受訪者B）

金溥聰在傳達甚或貫徹馬總統的理念和態度方面，扮演了積極而
強勢的角色。儘管其也遭致外界對於以黨秘書長身分干預政府部門政
策的質疑，譬如在前述受訪者所述，對走路抽菸者予以課稅之例，但
在我們分析馬總統推動法案和政策時，其個人扮演的重要角色是不能
忽略的。

表3-2　2008年後國民黨黨政溝通相關機制和平臺

黨政平臺名稱	時間	性質與出席人員
府院黨高層會議	星期一	在總統府召開例行性的府院黨五人小組會議。五人小組會議重要的功能，是扮演溝通平臺，包括政務、立法院的民意，及黨務資訊溝通的場所。成員爲總統、副總統、行政院院長、立法院院長、國民黨主席。總統兼黨主席後，國民黨方面改由秘書長參或副主席代表。
中山會報	星期二	黨主席主持的中山會報。但中山會報並非正式的一個組織架構，它是臨時編組的。
中常會	星期三	黨主席主持的中常會。行政部會首長會列席參加，層級最高者爲秘書長林中森。
府院黨三祕會議	定期	由府院黨三位秘書長定期會商，作爲掌握民意、解決民怨的黨政運作平臺。
委員會會議	不定期	「委員會會議」：由立法院各委員會的委員長爲主持人，遇有需要政策說明或是法案需要溝通的時候，委員長可以主動來召集這樣的會議；行政部門的首長，也可以請求委員長來幫忙邀集這樣的會議。
政策會協調會報	不定期	中央政策會執行長主持，以就重大政策或法案或預算，邀請行政院院長、副院長，或秘書長，相關部會的首長、委員會的委員長、召委，或是全體的委員溝通。

資料來源：本表由作者自製。

最後，第四類是屬於民間場合。譬如馬總統在2008年12月17日接受「客家電視臺」專訪客家基本法草案時，說明了推動本法案的基本精神。又如2009年4月26日訪視屏東縣高樹鄉新豐社區與地方人士座談時，針對農村再生條例表達希望立法院儘速通過。

如果再就同一法案同時在兩個以上的場合表達來看，則如表3-3所示，共有20項法案，且多屬總統曾表達偏好強度3的法案。這些法案某種程度也代表總統較重視的法案。

表3-3　總統在兩個以上場合表達法案態度之次數情況

法案	總統表達法案態度場合／次數				次數合計	場合數合計
	政府	政黨	黨政平臺	民間		
全民健康保險法	2	5	1	0	8	3
兩岸經濟合作架構協議	1	4	2	0	7	3
地方制度法	2	1	3	0	6	3
集會遊行法	2	0	3	1	6	3
農村再生條例	0	1	1	2	4	3
食品衛生管理法（美國牛）	1	1	1	0	3	3
食品衛生管理法（塑化劑）	1	0	0	1	2	2
產業創新條例	0	1	6	0	7	2
能源管理法	1	0	2	0	3	2
國土計畫法	2	1	0	1	4	3
文化創意產業發展法	1	0	1	0	2	2
財政收支劃分法	3	0	1	0	4	2
兩岸人民關係條例（陸生）	3	0	1	1	5	3
兩岸人民關係條例（課稅）	0	1	1	0	2	2
原住民族自治法	0	1	0	1	5	2
社會救助法	0	0	1	0	2	2
「居住正義」相關政策修法	1	1	0	0	2	2

表3-3　總統在兩個以上場合表達法案態度之次數情況（續）

法案	總統表達法案態度場合／次數				次數合計	場合數合計
	政府	政黨	黨政平臺	民間		
貪污治罪條例	1	1	1	0	3	2
公共債務法	0	0	2	1	3	2
廉政署組織法	1	1	0	0	2	2

資料來源：中華民國總統府《總統府新聞》；立法院《新聞知識管理系統》。本表由作者自製。

　　除了場合，關於總統的法案態度，有些不僅強調支持的立場，亦有屬於立法速度上的期待，諸如要求「儘速處理」、「希望本會期通過」、「務必於本會期通過」、「希望能在臨時會通過」等等；另有要求行政和立法部門的配合「推動」、「落實」之指示，甚至於對法案具體內容提出明確意見，譬如對產業創新條例有關產業範圍與創新定義的建議。更有涉及法案議事程序的指導意見，譬如對兩岸經濟合作架構協議，其主張立法院不能逐條審查。

表3-4　總統法案偏好表達場合情況

是否兼任黨主席	表達場合						
	政府官方	黨政平臺／互動		政黨內部		民間／媒體	合計
		府院黨高層會議	其他	中山會報	中常會		
兼任前	18（36%）	21（42%）	4（8%）	0（0%）	0（0%）	7（14%）	50（100%）
兼任後	25（30.5%）	11（13.4%）	4（4.9%）	13（15.9%）	17（20.7%）	12（14.6%）	82（100%）
合計	43（32.6%）	32（24.2%）	8（6.1%）	13（9.8%）	17（12.9%）	19（14.4%）	132（100%）
		40（30.3%）		30（22.7%）			

資料來源：中華民國總統府《總統府新聞》；立法院《新聞知識管理系統》。本表由作者自製。

二、細項分析

（一）法案偏好表達場合

　　就表3-4來看，整體而言若不考慮總統兼任黨主席前後的差異，總統偏好表達場合以政府場合最高，占32.6%。確實，總統無法出席行政院會議，因此常利用在總統府接見賓客和相關活動的場合宣揚政府政策和法案，甚至對法案的進度要求相關部門予以推動，這也是很自然的。次高的是黨政平臺機制，占30.3%，與政府場合的差異不大。其中在府院黨高層會議者為24.2%，遠高於其他黨政平臺。再者，政黨內部含中山會報與中常會，共約占22.7%。最低的是民間場合約占14.4%。

　　進一步考慮就總統兼任黨主席這個變數，在兼任之前，府院黨高層會議占42%，高於政府官方場合的36%；在兼任後這段期間，前者大幅降至13.4%，後者僅微降至30.5%，這是因為總統有相當的偏好表達轉移到他可以直接掌控的政黨內部，而無需依賴黨政高層會議，所以黨內的中山會報（15.9%）與中常會（20.7%）兩個場合共占36.6%，高於政府官方場合的30.5%，足證兼任黨主席後，總統利用政黨內部的場合更為方便。所以，總統兼任黨主席與否所牽動的黨政關係，對總統的立法和政策的推動帶來了影響，符合了本文的預期。就筆者訪談黨政運作關係重要人士，其也認為馬總統以黨主席身分對黨籍立法委員的法案和政策指導較為有利：

　　那個時候，他兼主席的意思是在跟立法院有一個更大的連接而已，因為主席才可以去管立法委員嘛！但是總統跟立法委員它到底整個是一個平行的，有時候要來拜託我們。但是黨主席是要order立法委員，應該去支持黨的政策。我覺得這個角色上面會有得利。（受訪者A）

　　另一位受訪的立法院黨團幹部也提到，在馬總統上任剛開始的1年多，府院黨間的協調溝通較未理想，但兼任黨主席之後有所不同。他指出：

　　那時候就顯現出府院黨間是要協調溝通的，運作模式出現了問題。總統也覺得上任一年多以後的結果跟當初差了很多，就在黨政運作上希望多有所配合，於是任命金溥聰擔任黨秘書長。現在就加強與立法院的溝通，每個會期、每個重要法案都透過黨政平臺進行溝通，中常會上也會提問，在一些重大法案上也由府院黨高層進行研議溝通，才不至於造成許多下行無法上達的問題。……讓我感觸到說，在目前總統兼任黨主席以後，我們在黨政運作上真的也比較順暢。（受訪者B）

　　馬總統兼任黨主席雖然有助於黨內的領導，但也帶來外界的不同觀感，同樣曾擔任黨團幹部的受訪者不諱言：

　　馬總統兼黨主席以後，因為他必須要兼顧黨的發言的重要性，所以，不管你今天的發言是什麼，但是你本身總是黨主席，所以你的發言都代表你黨主席的意思，人家會說，這樣就是黨的貫徹，這會給外界比較負面的看法。（受訪者C）

（二）場合與強度

　　就場合與平均強度的關係來看（表3-5），總統在黨政平臺的平均偏好強度最高，尤其是府院黨高層會議，達2.7；其次是政黨內部和民間場合皆為2.2；政府場合則是2.0。如果我們從另一角度來看，將焦點集中在偏好強度3之最重要法案，則同樣清楚顯示府院黨高層會議占36.7%的最高比例。

表3-5　總統偏好表達場合與強度

強度	政府	黨政		政黨		民間	合計
		府院黨高層會議	其他	中山會報	中常會		
1	15（62.5%）前4 後11	0（0%）前0 後0	0（0%）前0 後0	1（4.2%）前0 後1	4（16.7%）前0 後4	4（16.7%）前2 後2	24
2	13（27.1%）前4 後9	10（20.8%）前4 後6	3（6.3%）前1 後2	8（16.7%）前0 後8	6（12.5%）前0 後6	8（16.7%）前2 後6	48
3	15（25%）前8 後7	22（36.7%）前17 後5	5（8.3%）前3 後2	4（6.7%）前0 後4	7（11.7%）前0 後7	7（11.7%）前3 後4	60
平均（筆數）	2.0（43）	2.7（32）	2.6（8）	2.2（13）	2.2（17）	2.2（19）	2.3（132）

說明：表中「前」、「後」等字係指總統兼任黨主席之前與後。

資料來源：中華民國總統府《總統府新聞》；立法院《新聞知識管理系統》。本表由作者自製。

　　總統在黨政平臺的平均偏好強度之所以最高，筆者的推論是，如府院黨高層會議（五人小組），其雖非政府和政黨內部正式決策機制，但爲少數最高層人士之會談，在決策（或至少政策溝通）過程中其位居上游階段，總統會針對重大法案表達相當明確而具體的訊息。其次，中山會報與中常會及民間場合之偏好強度相同；中山會報在黨裡頭無正式地位，其偏好強度甚至不下於中常會，而且又是在中常會之前召開，故更加突顯其角色有一定的重要性。此外在民間場合，爲了爭取民意，作爲民選總統的馬總統，其發言強度有時也不低。

　　至於在總統府，馬總統則主要以總統身分發言，許多情況下其態

度表達較委婉，故強度1的表達高達62.5%；但另有些場合，也不乏具有較強烈的態度表達。

（三）表達的時間

從表達的時間來看，如表3-6上方所示，總統對法案表達的次數以立法院各會期來看並不平均，其中以第3會期筆數最多，就7個會期總數計算，占25%，次高者是第5會期的23.5%，最低者為第8會期的6.8%，次低者為第2會期與第7會期的8.3%。

表3-6　總統偏好表達時間之各會期分布

總統偏好表達次數								
會期	2	3	4	5	6	7	8	合計
次數	11	33	21	31	16	11	9	132
百分比	8.3%	25%	15.9%	23.5%	12.1%	8.3%	6.8%	100%
行政院優先法案通過比例								
會期	2	3	4	5	6	7	8	
百分比	36.9%	52.05	37.5%	55.65%	26.3%	26.5%	45.2%	

資料來源：立法院國會圖書館《新聞知識管理系統》；中華民國總統府新聞稿。本表由作者自製。

如何解釋上述現象？一般而言，總統會「出手」對法案表達支持偏好，很有可能是法案已送至立法院，但或因有急迫性或法案延宕未能審查通過者。從這個角度來看，總統關注法案的密度不一定平均分布在各會期，可能會因前會期的審查情況而有波動。如將行政院每會期所通過的優先法案與總統表態的法案做對比，本研究假定，第一，前一會期行政院優先法案通過率低者，在下會期中總統表達態度的次數就會升高；反之，若前一會期行政院優先法案通過率相對較高者，在下會期中總統出手的次數就隨之減少。第二，總統表達態度次

數升高之會期，行政院優先法案通過也較高。確實，從第2至第6會期的情況，較符合此一預期。譬如，在第2會期是馬總統執政後的第一個完整的會期，當時並沒有很急迫的法案推動壓力，加上當時甫上任黨政協調機制不順暢，故優先法案通過率僅36.9%，而緊接著在第3會期總統出手的比例，就由第2會期的8.3%增高到25%，且第3會期行政院優先法案的通過情形，亦隨著總統表達法案次數的增加隨之增高為52.1%；同樣的，在第4會期，當時發生美國牛肉進口政策的重大爭議，逐使得當會期諸多法案被迫延宕，最後行政院優先法案僅通過37.5%；接著在第5會期總統出手的法案比例，由第4會期的15.9%增至23.5%，而第5會期行政院優先法案隨之增高為55.65%。接著在第6會期，則因第5會期行政院優先法案的通過率較高，總統在次會期（第6會期）表態的次數則降低。

第7至第8會期中，總統表態次數與行政院優先法案的通過情形較無直接關係，可能的原因在於2012年1月的總統選舉將屆，總統主要的訴求集中在選舉的議題。

陸、研究發現二：總統的立法影響力—法案通過的表現

誠如之前所述，由於總統並無法律案的提案權，故其立法影響力之測量較為困難，但本文透過三方面的觀察可以一定程度呈現總統的立法影響情形。

第一，我們將焦點集中在總統明確表達較具急迫性的法案，也就是強度3的法案，這些法案也幾乎就是行政院「優先法案中的優先者」，我們以此觀察7個會期立法時效的表現。當總統明確表達期待儘快通過某項法案，而最後該法案確實能在立法院中如期三讀通過者，則應可視為總統在影響力上的正面表現。相對的，在行政和立法兩部門均由國民黨掌握多數的優勢條件，且在總統可能同時為執政黨

黨主席的有利條件下，若某會期的許多法案無法如期三讀通過或延遲較久，則可一定程度視為總統對該法案在該立法時程上，較未能具體展現法案推動的影響力。

第二，相較於第一種集中在強度3法案來觀察其立法時效／延遲時間之情形，我們可以再採取另一種方式，即觀察重要的法案中總統有表達偏好與沒有表達偏好的法案的情況，以及其相對於總體行政院優先法案的通過情形。亦即透過比較的方式，更進一步呈現總統因素的影響情形。

除上述著重在立法時效和通過率來探索總統的立法影響力外，在資料允許的條件下，進一步從事第三種以質性為主的觀察，則如前所述，這種方法係以立法過程中總統的態度對法案內容、方向或策略所產生的直接效果為依據，而暫不考量其通過率或通過時效／延遲等情形。

一、立法影響力探測一：立法時效／延遲時間

從整體立法時效來看，我們首先建立了附錄三的相關資料，其中呈現了總統表達支持偏好屬於強度3的第一次時間，以及法案最終是否當期三讀通過；由於總統表達意見的時間與行政院法案正式提案時間會有差距，所以亦一併呈現行政院提案的時間，以供後續進一步比較。基本上我們可以看到，總統表達支持偏好強度3的第一次時間，幾乎都在法案進入立法院議程之後，但不一定落後很久；當然，也有一些法案當總統表達強度3時，距離行政院法案提出已達成一個會期或更久的時間。因此在附錄三的資料基礎上，進一步整理出表3-7。在表3-7中，同時呈現總統面向和行政院面向，其中並區隔出總統兼任黨主席與否不同時期，比較其差異。

表3-7 總統法案強度3當會期通過情形

	總統面向： 法案通過距總統本人 偏好表達時間		行政院面向： 法案通過距行政院 提案時間	
	當會期	延一會期以上	當會期	延一會期以上
兼黨主席前 提案數	20		20	
兼黨主席前 通過數（比例）	10 （50%）	10 （50%）	6 （30%）	14 （70%）
兼黨主席後 提案數	15		15	
兼黨主席後 通過數（比例）	7 （47%）	8 （53%）	4 （26.7%）	11 （73.3%）
合計	17 （49%）	18 （51%）	10 （28.6%）	25 （71.4%）
	35（100%）		35（100%）	

資料來源：立法院《立法資訊網法案動態追蹤平臺》；立法院《新聞知識管理系統》。本表由作者自製。

　　表3-7呈現了以下的研究發現：在35項法案中，總統談話時要求儘速通過法案能在當會期通過者，共有17個法案，占49%，未當會期通過者共18個法案，占51%；換言之，另有約一半的法案無法當會期完成審查。再考量行政院提案的時間，會發現這17項總統表達偏好能當會期通過者，有10個法案是行政院當會期提案，換言之，另有7項法案其實距行政院提案已延宕有一個會期了。再就兼任黨主席之後是否有助於法案的即時通過來觀察，發現兼任前當會期的通過率為50%，兼任後為47%，並無明顯差異；若再考量行政院提案時間，我們發現，兼任前總統法案通過時間是在行政院當會期內提案的，共有30%，而兼任後則是26.7%，反而略低。從這些數據看來，兼任黨主席之後總統對立法通過的時效之影響力，尚看不出有明顯正面的影

響。[10]確實，總體而言，迄第7屆會期止，仍有多項法案之修正或制定尚未通過，諸如集會遊行法、原住民族自治法、行政區劃分法、促進民間參與公共建設法、溫室氣體減量法、兩岸人民關係條例、關於避免雙重課稅部分、國土計畫法、公共債務法、財政收支劃分法等。然而，我們也無法從表3-7的數字得出總統的立法影響力不存在的結論，也無法因此推論總統不兼任黨主席會有助於法案的通過，因為無法排除其他因素的影響。

二、立法影響力探測之二：總統表達偏好法案、總統未表達偏好法案，以及行政院重要法案通過情況之比較

在這部分中，著重於觀察總統有表達態度和沒有表達態度的法案在通過上的差異。在比較的基礎上，有兩種選擇：其一是以每會期所有的法案為主體；另一則是限縮在每會期的重要法案（如行政院優先法案）為主體。本研究採後者，其理由有二：首先，由於總統會特別表達關切態度的法案，可能是對於行政部門而言特別需要優先處理的法案，諸如與執政（黨）利益有關的、或者有其他修法迫切壓力，甚至是已有修法共識的法案，但整體而言，偏向立法推動上較為困難的法案。因此，若以總統的關切法案和所有法案的通過情形來做比較，雖然亦有其參考價值，但可能由於所有一般法案中包含了許多較不爭議或較容易被朝野政黨接受的法案，其性質與總統關切的重要法案難以相提並論，故較不易比較出總統的影響力。其次的理由是，既然以所有法案為主體並不那麼合適作為研究的基礎，那麼可將其限縮

---

10 根據李鳳玉（2011：206-207）的研究，馬英九接任國民黨黨主席前（約為第2-3會期），通過法案中政府提案的平均比例為51.91%，其實比他接任黨主席後（約為第4-5會期）通過法案中政府提案的平均比例為45.87%，要來得好。上述研究值得關注，其雖係以「政府法案」的通過情形為焦點，與本文「總統法案」的通過情形為焦點稍有不同，但兩者都共同指出，總統兼黨主席後，行政權在立法產出上，看不出有明顯較佳的表現。

在重要的法案，而總統的重要法案幾乎都落在行政院優先法案清單中，所以這裡只要將前面本文所討論到的所有總統表達過偏好的法案中，極少數不屬於行政院優先法案者，將其扣除掉，那麼所有的比較基礎就全部一致化了，也就是皆控制在行政院的優先法案範圍內。如此一來，形成一個共同的立足點，既可讓我們比較總統的重要法案與

表3-8　總統表達偏好法案、總統未表達偏好法案，以及行政院重要法案之通過情況比較

	會期	第2會期	第3會期	第4會期	第5會期	第6會期	第7會期	第8會期
總統所有表達偏好法案	表達數	3	18	6	7	5	9	9
	三讀通過數	0	6	2	4	2	4	3
	通過比例	0%	33.3%	33.3%	57.1%	40.0%	44.4%	33.3%
總統未表達態度法案	未表達數	62	31	26	11	33	40	49
	三讀通過數	24	19	10	6	8	9	21
	通過比例	38.7%	57.5%	38.4%	54.5%	24.2%	22.5%	42.8%
總統表達較重要的法案（含強度2、3）	提案數	3	16	5	4	4	8	3
	三讀通過數	0	6	2	3	2	3	1
	通過比例	0%	38%	25%	75%	50%	37.5%	33.3%
行政院優先法案	提案數	65	49	32	18	38	49	58
	三讀通過數	24	25	12	10	10	13	24
	通過比例	36.9%	51.0%	37.5%	55.6%	26.3%	26.5%	45.2%

資料來源：立法院《立法資訊網法案動態追蹤平臺》；立法院《新聞知識管理系統》。本表由作者自製。

整體行政院優先法案的通過情形之差異，同時也可以進一步比較在行政院優先法案中，相對於總統沒有表達態度的法案，以及那些總統有表達關切的法案，是否在通過上比較容易或有所不同，藉此探測總統的立法影響力。

　　根據上述的研究設計，整理出了表3-8的數據，呈現了第2至第8會期中「行政院優先法案」、「行政院優先法案中總統有表達偏好的法案」、「行政院優先法案中總統未表達偏好的法案」等主要3種類型的法案提案和通過情形。其中，關於「行政院優先法案中總統有表達偏好的法案」，除了呈現整體的法案（含強度1、2、3）情形外，另將總統表達較重要的法案獨立出來觀察，即剔除了強度1法案，保留強度2及3，作為另一類型，因此共有4種類型。擬說明的是，強度2在此被納入係考量其重要性往往不下於強度3，兩者的重要性不易一刀劃分，只是強度3較明確的屬於具急迫性的法案。強度2與3合併觀察，案例會略為增加，提供推估的基礎更為有利。茲將表3-8的研究發現，分述如下：

（一）總體描述

　　表3-8的數字，可以先做一初步的總體描述。首先，總統所表達態度的法案（包括強度含1、2、3在內），其總數僅占行政院的優先法案的少數，而這些法案幾乎都落在行政院所提的優先法案範圍內。這表示，行政院所提的優先法案卻並非都是總統最在意的法案，顯見總統所針對者應是那些特別重要而與其施政成敗較具相關的法案。其次，總統未表達態度的法案占行政院優先法案的絕大多數，可見在半總統制的結構下，行政院大部分的法案之推動，係由行政部門透過與立法院的黨政互動加以執行，總統較少站在第一線使力。

　　再者，從不同的法案來看各會期情形，其中在行政院優先法案方面，其當會期的通過率僅在第3會期與第5會期出現些微過半；在

總統所有表達偏好法案方面，其在當會期的通過率，除第2會期通過率爲零外，僅有第5會期過半，其餘大致維持在三成至四成多之間；而第5會期之後，即總統兼黨主席的會期後，其通過率較之前會期爲高。

　　進一步的，在總統表達較重要的法案（合併強度2、3）方面，其在當會期的通過情形與所有表達偏好的法案（含強度1、2、3）之情形相仿，僅在第5會期與第6會期過半；而在第5會期之後（除第8會期外），亦即總統兼黨主席的會期之後，其通過率較之前會期爲高。

（二）比較研究發現

　　表3-8提供4個主要的比較面向：1.總統所有表達偏好的法案vs.總統未表達態度的法案；2.總統所有表達偏好的法案vs.行政院所有優先法案；3.總統表達較重要的法案（合併強度2、3）vs.總統未表達態度的法案；4.總統表達較重要的法案（合併強度2、3）vs.行政院所有優先法案。

　　我們的觀察得到一項綜合性的發現，這4組比較情形呈現一致性的結果，即總統表達態度的法案，不論是所有法案或是合併強度2與3的法案，都僅在第5、6、7等3個會期的通過比例高於未表達態度的法案以及行政院所有優先法案；其餘4個會期，則都一致性的低於後者。此一結果有兩個意義：第一，是在整個觀察的7個會期中，至少有一半的會期中，那些總統沒有特別表達關心的行政院優先法案，其在當會期的通過率並不低於那些總統特別關心的法案。換言之，以行政院優先法案爲基礎來看，總統有沒有表態關心或下令要求儘速通過，似乎並不是多數法案如期通過與否的關鍵因素。同樣的，行政院整體優先法案的通過情形也未低於總統表態的法案，這同樣意謂著總統在法案推動上並未構成一項明顯正面的影響力。

　　第二，從會期的演進來看，第5會期開始，總統表達態度的法

案，不論是所有法案或是合併強度2與3的法案，當會期通過率都出現略高於未表達態度的法案以及行政院所有優先法案，似乎隨著總統的任期發展以及兼任黨主席，總統的正面影響力逐漸顯現。但這樣的推論仍必須稍做限制，因為從表3-8中我們發現行政院優先法案的提案數，從第6會期起大幅增加。由第5會期的18增至第6會期的38，再增至第7會期49，第8會期58，似乎行政院有意在2012年總統大選前提高立法效能或讓法案大清倉，藉由衝高優先法案數以增加通過的法案數，特別是在第8會期更為明顯。確實，第6會期起行政院優先法案的通過數至少並未低於第3、4、5會期，尤其第8會期通過數達24。但由於提案數的增加，整體而言會壓低當會期優先法案通過率；相對的，第6會期之後，總統表態的重要法案數並未明顯增加，從而後者的通過率高於前者，並不能表示總統的立法影響力在這階段提升。

綜上所述，以行政院優先法案為基礎來看，總統有沒有表態關心或下令要求儘速通過，似乎並不是法案如期通過與否的關鍵因素。且以建立在目前的資料來看，在當會期能通過者，有可能是法案的審查已達水到渠成的階段，也不一定和總統態度和使力有關，當然也可能真的是因為總統表達了態度而加速立法的完成，這都不一定。相對的，若法案未在當會期通過者，但總統的態度可能實質上促成國會中反對者意向的改變或其影響力是在下個會期發酵，也可視為成功的影響立法。不過，這些因素在各個會期中都存在，也就是每個會期中都會有前面會期總統的助力所帶來的開花結果，也會有這會期總統的使力但尚待發酵而無法收割的成績，因此這些因素抵消掉後，並不會影響我們的分析結果。

三、立法影響力探測之三：質性的分析

根據所蒐集的法案資料顯示，總統對法案的態度除了很大部分是表達立法時效和政策方向的關心與態度外，也常針對法案內容（暨方

向）或立法策略表達相當具體的態度甚或指示。總統可能是積極性的
推進法案內容，也可能消極的阻擋立法內容。在積極的部分，譬如產
業創新條例的立法過程中，馬總統便曾具體指示希望該條例在「產業
範圍」與「創新定義」的規劃中，應有更涵蓋性的設計，產業範圍
應該包括工業、農業（曾薏蘋，2010）。在農村再生條例，馬總統
也具體主張編列基金推動農村再生，以帶動農村各項建設與發展，
讓農村發揮健康、生態及觀光功能（郭泰淵，2010）。在集會遊行
法，馬總統也清楚表態，該法應朝「寬鬆」設計，並指示部分罰則有
重新檢討的必要，而法律已規定者不需再增加（楊舒媚、何醒邦，
2009）。在原住民族自治法，馬總統具體主張草案規劃以「空間合
一、權限分工、事務合作」為重點，先行試辦公法人自治區有必要
（李佳霏，2010）。上述法案中，儘管總統在質的部分對法案內容
的設計有其影響力，但法案常面臨延宕甚或遲遲未能通過的狀況，而
且相關法案也不是那麼明顯涉及國民黨和民進黨之間黨派意識型態立
場的差異問題，卻在一致政府下仍未能通過，例如，原住民族自治法
草案在第5會期就被提出，但至第8會期結束，遲遲沒有通過。

　　總統也可能消極的阻擋立法內容成功，如農田水利會組織通則部
分條文修正草案過程中，原本放寬農田水利會長及會務委員候選人參
選資格，賄選及妨礙選舉等相關罪名經判刑確定，如有宣告緩刑，帶
罪之身一樣可以參選。其後引起輿論質疑，馬總統強力反對，下令
國民黨立院黨團凍結此案，不得完成三讀立法。事實上，在馬總統在
執政時期，也出現一百八十度扭轉政策方向的重大案例，譬如2008
年後國光石化的設廠案，長期主要由行政院主導，但馬英九總統在
2011年4月22日突然一百八十度的轉向，在其親自舉行的記者會中否
決本案。但因其不涉及立法，故在此不再多做討論。

　　相關法案中最能代表馬總統試圖阻擋他所反對的修法內容，但
最終卻失敗的案例，無疑是「美牛案」中涉及的食品衛生管理法第11
條修正案。其源於2009年10月22日臺美雙方貿易代表簽屬「美國牛
肉輸臺議定書」（簡稱「議定書」），立法院中朝野立法委員偏向

要求「議定書」應送至立法院審查，但行政部門認為其非條約無需送審。「議定書」簽訂消息公布後引起國內民眾的疑慮，面對諸多反對聲浪，行政部門雖保證美國牛肉安全無虞，但仍無法有效化解疑慮。最終，立法院另行通過「食品衛生管理法」第11條修正案的方式，達到對牛肉把關的目的。在修法過程期間，馬總統對立法院的修法感到憂慮，雖然表示尊重立院職權，但強調總統府立場以不違反WTO、OIE精神，及臺美議定書的「前提」下，支持修法。行政院院長吳敦義也重申總統府的說法，政府沒有打算修改議定書，總統府的底線是修法結果不能違反議定書內容（彭顯鈞等，2009）。

在馬總統的指示下，國安會秘書長蘇起赴立法院，負責捍衛此一政策，蘇起強調，「國際條約的效力優於國際法」，但立委多不表認同（蕭旭岑，2008：220）。[11]但由於當時的修法方向是要透過修法對議定書加以翻盤，所以總統府和行政部門的角色傾向是在阻擋修法。當然，行政部門也提出相對版本與在野黨和其他版本競爭角力。其後，馬總統也再次要求朝野在立法時要多考慮，研究出如何使美牛內臟既可以不在市場上出現，又不會違反我們國際義務的折衷方法。後來，由於總統府方面表達相關態度，國民黨立法院黨團對於先前與民進黨達成之修法協商共識遭到放棄。隨後，國民黨立法院黨團修法立場發生轉變，從原先支持民進黨版與黃義交版的修正案，轉而提出支持「三管五卡」入法。但情勢後來的發展使得國民黨黨團遭受民間壓力，多位立委態度轉變。雪上加霜的是，當時國民黨立法院大黨鞭、政策會執行長林益世，與當時衛生署長楊志良溝通時中間環節產生誤會，讓黨團誤以為開放牛肉進口本來就沒有包括大家擔憂的牛雜，最終，推動修正「食品衛生管理法」，加碼「牛雜10年內不得

---

11 另外，值得注意的是，立法院長王金平表示：「究竟臺美議定書與國內法位階高低時表示，當然是國內法大於議定書。國內法訂完後，就是要大家一起遵行；不過，既然跟國外簽了議定書，國內法修完以後，難免造成一些困擾，但在位階上，當然是法律高於議定書，何況這些議定書還沒有經過立法院同意。」（蕭博樹，2009）

進口」（蕭旭岑，2008：220）。

　　美國牛肉輸臺是當時政府既定的重大政策事項，且攸關臺美關係和互信以及國人飲食健康重要權益，但行政部門這項政策之推動，即使是由總統出面強力捍衛，仍遭遇重大挫折。同樣的，「二代健保」法案（全民健康保險法修正草案），於2010年12月8日在立法院的三讀會中未能通過，也是繼美牛案之後行政部門重大法案挫敗之一例。

　　透過以上質性的輔助分析，我們發現在總統優勢的半總統制特性下，馬總統在立法議程中對法案內容的影響是存在的；至於在法案的通過情形，則較不相同，在國民黨於立法院中居於過半席次的優勢條件下，馬總統重視甚或主導的法案有些能如期立法完成，有些則有困難，這表示立法院中的法案審查過程中，總統並不是都可以完全發揮影響力的，立法委員有其自主性，不一定都會聽命總統的指令，且法案的審查的議事程序充滿變數。[12]

柒、結論

　　本章以馬英九總統執政經驗為個案，並以第7屆立法院會期的法案為對象，探討我國總統如何推動法案以及其在立法上的影響力。本

---

[12] 根據廖達琪（2010）的研究，臺灣在1997年憲法修訂傾向半總統制後，立法委員的生涯路徑較展現專業化的取向，接近總統制下國會議員的職涯圖像。與議會制下執政黨國會議員有機會進入內閣，議員較會聽從黨的指揮，難有自我發揮的空間來比較，相對的總統制下的行政和立法的分權與議會制使得國會議員有較多誘因以國會為終生志業，而問政亦較有自主性。臺灣的半總統制在這一點上，反而相對上與總統制較接近。自主性至少有二：一是立法委員與總統均由人民選舉產生，立法委員的政治生命來自選民，其不一定要全然聽命和服從於同黨的民選總統的政策指令和法案立場；除非總統掌握黨內公職選舉提名權力，但即使總統兼任黨主席，也未必都能如此。其二是，我國半總統制下，立法委員不得兼任行政官員，故行政部門法案推動的政績與立委的立法業績，以及立委職位的政治生命與行政院的表現是脫勾的，其效應是有利於立法委員在立法過程中爭取相對於行政院的自主性（陳宏銘，2011）。

研究著眼於臺灣具有半總統制下雙重行政領導的結構特質，並考量總統可直接任命行政院院長，在「實務上」常具更換行政院院長的權力，故在這種半總統制下總統是居於較優勢的權力地位。因此，雖然我國總統並無法案的提出權力，但其對法案推動的影響性不應被忽視。由於法案是政策的法律化，故透過對總統在法案推動行為和其結果之分析，可幫助我們了解實務運作中，總統在政策上的主導權和立法上的影響力之情形。在總統優勢的半總統制之制度因素外，總統是否兼任國民黨黨主席所涉及的黨政關係特質，也共同架構出本研究案例的制度和結構特質，以及理論上的意涵。

在有關探討總統推動法案的部分，研究設計特別考量我國總統無權參與行政院會議的情況下，憲法上最高行政機關的首長是行政院院長，所以總統究竟利用什麼機制，或在何種場合表達、傳遞訊息，乃至於下令和指導法案，成為本文觀察之重點。在有關推動立法的影響結果部分，學界目前對半總統制下的研究並無發展出相關方法和指標，本文的研究設計是在修改美國總統制相關研究之後的一種嘗試，藉由若干相關量化資料的衡量，並輔以質性的部分觀察，進行初步而多面向的探索。

本文的研究結果顯示，在總統推動法案表達其態度部分，馬英九總統有相當的積極作為，對較重要的法案幾乎都明確表達態度、立場和指令，甚至涉及法案條文的細部內容及立法議事程序的指導。總統所表達態度的法案面向當廣泛，遍及行政院所轄主要政策權領域，且總統在實務上的政策權並不限於「國家安全有關大政方針」範圍，一定程度吻合總統優勢的半總統制特性。在推動場所上，黨政平臺是總統推動、表達法案和政策偏好的重要場所，其重要性至少不亞於在總統府等政府官方場合。若考量總統兼黨主席的因素，則馬總統在兼任黨主席之後，能夠以黨主席身分對黨籍立法委員的法案和政策指導帶來較為有利的影響，其在黨內中山會報與中常會兩個場合的表達次數，高於政府官方場合，足證兼任黨主席後，在黨內的機制中有更多推動法案的作為和權力，增加總統對黨政部門的掌握機會，此亦符合

了本文的預期。再從偏好強度來看，總統在黨政平臺的平均偏好強度最高，特別是府院黨高層會議，其次則是政黨內部的場合，這同樣證實了黨政關係因素的重要性。

　　至於表達態度的時間上，一般而言總統會對法案表達支持偏好，多數是法案已送至立法院，但或因有急迫性，或因法案審查延宕，因此總統關注的法案數目不一定平均分布在各會期，可能會因前會期的審查情況而在之後的會期產生波動的現象。基本上，前一會期行政院優先法案通過率低時，在下會期中總統表態的次數就升高；反之，若前一會期行政院優先法案通過率相對較高時，在下會期中總統發言的次數就減少。再者，總統表達關切次數升高之會期，行政院優先法案通過也較高。

　　在立法的影響力方面，本研究透過三個層面來觀察：法案通過的時效／延遲情形；比較總統表達偏好的法案與其他種法案在通過表現上的差異；立法過程中總統態度對法案內容所產生的直接效果。前兩者係偏向量化的研究，後者偏向質性的觀察。這3項觀察的綜合研究發現有三：第一，馬總統執政時期在一致政府的有利條件下，其重視的法案能夠在當會期通過者尚未到一半，馬總統的態度和作為對法案通過的比例和速度，並沒有明顯的促進效果；在兼任黨主席之後，總統對立法通過的時效之影響力，看不出有明顯的差異。

　　第二，透過總統表達偏好的法案與總統未表達態度的法案，以及其他類型法案的比較觀察，我們發現了一致性的結果，即總統表達過明確態度的法案，不論是所有法案或是合併強度2與3的法案，其通過的比例都僅在第5、6、7等3個會期中高於未表態法案以及行政院優先法案，其餘4個會期，則都低於後者。所以，研究結果同樣無法支持總統在法案推動上構成一項明顯正面的影響力。這表示，在立法院的法案審查過程中，總統並不是都可以完全發揮影響力，特別是重要而朝野對立的法案，不易通過，甚且國民黨黨籍立法委員亦有其自主性，不一定都會聽命總統的指令，且法案的審查的議事程序充滿變數。

　　雖然由以上的兩項研究結果，我們發現馬總統的態度以及兼任黨主席對法案通過，並沒有明顯的促進效果，但這也不能反過來推論總統在法案的推動上表現不佳，也無法推論出總統兼任黨主席不利於法案的通過，或是總統沒有必要兼任黨主席。

　　第三，若不考慮法案最終通過的情形，而是觀察立法過程中總統對行政部門或國民黨團法案內容的影響性，我們發現總統對法案或重大政策內容的影響力是存在的，但這種影響較屬於立法過程中階段性的影響，至於此種階段性的影響力最終有沒有反映在立法三讀通過的法案內容，則因研究資料的限制，尚無法做出定論，需要更廣泛而深入的文章來處理。

　　綜合上述研究結果，可以進一步歸納本文的結論，即我國總統在法案的推動行為層面上具有相當實權和主動權，符合總統優勢的半總統制特質，而這樣的研究發現是難以從憲法的靜態制度面反映出來，也不是強調國會中的黨派結構、意識型態或其他因素可完全解釋，而必須深入到總統為主體的實務運作才可看出。換言之，從法案的推動（或促銷）層面來看，「總統中心」的研究視野可補現有立法行為文獻之不足。至於總統的法案推動的努力，考量質性的法案內容設計，則實權總統介入和主導的作用，會比單純的法案通過之量和時間方面來得顯著。整體而言，法案的審查過程中，主要涉及立法院中主要政黨以及立法委員和行政部門間的互動，無論黨派議會席次分布或意識型態，都可能扮演重要因素。就此而言，「國會中心」取向未來有其進一步延伸觀察之價值。

　　由於對臺灣總統的立法影響行為之研究，尚未發展出成熟的研究方法，所以筆者不揣淺陋，嘗試進行探索。本章所提供的乃是相對上可以進行的觀察方式，因此也延用到第四章、第五章針對陳水扁總統和蔡英文總統部分相關的研究設計。讀者在閱讀完本章後，可以很容易的掌握次兩章的相關實證研究方法。

附錄一：深度訪談受訪者清單

受訪者代號	受訪者身分簡介	訪談地點
受訪者A	國民黨籍立法委員，曾任黨團幹部	委員國會研究室
受訪者B	國民黨籍立法委員，曾任黨團幹部	委員國會研究室
受訪者C	國民黨籍立法委員，曾任黨團幹部	委員國會研究室

資料來源：由作者自行整理建立。

附錄二：馬英九總統對法案的表達情況一覽表

時間 日期（會期）	場合	法案	偏好內容 （簡化後）	偏好 強度
政府之官方場合				
2008/12/27（2）	總統府	地方制度法	應持續推動	1
2009/01/01（2）	總統府	行政院功能業務與組織調整暫行條例	組織再造今年非做不可	2
2009/02/11（3）	總統府	人權兩公約	希望儘速通過	3
2009/02/22（3）	總統府	二二八事件處理及賠償條例	指示儘速制定	2
2009/05/01（3）	總統府	工會法	說明法案內容和目的	1
2009/05/05（3）	總統府	集會遊行法	表示相關個人觀點	2
2009/05/06（3）	總統府	文化創意產業發展法	說明相關進度	1
2009/05/10（3）	總統府	集會遊行法	表達法案具體內容方向	2
2009/09/10（4）	總統府	地方制度法	希望儘速通過	3
2009/09/10（4）	總統府	國土計畫法	希望儘速通過	3
2009/09/10（4）	總統府	農村再生條例	希望儘速通過	3
2009/09/10（4）	總統府	集會遊行法	希望儘速通過	3
2009/10/10（4）	總統府	國土計畫法	要求儘快通過	3
2009/11/11（4）	總統府	食品衛生管理法	表達具體內容和態度	2
2010/01/06（4）	總統府	公務人員基準法	考試院應加速研擬法案	2
2010/01/08（4）	總統府	中華民國總統府組織法	說明相關進度	1
2010/01/11（4）	總統府	兩岸經濟合作架構協議	簽署後要經立法院審議	2
2010/01/12（4）	總統府	能源管理法	盼儘速通過	3

時間 日期（會期）	場合	法案	偏好內容 （簡化後）	偏好 強度
2010/03/18（5）	總統府	全民健康保險法	希望儘速完成改革	3
2010/03/18（5）	總統府	公務人員考績法	表達關心事項	1
2010/04/08（5）	總統府	兩岸經濟合作架構協議	說明非常積極推動	2
2010/04/11（5）	總統府	產業創新條例	發表5點聲明	2
2010/07/01（5）	總統府	海峽兩岸智慧產權保護合作協議	表明具體立法議事程序	2
2010/07/17（5）	總統府	全民健康保險法修正草案	希望儘速通過	3
2010/11/09（6）	總統府	法官法	表達支持立法	1
2010/11/09（6）	總統府	廉政署組織法草案	表達支持立法	1
2010/11/10（6）	總統府	專利法修正草案	說明相關進度	1
2011/01/01（6）	總統府	國民教育法	宣示推動政策	1
2011/04/29（7）	總統府	原住民族自治法	表達具體內容和態度	2
2011/06/08（7）	總統府	食品衛生管理法	希望儘速完成修法	3
2011/08/24（8）	總統府	「居住正義」相關政策修法（包含住宅法、土地徵收條例、平均地權條例、不動產經紀業管理條例、地政士法5項法案）	指示內政部進行修法	2
2011/08/24（8）	總統府	財政收支劃分法	表達支持立法	1
2011/11/07（8）	總統府	原住民族自治法草案	希望儘速完成修法	3
2009/04/15（3）	經濟部	再生能源發展條例草案	要求本會期要通過	3
2008/10/05（2）	青輔會	臺灣地區與大陸地區人民關係條例（陸生來臺）	表達非過不可	3

時間 日期（會期）	場合	法案	偏好內容 （簡化後）	偏好 強度
2008/07/13（2）	地方政府	財政收支劃分法	表達支持立法	1
2009/02/28（3）	地方政府	二二八事件處理及賠償條例	促制定法案	2
2009/04/02（3）	地方政府	地方制度法	希望明天可立法通過	3
2011/02/22（7）	立法行政部門議事運作研討會	行政區劃法草案	要求本會期優先處理	3
2011/02/22（7）	立法行政部門議事運作研討會	財政收支劃分法修正草案	要求本會期優先處理	3
2011/09/02（8）	性別平等政策新願景記者會	長期照護服務法草案	宣示推動政策	1
2011/09/02（8）	性別平等政策新願景記者會	性侵害犯罪防治法部分條文修正草案	宣示推動政策	1
2011/09/29（8）	「黃金十年，國家願景」政策說明會	農業基本法	宣示推動政策	1
2011/07/23（8）	總統府網頁（治國週記）	貪污治罪條例	宣示推動政策	1
國民黨黨內場合				
2010/01/13（4）	中常會	地方制度法	希望臨時會完成修改	3
2010/01/13（4）	中常會	產業創新條例	希望儘速通過	3
2010/03/17（5）	中常會	全民健康保險法	希望2年內或更早通過	2
2010/03/17（5）	中常會	農田水利會組織通則	盼本會期通過	3
2010/05/05（5）	中常會	地質法	希望立法院能加快審查	2
2010/05/05（5）	中常會	國土計畫法	指出行政院已提出法案	1
2010/05/05（5）	中常會	災害防救法	盼本會期通過	3

時間 日期（會期）	場合	法案	偏好內容 （簡化後）	偏好 強度
2010/06/31（5）	中常會	兩岸經濟合作架構協議	表明明確立法 程序立場	2
2010/07/07（5）	中常會	兩岸經濟合作架構協議	希望儘速通過	3
2010/07/28（5）	中常會	農村再生條例	表達具體內容	2
2010/08/18（5）	中常會	臺灣地區與大陸地區 人民關係條例	表示政策目的	1
2010/08/18（5）	中常會	大學法	表示政策目的	1
2010/08/18（5）	中常會	專科學校法	表示政策目的	1
2010/12/08（6）	中常會	全民健康保險法	表示改革急迫 性	2
2011/01/19（7）	中常會	廉政署組織法	檢討立法失敗	3
2011/02/16（7）	中常會	貪污治罪條例部分條文 修正草案	指示法務部提 出修法建議	2
2009/12/22（4）	中山會報	臺灣地區與大陸地區人 民關係條例（避免雙重 課稅）	解釋相關政策	1
2009/12/22（4）	中山會報	食品衛生管理法	表達具體內容 和態度	3
2010/03/09（5）	中山會報	全民健康保險法	要求積極推動	2
2010/05/25（5）	中山會報	災害防救法	盼本會期通過	3
2010/07/06（5）	中山會報	兩岸經濟合作架構協議	要求行政部門 立法任務	2
2010/07/13（5）	中山會報	兩岸經濟合作架構協議	說明簽ECFA 的優點	2
2010/09/07（6）	中山會報	刑法／性侵害犯罪防治 法（幼童性侵之相關修 法）	盼行政院儘速 推動	2
2010/09/28（6）	中山會報	原住民族自治法	說明草案的重 點	2
2010/10/11（6）	中山會報	全民健康保險法	肯定行政院的 溝通	2

時間 日期（會期）	場合	法案	偏好內容 （簡化後）	偏好 強度
2010/11/30（6）	中山會報	社會救助法	指示政策並討論法案	2
2010/12/07（6）	中山會報	全民健康保險法	有信心最後完成三讀	3
2011/04/12（7）	中山會報	行政院法人法	宣示推動政策	1
2011/12/06（8）	中山會報	「居住正義」相關政策修法（包含住宅法、土地徵收條例、平均地權條例等5項法案）	要求立法院本會期務必通過	3
2011/12/07（8）	中山會報	有線廣播電視法	表示改革急迫性	2
黨政平臺或互動場合				
2008/11/17（2）	府院黨 高層會議	集會遊行法	請黨團行政院儘速完成	3
2008/11/23（2）	府院黨 高層會議	消費券和擴大公共建設兩項特別條例	作成兩案分割處理政策	2
2009/03/02（3）	府院黨 高層會議	產業創新條例	表達具體內容和態度	2
2009/03/02（3）	府院黨 高層會議	兩岸經濟合作架構協議	表達明確立法程序立場	2
2009/03/23（3）	府院黨 高層會議	地方制度法	籲4月中旬前完成修法	3
2009/03/23（3）	府院黨 高層會議	貪污治罪條例	希望能儘速通過	3
2009/04/27（3）	府院黨 高層會議	集會遊行法	對政院版表達明確支持	2
2009/05/25（3）	府院黨 高層會議	能源管理法	希望會期內儘速通過	3
2009/05/25（3）	府院黨 高層會議	溫室氣體減量法	希望會期內儘速通過	3
2009/05/25（3）	府院黨 高層會議	再生能源發展條例	希望會期內儘速通過	3

時間 日期（會期）	場合	法案	偏好內容 （簡化後）	偏好 強度
2009/05/25（3）	府院黨 高層會議	行政院組織法	希望會期內儘速通過	3
2009/05/25（3）	府院黨 高層會議	集會遊行法	希望會期內儘速通過	3
2009/05/25（3）	府院黨 高層會議	臺灣地區與大陸地區人民關係條例（陸生來臺）	希望會期內儘速通過	3
2009/05/25（3）	府院黨 高層會議	臺灣地區與大陸地區人民關係條例（避免雙重課稅）	希望會期內儘速通過	3
2009/05/25（3）	府院黨 高層會議	臺灣地區與大陸地區人民關係條例（陸配權益）	希望會期內儘速通過	3
2009/05/25（3）	府院黨 高層會議	自由貿易港區設置管理條例	法案必須儘速通過	3
2009/05/25（3）	府院黨 高層會議	文化創意產業發展法	法案必須儘速通過	3
2009/05/25（3）	府院黨 高層會議	農村再生條例	法案必須儘速通過	3
2009/06/08（3）	府院黨 高層會議	能源管理法	籲休會前完成三讀	3
2009/06/08（3）	府院黨 高層會議	再生能源發展條例	籲休會前完成三讀	3
2009/06/08（3）	府院黨 高層會議	溫室氣體減量法	籲休會前完成三讀	3
2009/11/16（4）	府院黨 高層會議	食品衛生管理法	表達具體內容之態度	2
2010/01/13（4）	府院黨 高層會議	產業創新條例	籲儘速完成、全力通過	3
2010/01/18（4）	府院黨 高層會議	地方制度法	表示一定要儘快通過	3
2010/01/25（4）	府院黨 高層會議	產業創新條例	要求務必在新會期通過	3

時間 日期（會期）	場合	法案	偏好內容 （簡化後）	偏好 強度
2010/03/01（5）	府院黨 高層會議	產業創新條例	表達具體內容 之態度	2
2010/04/13（5）	府院黨 高層會議	產業創新條例	希望儘速通過	3
2010/06/07（5）	府院黨 高層會議	公共債務法	希望能在臨時 會通過	3
2010/07/05（5）	府院黨 高層會議	兩岸經濟合作架構協議	表達明確立法 程序立場	2
2010/12/13（6）	府院黨 高層會議	全民健康保險法	表達具體內容 之態度	2
2010/12/27（6）	府院黨 高層會議	預算法（禁止政府置入 性行銷）	表達具體內容 之態度	2
2011/01/11（6）	府院黨 高層會議	預算法（禁止政府置入 性行銷）	表達具體內容 之態度	2
2009/04/10（3）	黨政 聯合記者會	公司法	希望兩、三個 月完成	3
2009/04/10（3）	黨政 聯合記者會	所得稅法	希望兩、三個 月完成	3
2009/04/10（3）	黨政 聯合記者會	財政收支劃分法	希望兩、三個 月完成	3
2009/09/16（4）	與黨籍立委 會議	海岸法草案	贊成加速推動 修法	2
2010/01/07（4）	與黨團幹部 會商	中央行政機關組織基準 法	希望本會期完 成	3
2010/01/17（4）	約見國民黨 立委	地方制度法	希望立委支持 黨版	2
2010/06/09（5）	立法院院長 轉述	公共債務法	希望能儘快三 讀通過	3
2010/11/20（6）	選舉造勢場合	社會救助法	宣傳行政院版 草案	2

時間 日期（會期）	場合	法案	偏好內容 （簡化後）	偏好 強度
民間場合				
2008/11/11（2）	出席工業節大會	集會遊行法	表達具體內容之態度	2
2008/12/07（2）	與中小企業座談	促進民間參與公共建設法	希望儘速修法通過	3
2008/12/09（2）	《民視新聞》專訪	羈押法	談到未來修法	1
2008/12/17（2）	《客家電視台》專訪	客家基本法	談到推動本法案精神	1
2009/01/19（2）	2009年世界自由日慶祝大會	公民與政治權利國際公約、經濟社會文化權利國際公約	籲立法院儘快排入議程批准	3
2009/04/05（3）	訪視義大醫院	農村再生條例	說明和推立法進度、要求落實政策	2
2009/04/26（3）	訪視屏東縣高樹鄉新豐社區與地方人士座談	農村再生條例草案	希望立法院儘速通過	3
2009/10/30（4）	《新新聞》專訪	政黨法	表達具體內容之態度	2
2010/01/18（5）	出席「天下經濟論壇」開幕儀式	產業創新條例	說明政府將完成立法	2
2010/03/18（5）	全國農村再生培根成果發表會	農村再生條例	希望本會期務必完成	3
2010/04/29（5）	全國原住民族行政會議	原住民族自治法	提到該法案的目的	1
2010/06/01（5）	出席臺北醫學大學50週年校慶	全民健康保險法	希望儘快通過	3

時間 日期（會期）	場合	法案	偏好內容 （簡化後）	偏好 強度
2010/06/30（5）	「臺灣不碳氣－全民行動綠生活」活動	溫室氣體減量法草案	提到該法案的目的	1
2010/12/31（6）	臺灣工程界協會99年年會	國土計畫法	表示會趕快完成	2
2011/01/08（7）	新光醫院	道路交通管理處罰條例	表達具體內容之態度	2
2011/06/08（7）	成大醫院23週年紀念活動	公共債務法修正草案	要求立法院儘速通過	3
2011/06/08（7）	成大醫院23週年紀念活動	食品衛生管理法部分條文修正草案	要求立法院儘快修法	3
2011/12/15（8）	「文化界提問總統候選人」活動	原住民族自治法草案	宣示政策推動	1

資料來源：立法院國會圖書館《新聞知識管理系統》；中華民國總統府新聞稿。本表由作者自製。

附錄三：馬總統法案表達時間和通過時間vs.行政院提案間和通過時間差距一覽表

總統談話時要求當前會期通過法案	總統面向		行政院面向	
	總統偏好表達時間（會期）	是否於當會期通過／通過時間（會期）	提案時間（會期）	法案通過時距行政院提案時間
人權兩公約	2009/02/11（3）	是2009/03/31（3）	2008/12/26（2）	延1會期
二二八事件處理及賠償條例	2009/02/22（3）	是2009/06/05（3）	2009/04/24（3）	同會期
貪污治罪條例	2009/03/23（3）	是2009/04/03（3）	2008/10/03（2）	延1會期
地方制度法	2009/04/02（3）	是2009/05/12（3）	2009/03/27（3）	同會期
所得稅法	2009/04/10（3）	是2009/05/01（3）	2009/03/18（3）	同會期
公司法	2009/04/10（3）	是2009/04/14（3）	2009/02/20（2）	同會期
再生能源發展條例	2009/04/15（3）	是2009/06/12（3）	2008（2）	延1會期
	2009/05/25（3）	是2009/06/12（3）		延1會期
能源管理法	2009/05/25（3）	是2009/06/09（3）	2008（2）	延1會期
自由貿易港區設置管理條例	2009/05/29（3）	是2009/06/12（3）	2009/05/13（3）	同會期
國營國際機場園區公司設置條例	2009/05/25（3）	是2009/06/12（3）	2009/04/24（3）	同會期
中央行政機關組織基準法	2010/01/09（4）	是2010/01/12（4）	2009/05/08（3）	延1會期
災害防救法	2010/05/25（5）	是2010/07/13（5臨）	2009/12/04（4）	延1會期
海峽兩岸智慧產權保護合作協議	2010/07/01（5）	是2010/08/18（5臨）	2010/07/01（5）	同會期
兩岸經濟合作架構協議	2010/07/07（5）	是2010/08/18（5臨）	2010/07/01（5）	同會期
法務部廉政署組織法	2011/01/19（7）	是2011/04/01（7）	2010/11/12（6）	延1會期
食品衛生管理法（塑化劑）	2011/06/09（7）	是2011/06/22（7）	2011/04/15（7）	同會期

總統談話時要求當前會期通過法案	總統面向		行政院面向	
	總統偏好表達時間（會期）	是否於當會期通過／通過時間（會期）	提案時間（會期）	法案通過時距行政院提案時間
「居住正義」相關政策修法（包含住宅法、土地徵收條例、平均地權條例等5項法案）	2011/12/07（8）	是2011/12/13（8）	2011/09/16	同會期
集會遊行法	2008/11/17（2）	否尚未通過	2008/12/19（2）	尚未通過延7會期
促進民間參與公共建設法	2008/12/07（2）	否尚未通過	2008/11/28（2）	尚未通過延7會期
溫室氣體減量法	2009/05/25（3）	否尚未通過	2008（2）	尚未通過延6會期
行政院組織法	2009/05/25（3）	否2010/01/12（4）	2009/04/28（3）	延1會期
臺灣地區與大陸地區人民關係條例（陸生來臺）	2009/05/25（3）	否2010/08/19（5）	2008/12/19（2）	延3會期
臺灣地區與大陸地區人民關係條例（陸配權益）	2009/05/25（3）	否2010/08/19（5）	2008/12/19（2）	延3會期
兩岸人民關係條例（避免雙重課稅）	2009/05/25（3）	否尚未通過	2009/03/20（3）	尚未通過延6會期
文化創意產業發展法	2009/05/25（3）	否2010/01/07（4）	2009/04/24（3）	延1會期
國土計畫法	2009/09/10（4）	否尚未通過	2009/10/23（4）第2會期列優先	尚未通過延5會期
農村再生條例	2009/09/10（4）	否2010/07/14（5臨）	2008/11/07（2）	延3會期
食品衛生管理法（美牛案）	2009/11/11（4）	通過者非行政院版本	通過者非行政院版本	通過者非行政院版本
產業創新條例	2010/01/13（4）	否2010/04/16（5）	2009/05/01（3）	延2會期
公共債務法	2010/06/09（5）	否尚未通過	2010/02/23（5）	尚未通過延4會期
全民健康保險法（二代健保）	2010/07/17（5）	否2011/01/14（6）	2010/04/16（5）	延1會期

總統談話時要求當前會期通過法案	總統面向		行政院面向	
	總統偏好表達時間（會期）	是否於當會期通過／通過時間（會期）	提案時間（會期）	法案通過時距行政院提案時間
財政收支劃分法	2011/02/22（7）	否尚未通過	2010/02/23（5）	尚未通過延4會期
行政區劃法	2011/02/22（7）	否尚未通過	2009/10/16（4）	尚未通過延5會期
公共債務法（再次表態）	2011/06/09（7）	否尚未通過	2009/02/23（5）	尚未通過延4會期
原住民族自治法	2011/11/07（8）	否尚未通過	2010/10/18（5）	尚未通過延4會期

說明：再生能源發展條例、能源管理法以及溫室氣體減量法是在政黨輪替前第1會期
　　　2008/03/28提出，輪替後國民黨執政時第2會期列為優先，故此處載明第二會期。
資料來源：立法院國會圖書館《新聞知識管理系統》；中華民國總統府新聞稿。本表由作者自
　　　製。

4 法案推動過程中總統的態度表達：以陳水扁總統執政時期為例

壹、前言

在我國憲政體制下，總統乃經由公民直選產生的實權元首，扮演國家憲政運作的中樞角色，對國家政策的決定具有重要且關鍵的權力和影響力。憲法上總統具有「國家安全有關大政方針」決定權，這涉汲「國防、外交、兩岸關係等領域」之範疇。但憲政實務的運作上，總統的影響力並不僅於此，而是廣泛觸及各種政策議題。此外，總統的政策往往需要藉由立法的形式進一步加以落實，因此其雖然並無權提出法案，也無法透過主持行政院會議而直接參與政府政策和法案的作成，甚至是下達指示，但其背負民意和選舉政見之承諾，因此應該會設法表達他對特定法案的態度和立場，以促成重要法案在立法院的通過。而且，最好是即時的通過，來贏得政績。因此，探討總統對法案所表達態度和立場之行為，成為一項關於總統權力行使的重要研究課題。

透過對總統對法案態度表達的分析，可以幫助我們了解實務運作中總統如何發揮對國家政策的影響力，然而，對此現有文獻仍相當貧乏。關於我國總統角色和權力的研究，歷來較關注法制層面上職權的探討，或者多偏重在總統一次性的，而非經常性職權的行使，譬如總統任命行政院院長與特定人事提名權的行使等等。又或者是，專注於行政與立法的關係以及政府組成型態的結構性問題，對於涉及政策和法案推動等經常性的、持續性的治理行為，則欠缺實證的探討。在上一章中，本書即就馬英九總統執政時期的經驗，嘗試進行總統立法行為的研究，本章將轉回探討馬總統之前的陳水扁總統個案。由於我國憲政體制具有半總統制特性，陳水扁和馬英九兩位前後任的總統，是在相同的憲政制度下執政，透過陳水扁總統個案的探討，可以呈現不同總統和不同政黨的經驗。

陳水扁在西元2000年贏得總統選舉，其所屬民主進步黨（以下簡稱「民進黨」）取得中央政權的執政機會，臺灣首度出現政黨輪

替執政。2004年陳水扁競選連任成功，其執政至2008年間止，共擔任兩任的總統。其間民進黨在立法院中從未取得過半的席次，亦不曾成功籌組超過半數席次支持的跨黨派聯合政府，因此在8年的執政期間內，行政和立法的關係幾乎都處於所謂「分立政府」（divided government）的狀態。

　　所謂「分立政府」（或分裂政府）乃源於指涉美國總統制下政府型態的一種現象，依Laver與Shepsle（1991: 252）的代表性定義，係指當總統職位由一個政黨所掌控，並且至少國會中的一院（當國會是兩院制時）是由另一個政黨所控制的政府型態。在半總統制下，除了總統和國會之外，尚有總理（行政院院長）所領導的內閣，構成了總統、總理和國會的三角關係。對此，Elgie（2001: 6-7）認為，當總統、總理與主要內閣成員同屬於一個政黨，而該政黨並未在國會擁有過半席次，便形同總統制國家的分立政府。「分立政府」一詞，也被我國政治學界廣泛用來描繪陳總統（暨民進黨）執政時期的政府型態。除了分立政府之外，亦有以「少數政府」（minority government）稱當時的民進黨政府。所謂的少數政府，指的是內閣中的執政黨並未在議會中握有過半議席的型態（Laver and Shepsle, 1996: 262; Strom, 1990）。民進黨執政時期我國政府型態相當程度兼具上述兩者特性，或者也可以Skach（2002）所用的「分立與少數的政府」（dividedminority government）一詞來形容。[1]

　　相對於馬英九總統執政時期，國民黨同時掌握行政權和立法院的多數席次，是屬於一致政府（unified government）狀態，處於分立與少數的政府下的陳水扁總統，其政策和法案要能獲得立法院的通過，勢必會困難得多。由於總統無法提出法案，也無正式的政策決定機制，加上在國會未能取得過半席次的情況下，陳水扁如何推動法

---

[1]　須說明的是，在2001年12月第5屆立法委員選舉後，民進黨雖未取得國會過半數席次，但成為國會第一大黨，因此在2002年2月至2006年1月該屆立法委員期間，實質上國會是無多數的狀態。

案，構成一項值得探討重要問題。在我國憲法規範下，陳總統和馬總統同樣無法直接領導行政院暨其各部會，那麼是透過什麼場合和機制來表達他的法案態度？這是本研究的主要目的。

擬說明的是，關於馬英九總統時期的研究，共涵蓋兩個層面：一是總統的立法推動行為；另一則是法案推動後所產生的效果，即立法的通過情形。本章則擬聚焦在第一個面向，即總統如何推動立法，特別是總統透過什麼方式對法案表達態度。至於第二個面向，即關於總統最終立法影響力的評估，由於涉及較多變項之控制，本文並不納入探討。

貳、理論與研究設計

本章關於總統在法案推動的理論分析與研究設計主要係建立在第三章的基礎上，讀者可以回溯參考，重複的部分不再贅述。在此，僅擇要補充探討。

一、理論背景

根據第一章中針對21個長期民主的半總統制國家憲法設計後發現，僅有冰島、波蘭、斯洛伐克、烏克蘭、蒙古等5個國家的總統具有部分提出法案的權力。我國憲法賦予總統的職權中，幾乎都與立法權無關。至於覆議核可權，因是被動的，有待行政院院長提出後，總統才有可能行使，所以總統欲推動立法，顯然從憲法所賦予的職權中很難找到發揮的空間，而必須另覓途徑。

在這樣的背景下，關於臺灣憲政體制與半總統制的研究作品，便甚少觸及總統的立法推動行為之研究。在立法研究文獻方面，也由於總統並無提出法案的權力，研究者的焦點在於行政院和立法院這兩個主要具有提案權的憲政機關上，2000年之後出現分立政府或少數

政府，研究主題並著重在不同政府型態的立法表現差異（盛杏湲，
2003；黃秀端，2003a、2003b；楊婉瑩，2003），此一研究領域也
深受美國分立政府研究之影響（吳重禮，2000a、2000b）。整體而
言，不論是國會立法研究或憲政體制的研究，臺灣學者均累積了豐
碩的研究成果，但對於總統的立法推動角色，留下了不少探討的空
間。

　　此外，學術界關於實權總統在立法上的領導之研究，向來係以總
統制爲主，並集中在美國總統制的研究。關於半總統制下的研究，國
外和國內的實證研究同樣罕見。近來，雖有文獻提到半總統制和總統
制的總統均由民選產生，且同樣都具有實權，因此在不同程度上都享
有立法領域的權力（Elliot Bulmer, 2017），然而多數的研究對象，
仍不脫總統制國家之範疇。美國關於總統在立法上的研究主要涵蓋兩
個層面：一是偏向上游的立法過程，探討總統法案的推動行爲；另一
是偏向下游的立法結果，探討關於總統的立法影響力。本文焦點在於
前者，後者較不在討論之內。在總統推動法案方面，美國三權分立的
政府體制設計下，總統是行政部門的領導人，而非國會的領袖，立法
權則是屬於國會，總統沒有參與正式的立法程序。但美國的總統隨著
時代的發展，已經運用各種手段扮演領導立法的角色，這部分在第三
章中已做過討論，不再重述。

　　對於總統的法案態度和推動行爲，美國的研究相當成熟，各種
多元層面和因素的探討較容易進行，相對的在臺灣現有的研究背景
下，限制會較多。筆者在第三章中針對臺灣半總統制經驗設計了研究
架構，並以馬英九總統的個案爲例。該研究在探討有關總統推動法案
的部分，特別考量我國總統無權參與行政院會議的情況下，所以總統
究竟利用什麼機制，或在何種場合表達、傳遞訊息，以推動法案，成
爲研究觀察的重點。研究結果顯示，在表達法案態度和推動立法部
分，馬英九總統有相當的主動作爲，對於較重要的行政院所提法案幾
乎都明確表達了態度、立場和指令，有時亦甚至涉及法案條文的細部
內容及具體立法議事時程的指導。總統所表達態度的法案面向相當廣

泛，遍及行政院所轄主要政策權領域。在推動場所上，黨政平臺是總統推動、表達法案和政策偏好的重要場所，其重要性至少不亞於在總統府等政府官方場合。兼任黨主席後，增加總統對黨政部門的掌握機會，總統在黨內的機制中有更多推動法案的作為和權力。[2]此一研究係觀察馬英九第一任總統的經驗，本文則嘗試陳水扁總統的任期經驗。

二、研究設計

本文探討法案推動過程中總統的角色和作為，研究內容主要限縮在觀察陳水扁總統對特定法案表達支持態度的行為，在研究設計上將延用第三章關於馬英九總統執政時期的個案研究，具體而言有以下3個面向需要進行探討：總統對什麼法案表達了明確的偏好？在何種場合表達？偏好的強度有多強？

針對這三方面的具體研究設計，亦請參考第三章針對馬英九總統個案之說明，本章針對陳水扁總統執政時期的研究，仍可援用既有的測量方法。差別在於兩位總統執政時期存在著不同的黨政平臺和政黨內部不同的權力機制，在陳總統時期有所謂的「九人小組」，在馬總統時則是所謂的「五人小組」，而後者國民黨執政時期其內部尚有「中山會報」，因此兩個在若干檢索語詞上會有不同。

參、總統法案推動的政治結構背景

在呈現陳總統法案態度表達的實證分析之前，需先就影響陳總統推動法案的政治結構因素加以探討。整體而言，影響陳總統推動法案

2　近來的相關研究，也強調府院黨的整合度對於立法效能之重要性（沈有忠，2018：227-245）。

的政治結構因素有二：一是涉及民進黨在立法院中的席次結構和政府
型態，即處於分立與少數政府時期，這關係到民進黨的立法實力；二
是陳總統是否兼任黨主席，這影響到陳總統推動法案的黨政關係結構
和模式。以下先探討這兩個結構因素，而後解析總統法案推動行爲的
實證研究結果。

一、分立與少數政府

　　2000年5月20日陳水扁先生就職總統，但當時國民黨在立法院仍
擁有過半數以上的絕對多數席次，陳水扁於是任命中國國民黨籍的唐
飛擔任行政院院長，形成我國憲政史上首度的、也是目前僅有的總統
和行政院院長分由不同黨籍人士擔任的特殊政府型態。這種政府既非
法國第五共和與其他半總統制國家所出現的「共治」，且陳總統並組
成了所謂超黨派的「全民政府」，故也不是純然的民進黨政府。但唐
飛在任短短不到半年的時間便辭職，其後陳總統在8年內陸續共任命
過5次行政院院長，依序包括張俊雄、游錫堃、謝長廷、蘇貞昌、張
俊雄（表4-1）。綜觀陳總統的執政，即使在2001年與2004年的立法
委員選舉，民進黨獲得相對多數的立法委員席次（表4-2），但仍未
籌組多黨聯合政府或形成實質上擁有過半數支持的立法聯盟，因此分
立政府或少數政府的狀態大致不變（陳宏銘，2009：11-12）。[3]

　　在此情況下，陳總統所領導的民進黨政府爲突破國會少數的困
境，在立法的作爲上只能隨著不同案例（case by case）建構立法多
數的情境，也就是採取最不穩定的「變動的立法多數」作爲，隨著

---

[3] 2001年12月第5屆立法委員選舉結果，民進黨在立法院中獲得87席委員，國民黨獲68
席，親民黨獲46席，臺灣團結聯盟獲13席，民進黨成爲第一大黨。第6屆委員選舉結
果，民進黨仍爲第一大黨。因此，在第5屆和第6屆立法委員任職期間，中央政府行政和
立法關係是否符合原初定義下的分立政府概念，是可以討論的，但儘管民進黨在當時擁
有最多的立法委員席次，但兩屆席次率分別爲38.67%和39.78%，仍未過半，實質上符合
Elgie定義下半總統制分立政府狀態。

表4-1　陳水扁總統時期行政院院長對照表

行政院院長	在職期間
唐飛	2000/5/20-2000/10/15
張俊雄	2000/10/06-2002/01/31
游錫堃	2002/02/01-2005/01/31
謝長廷	2005/02/01-2006/01/24
蘇貞昌	2006/01/25-2007/05/20
張俊雄	2007/05/21-2008/05/19

資料來源：作者自行整理。

表4-2　2000年至2008年間民進黨總統選舉得票率與立法委員選舉席次率

年度	選舉類型	得票率與席次率	說明
2000/03	總統選舉得票率	39.30%	陳水扁當選得票率未過半
2001/12	立法委員選舉席次率	38.67%	立法院中第一大黨
2004/03	總統選舉得票率	50.11%	陳水扁當選得票率剛好過半
2004/12	立法委員選舉席次率	39.78%	立法院中第一大黨
2008/01	立法委員選舉席次率	23.89%	立法院中第二大黨

資料來源：中央選舉委員會。本表由作者自製。

個別政策議題尋求與不同政黨合作，體現逐案建構多數的策略。其中，財政收支劃分法的覆議（2002）就是此種突破國會少數的成功案例。此外，透過與在野黨委員的協商，也較有可能獲得支持，如刑事訴訟法部分條文修正案（搜索權由檢察官回歸法院）、律師法、營造業法、民用航空法部分條文修正案、不動產證券化條例、自由貿易港區管理條例、農業金融法、金融監督管理委員會組織條例等都是（陳宏銘，2007：35-36）。

二、總統是否兼任黨主席：浮動中的黨政關係

　　不論是國民黨還是民進黨，從政黨屬性來看，都不僅僅只是選舉機器而已，而是實際上不同程度的扮演了組織政府的角色，甚至是在執政的時候，黨與政之間互相交融的情況。在執政時期，掌握政黨的領導權無疑是總統在憲法以外最主要的權力渠道。陳總統在任期之初以全民總統自居，並基於黨政分際爲由，而未兼任黨主席，但實質上他民進黨中最具實權的人物，也是黨的實質領袖。在2002年7月間，民進黨因前階段的黨政運作未盡理想，故而進行「黨政同步」的改造，黨章中並明文規定執政時期黨主席由總統擔任，非執政時則按民主化之原則，由全體黨員直接選舉產生。因而，陳總統兼任黨主席之後，其同時名義上與實質上政黨的最高領袖。不過，陳總統後來在不同階段中因故有辭掉黨主席，而後又再兼任之情形（表4-3），整體而言，以總統爲中心的黨政關係處於浮動狀態。

表4-3　民進黨執政時期總統兼任黨主席與否各階段情形

階段	內容
第1階段：未兼任黨主席 （2000/05/20/-2002/07/20）	所謂「全民政府」、「超黨派政府」時期。
第2階段：兼任黨主席 （2002/07/21-2004/12/13）	2002年7月21日陳總統接任民進黨黨主席，邁向所謂「黨政同步」。
第3階段：未兼任黨主席 （2004/12/14-2007/10/14）	2004年12月14日，陳總統以當時立法委員選舉未能取得過半席次爲由辭去黨主席。
第4階段：總統身兼黨主席 （2007/10/15-2008/01-12）	2007年10月15日，游錫堃請辭黨主席，陳總統又重新兼任黨主席之位置。
第5階段：總統未兼黨主席 （2008/01/13-2008/05/19）	民進黨因第7屆立法委員選舉結果大不如預期，陳總統爲敗選辭去黨主席。

資料來源：陳宏銘（2009）。本表由作者自製。

肆、陳總統法案態度表達的實證分析

　　以下分別就陳總統所表達態度的法案、表達的場合和機制、態度（指示）的強度等依序探討。

一、陳總統表達其態度的法案

　　在所有行政院所提優先法案（重大法案）中，就本研究所檢索到的媒體報導範圍中，陳總統至少曾經分別在第一個任期與第二個任期，就54項與35項法案（實際可能更多）明確表達他的態度和指示，表達的次數分別是76與42，主要集中在內政方面的議題。

　　在陳總統第一個任期所推動的法案中，至少表達過兩次以上態度的，有以下法案（含次數）：農業金融法（8）、司法院組織法（6）、行政院金融重建基金設置及管理條例（5）、臺灣地區與大陸地區人民關係條例（以下簡稱兩岸人民關係條例）（4）政治獻金法（4）、國家機密保護法（4）、政府資訊公開法（4）、政黨法（3）、法官法（3）、公共債務法（3）、勞工退休金條例（3）、法律扶助法（3）、財政收支劃分法（2）、地方制度法（2）、著作權法（2）、自由貿易港區設置管理條例（2）、遊說法（2）、宗教團體法（2）、通訊傳播基本法（2）、通訊傳播委員會組織法（2）等。

　　在推動的重點上，第一個任期中陳總統著力於金融改革、相關政府的組織法以及陽光法案的修訂等，所以農業金融法、司法院組織法、行政院金融重建基金設置及管理條例等之表達筆數都特別高。以金融改革為例，2001年陳水扁在元旦時宣示「金融改革元年」，並請行政部門提出金融改革6大法案。[4]但由於這些法案無法在當時會期

---

[4]　包括金融重建基金設置及管理條例、存款保險條例部分條文修正、營業稅法部分條文修正、金融控股公司法、票券金融管理法、保險法部分條文修正。陳總統推動的金融改革

中審查完畢，因此於立院休會時，陳總統諮請召開臨時會審查，爲其任內第1次發諮請文（陳水扁，2004：118），足見此爲當時其法案推動之重心。

在陳總統第二個任期所表示態度的法案中，其表達次數至少在兩次以上的法案（含次數）如下：國民年金法（7）、行政院組織法（6）、政黨不當取得財產處理條例（5）、司法院組織法（4）、政黨法（3）、公民投票法（3）、法官法（3）、再生能源發展條例（3）、大學法（3）、財政收支劃分法（2）、地方制度法（2）、行政院金融重建基金設置及管理條例（2）、勞工保險條例（2）、不動產證券化條例（2）、證券交易法修正草案（2）、土地稅法修正草案（2）、法院組織法（2）等。第2個任期，著重於改革性法案以及推動若干中央機關組織法的修訂，因此國民年金法、政黨不當取得財產處理條例、行政院組織法、司法院組織法等表達次數特別高。

從陳總統表達法案態度的次數來看，其表達的次數由第一個任期時的76次降至第二個任期的42次，有明顯的落差。究其因，可能有三方面：第一，在第一個任期中有許多重要的法案亟待推動，尤其因爲陳總統就不久後因「核四案」引發的憲政風爆，導致憲政僵局，朝野關係惡化，造成許多法案無法在立法院進行討論和審議，因此陳總統有迫切推動法案的時間壓力。第二，在第二個任期時，民進黨政府面對許多憲政議題和政治議題需要處理，如關於制定正常國家決議文以及修憲議題（如國會席次減半、單一選區兩票制、廢除國民大會，以及公投入憲等），都占據不少討論議程，致陳水扁總統在一般法案的態度表達上相對減少。第三，陳總統於2004年12月間，以當時立法委員選舉未能取得過半席次爲由，辭去了黨主席，於是這個任期中約有四分之三的時間未兼任黨主席，致使透過黨的機制來對政策

6大法案，雖然對個別法案的表達次數不一定高於其他法案，但這是可以理解的，因其以總統的身分出發，是以整體金融改革爲訴求。

和法案下達指示的機會遽然減少；加上2006年間因涉及國務機要費以及其所引發紅衫軍事件，造成聲望大跌，也影響他在黨政機制中的積極角色。

二、陳總統表達法案態度的場合

　　表4-4顯示，陳總統第一個任期中他對法案偏好表達場合與強度情形，在其表達法案態度時所處的場合類型，以出席政府部分的次數（含總統府與其他官方場合共36次）最多，至於民間場合（20次）也不少。在此一任期中，由於一開始陳總統並未身兼黨主席，到了2002年7月民進黨進行「黨政同步」，兼任黨主席之後，中常會、中執會等黨內機制才成為他傳達法案態度的可能管道，因此，當時在總統府和出席民間場合遂成為主要渠道。至於黨政協調平臺，雖於2000年11月成立高層的「九人決策小組」，以因應少數政府的黨政協調需要，但多數重大決議並不在其中作成，其傾向是陳總統做決策前聽取建言的眾多管道之一。九人小組在前述2002年陳水扁兼任黨主席後，便停止運作（陳宏銘，2009：37-38）。

表4-4　陳水扁總統第一任任期法案偏好表達場合與強度

偏好強度	表達場合							
	政府官方		政黨內部		九人決策小組	民間	傳真電視	合計
	總統府	其他	中常會	其他				
1	9	5	0	0	0	8	0	22
2	5	9	4	0	0	4	2	24
3	5	3	10	2	2	8	0	30
總次數	19	17	14	2	2	20	2	76
平均強度	1.8	1.9	2.7	3	3	1.6	2	2.2

資料來源：立法院國會圖書館《新聞知識管理系統》；中華民國總統府新聞稿。本表由作者自製。

表4-5　陳水扁總統第二任任期法案偏好表達場合與強度

偏好強度	表達場合							
	政府官方		政黨內部		黨政平臺	民間	傳真電視	合計
	總統府	其他	中常會	其他				
1	6	3	0	0	0	9	0	18
2	5	1	3	0	0	7	2	18
3	2	3	0	0	0	1	0	6
次數	13	7	3	0	0	17	2	42
平均強度	1.7	2	2	0	0	1.5	2	1.7

資料來源：立法院國會圖書館《新聞知識管理系統》；中華民國總統府新聞稿。本表由作者自製。

　　表4-5顯示，陳總統在第二個任期時，總統府和民間場合更明顯成為他表達法案態度的主要場合；相對的，中常會僅有3筆次數，在此階段陳水扁透過政黨機制和黨政平臺表達法案態度的次數，較第一任時少很多，其原因頗值探索，推測可能有二：一是，此任期中總統兼黨主席時間甚短（此文後進一步說明）；二是陳水扁的決策模式漸漸成型，即他主要不是透過黨內正式決策機制或黨政協調平臺作成，而是透過其他非制度性方式；[5]且這段期間在2006年因涉及國務機要費而引發紅衫軍事件，也影響他在黨政機制中的積極角色。

　　我們宜進一步再比較兼任黨主席與否所帶來之差異，並聚焦在政府和黨政機制，而將總統在民間和個人透過媒體表達的情況排除，可將表4-5歸納整理出表4-6、表4-7與表4-8。在第一任未兼任黨主席時（表4-6），很明顯的他無法透過黨的機制直接貫徹主張，而是偏向以政府官方的相關場合表達或傳達政策與法案立場。直到陳水扁兼任黨主席之後（表4-7），便出現於黨內機制表達或下令的情形，且其

5　民進黨前立委林濁水（2009）便曾指出，陳水扁總統是採取所謂的單線領導。

發言態度之強度亦高於政府場合。[6]

　　在第二任中，鑑於陳總統僅有10個月兼任黨主席，又被切割成兩個期間，包括2004年5月20日至2004年12月13日，以及2007年10月15日至2008年1月12日，因此表4-8中不再就第二任的任期再區分兼任黨主席與否，原則上主要反映的是未兼任的效應。確實，從表4-8來看，陳總統透過政黨和黨政機制表達法案的次數非常少，多數集中在各種具官方性質的場合。

表4-6　陳水扁總統重大法案表達場所（第一任未兼任黨主席時期）

偏好強度	表達場合				
	政府官方		政黨內部		黨政高層會議（九人決策小組）
	總統府	其他	中常會	其他	
次數	9	11	0	0	2
平均強度	1.2	1.5	0	0	3

資料來源：立法院國會圖書館《新聞知識管理系統》；中華民國總統府新聞稿。本表由作者自製。

表4-7　陳水扁總統重大法案表達場所（第一任兼任黨主席時期）

偏好強度	表達場合				
	政府官方		政黨內部		黨政高層會議（九人決策小組）
	總統府	其他	中常會	其他	
總次數	10	6	14	2	0
平均強度	2.3	2.5	2.7	3	0

資料來源：立法院國會圖書館《新聞知識管理系統》；中華民國總統府新聞稿。本表由作者自製。

---

[6]　關於陳水扁總統兼任黨主席是否對法案的通過有影響，這是另一個值得關注的問題，對此學者李鳳玉與黃建實（2015）的研究顯示，在其他條件相同的情況下，相較於未兼任黨主席，兼任時對於政府提案的通過率有所提升。

表4-8　陳水扁總統重大法案表達場所第二任（3/4以上時間未兼任黨主席，視為未兼任效應）

偏好強度	表達場合				
	政府官方		政黨內部		黨政高層會議（九人決策小組）
	總統府	其他	中常會	其他	
次數	13	7	3	0	0
平均強度	1.7	2	2	0	0

資料來源：立法院國會圖書館《新聞知識管理系統》；中華民國總統府新聞稿。本表由作者自製。

三、陳總統表達的強度

　　就兩個任期的總體強度來看，第一個任期中的偏好強度和次數，分別為強度1之22次、強度2之24次，強度3之30次，呈現略為遞增的情況，強度總平均為2.2。第二個任期分別為強度1之18次、強度2之18次，強度3大幅降至6次而已，強度總平均為亦降至1.7，明顯低於第一個任期。再就法案和場合兩方面加以觀察：

（一）法案的強度

　　對此，我們特別關注那些對陳總統和民進黨政府而言，具急迫性或在立法進度上難度較高的法案，也就是強度3的法案。研究結果顯示，在第一個任期中，共有30次強度3的發言，法案包括有：石油管理法、公共債務法、地方制度法、政黨法、政治獻金法、司法院組織法、金融重建基金設置及管理條例、農業金融法、兩岸關係條例、自由貿易港區設置管理條例、不動產證券化條例、政府資訊公開法、行政院金融重建基金設置及管理條例、廣播電視法、衛星廣播電視法、有線廣播電視法、公民投票法等共17個法案。舉例而言，在石油管理法中陳總統談到：「立法院能捨棄不必要的黨派分歧……，儘

快完成三讀立法定案。」在公共債務法：「行政院應加強與立法院溝通，於年底前完成修法工作。」在農業金融法：「全力爭取農業金融法能夠在這個會期完成立法。」在不動產證券化條例：「拜託立法院在3個月休會期間儘速召開臨時會。」在廣播電視法、衛星廣播電視法以及有線廣播電視法：「希望立法院能在11月底前修正通過廣電三法。」在公民投票法：「立法院在新的會期儘速獲得通過。」以上這些都是屬於態度急迫的法案。

相較於第個一任期中共有30次強度3的發言，在陳總統的第二個任期中，只有6次強度3的發言，法案包括有：行政院組織法、法院組織法、法官法、高等考試法官檢察官律師考試條例、國民年金法、公民投票法、地方制度法、行政區劃法、財政收支劃分法、老年農民福利津貼暫行條例等10項。譬如陳總統談到國民年金法：「希望張俊雄展現柔軟身段，動員支持力量，讓96年度總預算案、3項重大軍購案、國民年金法草案儘速通過。」又如陳總統和王金平會談：「希望行政院組織法、法院組織法修正案儘速通過。」以及「希望王金平協助立院在新會期儘快通過法官法、行政院組織法及考試院的三合一考試法。」還有，「呼籲立法院儘速召開臨時會審查國營事業年度預算、老農福利津貼加碼等法案」等等。

（二）場合的強度

以表4-4和表4-5的強度和場合的對應來看，包括兩個任期在內，平均強度最高的是在政黨內部（含中常會、中執會）與黨政協調（九人小組），顯著高於其他場合。其中，尤其在中常會中之表達集中在強度3和2，並無強度1。這表示，一旦陳水扁在此場合發言，其表達的訊息便相當強烈。相對的在總統府場合，就合併兩個任期來看，在32次的發言中，僅有7次達到強度3。至於一般政府官方場合與透過個人傳真或電視訪談等，其間的強度相差無幾。

綜合兩個任期，陳總統表達推動法案的態度雖以總統府和民間場

合最常見，但一旦他以黨主席身分透過黨內機制傳達時，其態度會傾向較其他場合強烈。

伍、結論

　　本研究藉由觀察陳水扁總統如何表達對法案的支持，以進一步了解實權總統在立法過程中所扮演的角色。一方面嘗試憲政體制研究的新視角，著重對總統治理角色的實務了解，以補充靜態的、制度的、結構的研究途徑之不足；另一方面則是延伸立法行為的研究，著重在國會場域之外總統的推動因素。本研究並無意展開全面性的探討，並聚焦在總統於各個場合表達法案態度的事件，但所蒐集的資料仍有助於了解陳水扁總統對法案的態度和推動行為。

　　根據本研究所歸納之憲政實務運作，確認陳總統在立法的推動過程中有其積極的角色。在8年的執政期間，由於民進黨一直未能在立法院中營造穩定的立法多數，行政和立法關係處於分立狀態，這迫使陳總統常須站在第一線為行政部門的法案發聲或介入主導。陳總統所「推動」的法案議題，廣泛地超出外交、國防與兩岸關係範疇，擴及內政的諸多層面，且總統利用各種場合與機會為政府法案「使力」之作為，是相當明顯的。不僅如此，陳總統和民進黨一直在調整黨政關係，其中核心的主軸在於總統是否兼任黨主席。陳總統有時會以黨主席身分發言，一旦是在黨內機制發言，對象是黨內同志，其態度之表達往往較強烈。然而，即使未兼黨主席或並非在黨內強勢發言，陳總統在其他場合也常展現對特定法案立法的關心、督促，乃至於要求，甚至其發言是以總統的身分向人民喊話，訴諸民意的關注和支持。不過，本研究受限於資料，總統在私底下和黨政人士的互動和傳達指示，較不易掌握。

　　從陳水扁總統的執政經驗來看，姑且不論總統介入立法的推動過程之廣度和深度如何，以及是否與憲法上賦予的總統角色完全相

符，但客觀的事實的確反映出實務運作上我國憲政體制是向總統權力傾斜的半總統制。

附錄：媒體報導檢索下陳水扁總統表達態度之法案與次數

第一任	
法案名稱	筆數
農業金融法	8
司法院組織法	6
行政院金融重建基金設置及管理條例	5
臺灣地區與大陸地區人民關係條例	4
政治獻金法	4
國家機密保護法	4
政府資訊公開法	4
政黨法	3
法官法	3
公共債務法	3
勞工退休金條例	3
法律扶助法	3
公民投票法	2
財政收支劃分法	2
地方制度法	2
著作權法	2
自由貿易港區設置管理條例	2
遊說法	2
宗教團體法	2
通訊傳播基本法	2
通訊傳播委員會組織法	2
國民年金法	1
行政院組織法	1
再生能源發展條例	1
勞工保險條例	1

不動產證券化條例	1
政黨不當取得財產處理條例	1
國際合作發展法	1
銀行法	1
內政部組織法	1
教育經費編列與保障基準法	1
中央研究院組織法	1
石油管理法	1
水利法	1
保險法	1
金融控股公司法	1
票券金融管理法	1
利益迴避法	1
立法委員行為法	1
立法院各委員會組織法	1
勞動基準法	1
光碟管理條例	1
行政院金融監督管理委員會組織法	1
國有財產法	1
中華民國憲法	1
公司法	1
破產法	1
衛星廣播電視法	1
廣播電視法	1
有線廣播電視法	1
教師法	1
離島建設條例	1
教師待遇條例	1
電業法	1

第二任	
法案名稱	筆數
國民年金法	7
行政院組織法	6
政黨不當取得財產處理條例	5
司法院組織法	4
政黨法	3
公民投票法	3
法官法	3
再生能源發展條例	3
大學法	3
財政收支劃分法	2
地方制度法	2
行政院金融重建基金設置及管理條例	2
勞工保險條例	2
不動產證券化條例	2
證券交易法修正草案	2
土地稅法修正草案	2
法院組織法	2
國際合作發展法	1
銀行法	1
著作權法	1
兩岸人民關係條例	1
自由貿易港區設置管理條例	1
內政部組織法	1
軍購特別條例及預算	1
勞動三法修正草案	1
海峽兩岸和平促進法	1
律師法	1

專利法	1
商標法	1
營業稅法	1
工會法	1
勞資爭議處理法	1
老年農民福利津貼暫行條例	1
行政區劃法	1
考試法	1

資料來源：立法院國會圖書館《新聞知識管理系統》；中華民國總統府新聞稿。本表由作者自製。

5

黨政運作機制的建構與總統的法案推動：蔡英文總統執政時期（2016-2019）的探討

壹、前言

　　從行政和立法分權的理論來看，民選總統除元首身分外，常被歸類為行政權的角色，在總統制之下甚至就是最高的行政首長。至於制定法律和審查預算，則被視為是立法機關的職責。然而在實務上，作為行政首長的實權總統，很少僅僅是扮演執行立法機關所通過的法律，或者只是從事狹義的行政事務；總統必須兌現向選民的承諾，履行人民託付予其之責任。因而，作為行政首長的總統，其代表的是民主的政治領袖（democratic political leader）身分，而非狹義的行政首長（Bulmer, 2017: 6）。這是為什麼在人民的認知中，當代的總統往往不只是行政、立法和司法三權中某一機關的首長，而是國家和整體政府部門的領袖。

　　上述情況並不是僅僅在總統制之下才會出現，在半總統制的國度也是如此。在半總統制下，總理固然是行政首長，但總統亦常被期待扮演政策領導和立法推動的角色。我國的憲政體制具有半總統制特性，但總統在立法的議程上並無相關正式權限，所以並無直接的立法權力。然而，如果民選的總統在現實的政治運作中連間接推動立法的角色也沒有，那麼便很難履行對選民的政策承諾，也難以面對公眾對國家領導人愈來愈多的期待和要求。在前面的章節中，本書已就馬英九和陳水扁兩位總統的相關立法推動經驗予以探討，在本章中擬就蔡英文總統的部分加以研究。

　　蔡英文在2016年代表民進黨贏得總統選舉，成為中華民國第14任總統。同時的立法委員選舉，民進黨於113席立委中囊括68席，取得國會穩定的過半多數；國民黨則從64席縮減為35席，居於在野黨。民進黨一舉拿下總統職位和國會過半數席次，這是民進黨在陳水扁執政後第2次取得中央執政權，但有別於陳水扁時期行政和立法多數不一致的「分立政府」（divided government），這次則是行政和立法部門都由同一黨掌握多數的「一致政府」（unified government）。

　　從過去對歷任民選總統李登輝、陳水扁和馬英九執政時期的研究顯示，總統由於缺乏憲法上的政策決定機關，常需建立體制外的機制來幫助其進行政策的決定和不同部門的協調。在蔡英文總統執政時期，是否也出現同樣情況？又此一時期民進黨的黨政運作呈現何種狀態？總統如何藉由黨政運作機制推動法案？而相較於分立和少數政府時期，行政院無法掌握立法院的多數，理論上在一致政府的完全執政下，行政院所提出的法案應較容易三讀通過，在此情況下，蔡英文總統還需要主動介入立法的推動嗎？但從另一方面來看，雖然執政黨在立法院中席次過半，但是否就能確保政府的重要法案在立法院中都能順利通過？從馬英九總統執政時期的經驗來看，答案是：未必如此。再者，由於民選的總統背負落實政見的責任和壓力，而且在我國這種總統權力優勢的半總統制，或具「總統議會制」（president-parliamentarism）（Shugart and Carey, 1992）特徵的體制下，總統實務上決定了行政院院長人選的去與留，所以行政院院長可能在一定程度上是扮演執行和總統政策的角色，因此對於蔡英文總統在政府法案的推動過程中的探討，應具有重要實務和理論上的意義。本章即試圖探討蔡總統的執政經驗，分析黨政運作下總統決策機制與態樣，進一步探討總統如何藉此推動法案。

　　擬說明的是，本章所涉及總統立法角色的文獻乃建立在前面第三、四兩章的內容，在此不再重述。

貳、黨政平臺與總統決策機制

　　政府政策的推動常賴法律的制定和與時俱進來達成，因此政府部門藉由法案的提出，並促成其在國會中審議通過，是許多重要政策能否實現的必經之路。如果法案無法在國會中審議通過，導致政策跳票，或者法案雖然三讀通過，但時程延誤，則總統、政府和執政黨的

整體威信和執政能力，便容易受到質疑。而政府的政策能否順利推動，並藉由立法的通過來加以實踐，受到很多因素的影響，其中，政府和執政黨等各部門能否有良好的政策協調與溝通，是一項關鍵的因素。

　　蔡英文總統在2016年5月就任總統迄2019年5月的執政期間，不論有無身兼民進黨黨主席，掌握了多大的政黨權力，其亦如以前歷任的總統，缺乏憲政體制下正式的政策決定機關。由於憲法設計下總統府和行政院並無正式的連結機制，加以總統本身無法參與行政院會議的召開，也無權親自提出法案，所以仍面臨建構其可以參與的黨政協調機制之需求。在蔡總統執政期間，民進黨政府所形成的黨政機制，包含由總統個人主持的，但多數則是基於層級的關係，其本身並未參與。以下，就在蔡總統前3年的執政期間的黨政決策和協調機制，可歸納以下階段和內涵。

一、第1階段（2016/05-2016/10）：執政初期之多層次黨政平臺──兼任黨主席

　　相較於陳水扁和馬英九在首度參選總統時並不具有黨主席身分，蔡英文則是在參選時仍兼民進黨黨主席，加上黨章規定：民進黨總統從就職之日起，至其卸任時，為民進黨主席，任期以憲法規定之任期為一任。因此，蔡英文就職總統後順理成章的兼任黨主席。

　　蔡總統就任初期的黨政平臺如下：先由行政院副院長林錫耀與立委（團總召柯建銘為主）每週一舉行「行政立法協調會報」，[1]透過此一行政立法平臺進行初步的政策溝通。至於立法院8個常設委員會對應的政策小組，由擔任各小組召集人的民進黨立委，與相關部會首長開會。每週三上午，總統則與行政院院長進行府院會談，下午則召

---

[1]　前一週週五的立法院黨團會議，黨團內部將先凝聚優先推動法案的共識，並且討論國會的朝野攻防。

開中常會和中執會，讓黨、黨團、中央和地方首長溝通；週四則由林全與立委進行會談（所謂的「便當會」）（請見表5-1）。

表5-1　蔡英文總統執政初期的黨政運作平臺

平臺名稱	參與者	召開時間
行政立法協調會報	行政院副院長林錫耀與立法院黨團總召柯建銘負責	星期一
常設委員會對應的政策小組	由各小組召集人的執政黨立委，與相關部會首長開會	依各小組會議時間
府院會談	總統跟行政院長	星期三上午
中常會	黨主席、中常委、黨籍縣市長	星期三下午
行政院院長與立委之會議「便當會」	行政院院長與黨籍立委[2]	星期四

資料來源：本表由作者依據媒體報導資料自行整理而成。

　　雖有多層級黨政溝通機制，且每週也都舉行行政立法協調會報，以此作爲行政立法平臺，但政府決策爭議不少，譬如勞基法修法中關於勞工休假「一例一休」問題，行政與立法兩系統意見對立；又如UBER營運爭議，以及重啓核一廠一號機等重大政策，亦出現各單位態度不一以及黨政意見不合的紛擾（曾盈瑜等，2016）。這些問題直指執政團隊內部的政策溝通和意見整合出現問題，而不是在野黨的掣肘。事實上，民進黨政府在國會擁有多數席次的有利執政條件，甚至被稱爲「完全執政」。

　　在前總統陳水扁與馬英九時期，都分別有所謂的「九人小組」和「五人小組」，每週固定邀集黨政高層開會，此時蔡英文政府雖已建置數個黨政溝通平臺，卻沒有類似府院黨高層全出席的機制。雖然，林全每週四與立委有便當會，但他未出席蔡總統所主持的民進黨中常會，因此無法於會議中獲知中常委與民進黨縣市長的發言訊息；相對的在陳水扁總統時期，於2002年「黨政同步」改革後，

2　其後，賴清德擔任行政院院長時也延續。

中常會中行政院院長、各部會首長均列席報告。此次蔡英文總統於2016年5月就任總統前，民進黨在4月間的臨時全國黨代表大會中，通過修改黨章，在民進黨執政後，副總統、總統府正副秘書長、中央政府正副院長、秘書長、政務委員及部會首長與政務副首長的黨員，不再是「當然黨代表」；副總統、行政院院長、總統府秘書長不再是「當然中常委」。所以新的中常會組成結構中，雖然納入執政縣市長，強化民意基礎，但行政院院長和中央部會首長不必出席中常會，中常會作為政策協調整合的功能，相對弱化。[3]

再者，林全與蔡英文會面時，又無立法院黨團的幹部在場，政策溝通和意見彙整未能有效納入立法部門同志意見（陳郁仁、符芳碩，2016）。由於黨政運作未如預期順暢，遂有後來「執政決策協調會議」的召開。

二、第2階段（2016/10-2017/01）：「執政決策協調會議」的召開──兼任黨主席

蔡英文有感於需要建置更有效的決策平臺，以確保黨政運作順利，因此於2016年10月3日起，每星期召開「執政決策協調會議」（蘇芳禾、李欣芳、曾韋禎，2016）。「執政決策協調會議」為總統府、行政院與民進黨重大決策討論常態化之機制，成員包括總統、副總統、行政院長、行政院副院長、民進黨立法院黨團總召集人、幹事長、民進黨秘書長、智庫執行長及執政縣市代表。

「執政決策協調會議」涉及具體的政策和法案討論和決定，蔡總統在此會議中會對法案下達明確的指示或做出裁示，譬如2016年11月1日，她談到：「『長照2.0』是五大社會安定計畫中的重要政策，請行政部門、立法部門與執政縣市要全力投入，只許成功，不許失敗。」2016年12月6日會中針對「一例一休」的勞動基準法修正草案

---

[3]　這也強化民進黨的選舉機器化現象，進一步的討論請見本書第六章。

表示：「今天一定要過，『社會已經討論很久，立院黨團儘速完成立法』。」2016年12月26日，指示：「除總預算案、考試和院副院長人事案，電業法等民生法案也應儘速立法。」（參見表5-2）整體而言，蔡總統在會中對政策和法案的態度表達，是相當堅定和明確的。

表5-2　蔡英文執政決策協調會議之召開情形

時間	會議召開事由／主題
2016/10/04	「一例一休」爭議
2016/10/18	「電業法」兩階段修法
2016/10/25	陸生能否納入健保爭議
2016/11/01	試辦「長照2.0」政策
2016/11/01	公路法修正案（針對UBER）
2016/11/01	菜價高漲等議題
2016/11/08	新南向工作
2016/11/16	老舊住宅都更問題
2016/11/22	制定「財團法人法」
2016/12/06	「一例一休」之「勞動基準法修正草案」
2016/12/13	「外國專業人才延攬及僱用法」草案
2016/12/20	年金改革政策
2016/12/26	「總預算案」、「考試院副院長人事案」等
2017/01/17	年金改革政策
2017/02/07	「前瞻基礎建設計畫」與「年金改革草案」

資料來源：作者依據媒體報導資料自行整理而成。

三、第3階段（2017/02-2018/11）：停止「執政決策協調會議」—兼任黨主席

　　停止「執政決策協調會議」的運作後，民進黨的最高層次的黨政平臺，相當程度回復到之前的情形。在蔡英文總統方面，也透過非制度性的場合與立法部門或地方首長見面，也會利用官邸會議與餐敘，找黨內同志溝通（鍾麗華，2017）。例如，2016年6月端午節假期蔡英文和部會首長在家中的「客廳會」，明確指示交通部將桃機第3跑道案與清泉崗機場升級案納入評估，由政務委員張景森召集交通部與臺中市府協調（蘇芳禾，2016）；2017年6月22日與民進黨立委進行所謂的「便當會」，會中她提醒黨籍立委在處理年金改革法案時「不要脫離年改會版本太多」，且「不要有肅殺的氛圍」（鄭媁、丘采薇，2017：A1）；又如2017年6月24日與縣市首長餐敘，會中討論一例一休，由於黨內對一例一休過於僵化頗多怨言，蔡總統鬆口表示不排除再修法，但希望能夠先檢討後再說（崔慈悌，2017）。

　　再者，由於兼任黨主席是蔡總統領導政黨的重要憑藉，因此除了黨政協調平臺外，還須進一步觀察政黨內部的權力機制。尤其，在停止「執政決策協調會議」後，中常會成為蔡總統與黨政幹部正式開會的主要場合，因此可以觀察她在會中對政策的發言情形。根據表5-3蔡總統執政前三年的發言和裁示內容，可以歸納以下研究發現：[4]

　　（一）在2016年6月至2017年9月間，蔡總統在中常會中曾對若干重要法案和政策做出了指示或裁示，包括長照政策、社會住宅、年金改革、勞基法修訂等。相對的，在2016年10月至2017年1月執政決策協調會議召開期間，蔡總統在中常會的發言，較看不出對重大法案的指示，其原因可能是在中常會之前的執政決策協調會議，扮演了更

---

[4]　由於2018年年底舉行九合一地方選舉，因此民進黨在9月26日啟動「行動中常會」，這幾個月中會議之議題多與選舉有關，加以11月24日選舉結果民進黨敗選，蔡總統辭去黨主席，故表5-3中「蔡主席」的政策發言和指示，集中在2018年8月之前。

上游的政策決定和協調功能。在2017年2月，執政決策協調會議終止召開之後，蔡總統在中常會中亦頻繁做出了指示，但議題廣泛，並不限於中央政策和法案。在2018年11月24日民進黨於九合一地方選舉失利後，蔡總統辭去黨主席職務，中常會中就再也沒有蔡總統主持會議的案例了。

（二）中常會較不像是決策的機制，而是決策已定案，總統強化政策之指示、宣示決心以及執行面的檢討。且蔡總統在中常會中對行政院和行政部門所做的指示，遠明顯高於對黨部的指示，因此透過黨的機制也下達對行政部門的任務。

（三）蔡總統於中常會中所下達指示的議題，涵蓋層面非常廣，既包括重要的政策和法案，如長照政策、年金改革、前瞻政策、新南向、公投法等等，也包括解決偏遠地區用水、香蕉鳳梨等產銷失衡、托育政策、推技職教育……等等一般性民生政策問題。

表5-3　蔡英文總統於民進黨中常會的指示（2016/06-2018/08）

日期	政策議題	總統態度表達
2016/06/01	社會住宅	指示黨貫徹執行政見承諾
2016/06/08	六都與非六都縣市教育預算差距	指示行政院處理
2016/07/13	長照總體規劃	指示行政院做好與各縣市溝通
2016/08/03	勞工「7休1」爭議勞動法規	指示行政院做好與各方溝通
2016/08/24	長照體系	指示行政團隊做好資源整合
2016/08/31	年金改革	宣示改革決心
執政決策協調會議召開後		
2016/10/12	澎湖博奕公投	宣示黨的立場
2016/10/19	新南向政策	指示各部會加速規劃
2016/11/02	臺中將辦東亞青奧	指示中央單位助規劃
2016/11/23	解決偏遠地區用水	指示經濟部處理
	復興航空解散	指示行政院加速處理
2016/11/30	嘉市鐵路高架化工期	指示中央行與地方合作解決

表5-3　蔡英文總統於民進黨中常會的指示（2016/06-2018/08）（續）

日期	政策議題	總統態度表達
2017/01/04	亞洲 · 矽谷計畫	說明和定位該計畫
執政決策協調會議終止召開後		
2017/01/25	反毒	指示跨部會與縣市合作
2017/02/15	遊覽車翻覆	指示相關單位檢討改善
2017/04/19	解決空污	指示中央和地方合作解決
2017/04/26	前瞻建設宣傳	質疑行政部門未做好對外溝通
2017/05/03	法總統大選變化	指示外交單位掌握發展
2017/05/10	公民投票法	指示黨政部門年底前完成立法
2017/05/24	綠能計畫	評論計畫現況
2017/06/14	年金改革和前瞻基礎建設法案	指示全黨臨時會能順利處理議程
2017/06/28	食安事件	指示相關部會處理
2017/07/19	外傳政府要封爐滅香	指示縣市首長由民政局溝通處理
2017/07/19	推技職教育	鼓勵地方政府推動
2017/07/27	托育資源	指示中央部會和地方資源整合
2017/08/02	前瞻基礎建設計畫推動綠能	指示行政院努力推動達成
2017/08/16	有機農業發展	宣示政策目標
2017/08/30	前瞻基礎建設計畫預算	指示黨立法委員促早日通過
2017/12/13	因應空污	指示行政團隊辦理
2018/03/21	產業缺地問題	指示政策目標應確實執行
2018/05/16	產業創新環境	指示行政團隊推動
2018/05/23	警消基層加薪案	指示儘速通過本案
2018/07/04	香蕉鳳梨等產銷失衡	指示農委員和行政部門解決
2018/08/01	新制托育政策	指示行政院檢討
2018/08/15	日本經濟體系轉型對臺灣的啓示	提醒日本產業結構轉型所面臨到的困局以及臺灣應該改革的方向

資料來源：本表由作者依據媒體報導資料與總統府新聞自行整理而成。

四、第4階段（2018/12-）：總統未兼任黨主席

2018年11月九合一地方公人員選舉，選舉結果民進黨慘敗，中央執政團隊和政黨本身，均面臨敗選之咎責，蔡總統的領導角色並成爲各界關注的焦點。在此之後，蔡總統也有了在總統府迴廊內開記者會之舉，外界稱之爲「迴廊談話」，內容則針對逼宮說、內閣請辭、白綠合作、機車加裝ABS安全裝置、非洲豬瘟……等議題，發表她的看法。民進黨亦面臨黨的組織改革以及新的黨政關係的籌建。新任黨主席卓榮泰並提出「四位一體」的黨政平臺構想，由總統、行政院院長、民進黨立院黨團總召及民進黨主席組成，作爲政策發想與檢討的機制，並強調此黨政平臺並非要做決策，而是要做政策的先端發想與討論，以及事後政策檢討（顧荃，2019）。

再者，總統蔡英文和行政院院長蘇貞昌兩人，每週見面2至3次，會研商重大議題，例如華航罷工、同婚法案等爭議，蔡蘇在大方向達成共識後，蘇貞昌則負責主導後續政策、法案（蘋果新聞，2019）。此外，蔡總統也仍有於官邸與黨政人士敘談之，如2019年6月16日、18日，在她贏得民進黨黨內爲2020年總統選舉所辦理之初選民調後，先後於與黨內各派系立委在官邸「便當會」（吳承翰，2019）。

參、總統的立法推動

本節將進一步觀察，蔡英文總統如何透過黨政機制推動法案，焦點在於總統具體法案表達態度和對立法議程的指示。

一、研究設計

此部分的研究設計主要沿用本書第三、四兩章的設計。在黨政機

制的資料檢索上加以調整，重點在探討法案推動過程中蔡總統對法案表達推動和指示之行為。具體而言，同樣涵蓋以下3個面向的觀察：總統對什麼法案表達了明確的偏好？在何種場合表達？偏好的強度有多強？因配合本書的寫作期程，法案以立法院第9屆第2至第6會期為範圍，但在第6會期階段，適逢2018年底九合一地方公職人員選舉，選舉焦點取代立法院議場，且蔡總統也減少站在第一線對國事和政策發表談話，對法案的表達情形非常少見，因此資料集中在第2至第5會期的法案。

二、研究發現

根據對蔡英文總統在第9屆第2至第5會期對重要法案的指示和推動態度（參見表5-4），本研究有以下分析：

表5-4　蔡英文總統對法案的指示和推動態度分析（第9屆第2至第5會期）

偏好強度	表達場合							
	政府官方		政黨內部		執政決策協調會議	民間	臉書媒體	合計
	總統府	其他	中常會	其他				
1	2	5	0	0	0	14	0	21
2	5	2	0	2	4	7	1	21
3	0	1	2	1	6	0	0	10
總次數	7	8	2	3	10	21	1	52
平均強度	1.7	1.5	3	2.3	2.6	1.3	2	1.8

本表由作者依據媒體報導資料與總統府新聞自行整理而成。

（一）關於法案的推動

蔡英文總統明確表達態度的法案為數相當多，歸納起來多集中在內政部分，少見觸及關於國防、外交、兩岸關係部分，顯見當時蔡總

統亟欲推動的政策多屬改革性和民生議題有關，前者如年金改革、促進轉型正義條例、公投法、原住民族土地及海域法、原住民族自治法……等等；後者如住宅法、勞工保險條例、長期照顧服務法、勞動基準法、電業法、全民健康保險法、公司法、科學技術基本法、前瞻基礎建設相關法案、礦業法、生技新藥產業發展條例、產業創新條例、醫療法……等等。

（二）關於法案態度表達的場合與機制

在本研究所掌握的蔡英文總統52次法案態度表達中，次數由高至低的場合爲：出席民間場合（21）、官方場合（總統府與其他場合：15）、執政決策協調會議（10）、政黨（中常會和其他：5）、臉書與媒體（1）。由此看來，蔡英文有不少時候是以總統身分出席非官方的場合時，配合該活動主題而談到相關法案，較偏向是政府政策的宣示或說明，而非下達指示。另外，在總統府等若干官方場合，蔡總統也會正式傳達她對法案推動的關心和態度。而執政決策協調會議的運作雖然只有短短4個月，但總統在此會議中對特定法案所表達明確態度的次數，也不低於其在總統府的發言。最相對的，在中常會中總統多對一般性政策常做出裁示或結論，但就特定法案的具體立法審議內容下明確指示，並不多顯見，似乎中常會並非主要的政策決定場域。

（三）關於法案指示和推動的強度

在所有態度表達的場合中，總統對法案表達最具指導性或急迫性的，屬民進黨中常會的發言，在此場合中，我們所掌握到的有效個案只有2筆。換言之，即總統明確針對特定法案做指示的次數並不高，一般多是對大大小小的政策議題下指示，但總統一旦提及特定法案，通常態度相當具急迫性和指示性，而爲強度3。這也顯示，在中常會中蔡英文同時發揮作爲黨主席的權威。另在執政決策協調會

議，10次的個案中共有6次屬於強度3，另外4次也達到強度2，顯見此機制相對上是總統諸多決策平臺中具有重要樞杻的角色。

　　雖然，蔡總統會藉由出席民間場合宣示法案推動的決心，或傳達政府政策和法案的議程，且其次數高於其他場合，但其發言內容的強度並不高，有三分之二的比例僅是強度1，多屬宣示性和說明性的強度。在總統府的相關場合時，也同樣是以國家元首角色出現，談及相關政府政策和法案的推動時，也多是體現總統儀式性身分。

　　關於強度3的情況，這既然是總統對法案所表達最具強烈的立法指示，我們可以進一步觀察其是否如總統之指示，而能在期限內三讀通過。根據表5-5，在本研究所握的10次總統的立法指示，其中共涵蓋以下10多筆法案，包括：勞動基準法、電業法、長期照顧服務法、促進轉型正義條例、公投法、財團法人法、租賃住宅市場發展條例、外國專業人才延攬及僱用法、產業創新條例、勞工保險條例，以及「前瞻基礎建設計畫」與「年金改革」相關法案。其中除了促進轉型正義條例、財團法人法、勞工保險條例外，其餘大部分法案尚能如期通過。但這是否能解釋為總統的立法影響力發揮作用，可能不易遽下斷語，因為民進黨政府掌握有穩定的立法多數。

表5-5　蔡英文總統下達強烈指示法案暨其是否如期通過情形

日期	法案	蔡總統表達內容	表達場所	法案審查情形
2016/10/04	勞動基準法	民進黨團要儘速準備復案，在修法過程一併配套處理，務必在年底前完成修法。	執政決策協調會議	如期於年底（2016年12月6日）三讀通過
2016/10/18	電業法	洽請立法院審議，盼本會期完成修法。	執政決策協調會議	如期於該會期三讀通過
2016/11/01	長期照顧服務法	「長照2.0」是五大社會安定計畫的重要政策，行政部門、立法部門跟政縣市要全力投入，只許成功不許失敗。	執政決策協調會議	長期照顧服務法部分條文修正草案於2017年1月11日臨時會三讀通過；長期照顧服務機構法人條例草案於2016年12月29日三讀通過
2016/12/06	勞動基準法	裁示，針對攸關「一例一休」的勞動基準法修正草案、今天一定要通過。	執政決策協調會議	如期於當天（2016年12月6日）三讀通過
2016/12/26	電業法	除總預算案、考試院副院長人事案、電業法等民生法案也應儘速立法。	執政決策協調會議	如期於2017年1月11日臨時會三讀通過
2017/02/07	「前瞻基礎建設計畫」與「年金改革草案」	蔡英文總統昨天強調，內閣人事調整大致完成，前瞻基礎建設計畫與年金改革未來半年任的重中之重。	執政決策協調會議	前瞻基礎建設特別條例如期於2017年7月5日三讀通過
2017/02/28	促進轉型正義條例	總統希望，這項法案在本會期可以通過這次立。並有一個獨立的機關，來負責臺灣轉型正義的工作。	出席「二二八中樞紀念儀式」	於次會期於2017年12月5日才通過

表5-5　蔡英文總統下達強烈指示法案暨其是否如期通過情形（續）

日期	法案	蔡總統表達內容	表達場所	法案審查情形
2017/05/10	公投法財團法人法租賃住宅市場發展條例外國專業人才延攬及僱用法產業創新條例	如果本會期來不及處理，請以今年底之前完成立法為目標，回應人民的期待。繼續推動，回應人民的期待。	民進黨中常會	公民投票法第42條、第43條及第51條條文修正草案、如期於年底前（2017年12月12日）通過財團法人法至次年（2018年6月27日）才通過、行政院提案租賃住宅市場發展條例，如期於年底前（2017年11月28日）通過、行政院提案外國專業人才延攬及僱用法，如期於年底前（2017年10月31日）通過產業創新條例，如期於年底前（2017年11月11日）通過
2017/06/14	年金改革相關法案基礎建設前瞻法案	蔡總統說，這兩個對民進黨執政來講都是非常重要的政策議題，因此在這段期間，必須全黨一致讓臨時會能夠順利處理這兩項重要的政策議程。	中常會	前瞻基礎建設特別條例如期於2017年7月5日三讀通過公務人員退休資遣撫卹法如期於2017年6月27日三讀通過公立學校教職員退休資遣撫卹條例如期於2017年6月29日三讀通過政務人員退職撫卹條例如期於2017年6月30日三讀通過陸海空軍官士官服役條例於2018年6月20日三讀通過
2017/06/23	勞工保險條例部分修文草案（勞保年金改革）	蔡總統只希望年改三法程序快通過。	民進黨立委便當會	2017年4月7日提案，迄2018年10月仍處委員會待審

資料來源：本表由作者依據媒體報導資料與總統府新聞局自行整理而成。

肆、結論

　　本章試圖以蔡英文總統個案經驗為基礎，分析黨政運作下的總統決策機制與態樣，並進一步探討總統藉此推動法案之作為。根據研究顯示，蔡英文總統在2016年5月就任總統後，身兼民進黨黨主席，因此在憲政體制上其雖未具常態性的政策決定機制，但藉由黨主席的身分，可透過政黨機制進行對執政黨的直接領導。蔡總統所領導的民進黨政府，在執政初期很快的按過去民進黨第一次執政時之經驗，建構了多層次的黨政協調和運作平臺。各個平臺的運作雖然有其部分功能，民進黨政府也是處在握有立法院多數席次的一致性政府，但行政院的政策和法案推動並非都很平順。因而，蔡英文總統也循過去陳水扁和馬英九兩位總統的經驗，籌組總統親自主持的高層黨政平臺「執政決策協調會議」。相對於民進黨中常會和其他黨政平臺，執政決策協調會議扮演更上游的政策決定和協調功能，但因對其憲政定位外界有不同意見，在運作4個月後即停止。此後，蔡總統任內能夠同時廣納府院黨高層的常態性、定期性的政策決定機制較為欠缺。本研究在此基礎上，進一步探討蔡總統如何藉由相關黨政機制或場合，為其所欲推動的法案下指示以及表達態度。研究結果如下：

　　在法案性質方面，蔡英文總統明確表達態度的法案為數相當多，顯示她對立法的推動著力甚多，尤其集中在內政部分，應該是上任後亟欲推動改革性和民生經濟政策有關。在法案推動和表達態度之合方面，蔡英文總統有不少是以總統身分於出席民間公開場合以及在總統府等官方場合，正式傳達她對法案推動的態度，其性質多偏向是政策的說明或宣示。而執政決策協調會議的運作雖然只有短短4個月，但蔡總統在此會議中對特定法案所表達明確態度的次數，並不低於其在總統府的發言，且談話之內容較具決策性和指示性，而非僅是說明性或宣示性。至於在中常會中總統對一般性政策常做出裁示或結論，相對的關於具體立法審議之指示則並不多，顯見中常會並非主要

的政策決定場域。

在總統對法案指示和推動的強度方面，在執政決策協調會議和中常會中，總統的指示態度最強烈，前者的次數更多於後者，此機制相對上是蔡總統該執政時期諸多決策平臺中具有重要樞杻的角色。至於出席民間場合之發言內容強度並不高，亦如前所述，其多屬宣示性和說明性質。在總統府時，也同樣是以國家元首身分出現，多屬法案的說明或宣傳（政績），是體現總統儀式性身分，同樣較不具指示性態度。

在法案的通過方面，本研究聚焦總統最在意的重要法案，其中除了促進轉型正義條例、財團法人法、勞工保險條例外，其餘大部分法案尚能如期通過。

最後，本研究是一階段性的研究成果，研究時程在蔡英文總統執政的前3年。隨著蔡總統的執政發展，本研究在此基礎上持續蒐集資料，進行更進一步的觀察和探索。由於本研究可能是目前學術界較早針對蔡總統執政個案的相關研究，希望可以提供外界參考之需要，讀者並可與本書第三、四章另兩位總統的個案經驗做比較。

第三篇

總統與政黨組織

6

半總統制下總統是否兼任黨主席與其黨政關係型態：比較視野下的馬英九總統任期經驗

壹、前言

　　總統是國家元首，在半總統制政府體制下，其同時也具有實質的統治權，非虛位元首。政黨的黨主席（黨魁），則是名義上（很可能也是實質上）黨的最高領導人，那麼在「政黨政府」（party government）的運作下，總統與黨主席這兩種職位會是什麼樣的關係？是同一人或不同人來擔任？其中政府與政黨的關係和運作又會產生什麼影響？多年來，無論是民進黨執政或是國民黨執政，上述問題是臺灣憲政運作的重要實務課題，既具有臺灣本土個案的重要性，也同時隱含跨國比較研究的理論探索價值。

　　確實，我國的政府體制具有半總統制特徵，[1]其中由公民直選產生而具有實權的總統，居於憲政運作之中樞。關於總統是否同時為執政黨的黨魁，位居金字塔型黨政關係體系中的頂端，具有影響其他次級體系的作用，與憲政體制的運作與政黨之發展密切相關。從政府體制的運作來看，除了憲法所賦予總統的職權以外，若總統兼任黨魁，則可以透過政黨內部的領導權，發揮更大的實際統治權力；反之，若未兼任，黨魁由另一人來擔任，則總統與政黨所維持的另一種關係，也將影響政府的運作。

　　如果我們將問題意識先置於比較各國的視野來看，我們可以問一個問題：即在半總統制國家中，究竟多數國家或多數個案中總統是否

1　作者採Duverger（1980）之定義將臺灣界定為半總統制國家。首先，我國總統經由人民直接選舉產生，符合Duverger對半總統制所界定3項特徵中的第1項，總統由普選產生。其次，依憲法增修條文規定，總統至少擁有以下實權：行政院長的任命權、解散立法院的權力、主持國家安全會議與決定國家安全有關大政方針等，故也大致符合Duverger所揭示的第2項特徵。最後，除了總統之外，還存在著領導國家最高行政機關的行政院院長暨行政院各部會首長，而行政院須向立法院負責，立法院得對行政院長提出不信任案迫其去職，凡此規定亦符合半總統制的第3項界定。如果是採比較寬鬆的定義，如Elgie（1999）認為符合以下特徵即屬半總統制：「總統由普選產生，任期固定，同時存在著需要向議會負責的總理與內閣」，臺灣也是吻合的。至於臺灣是否屬於總統制與內閣制的換軌制，請參考周育仁（2001）。

傾向兼任黨魁？這個問題更進一步也是更細膩的問法是，總統兼任黨主席較可能出現在什麼類型的半總統制國家中？為什麼？這個問題的回答，將有助於我們進一步面對臺灣個案的解釋。不過，目前為止，半總統制研究文獻對此課題之探討，無論是跨國的比較視野，或台灣相關個案之專論，都相當有限。

　　筆者（陳宏銘，2009）曾以陳水扁總統8年執政經驗為例，探討民主進步黨執政下的黨政關係，其中便觸及到總統是否同時為執政黨的黨魁的問題，應是現有最早探索此一課題的文獻之一。該文提出以下結論：1.傾向總統優勢的半總統制國家，要比總理優勢的半總統制國家，容易出現總統兼黨魁的情況。此結論係建立在22個半總統制國家的經驗之上，而臺灣亦符合此種情況；2.在屬於總統優勢的半總統制類型下，我國總統在任期之初是以全民總統自居為由而未兼任黨主席，導致總統必須同時在政黨與政府建立雙重代理人的困境，且需費力建立體制外各種決策諮詢機制和黨政聯繫平臺。再加上總統無法有效掌控政黨，發生總統意志與黨意可能的落差等等現象，從而走向總統兼任黨主席之路。這些併發現象，無法從半總統制的特性單獨解釋，但可以從中獲得部分解答。上述結論主要建立在民進黨執政時期的經驗之上。本文試圖再就馬英九與國民黨執政之個案為基礎，來檢驗2009年主要研究發現是否仍然成立，並延伸相關討論。擬說明的是，在本研究中擬以Shugart與Carey（1992）所發展出的半總統制次類型「總統議會制」（president-parliamentarism）（相對於「總理總統制」，premier-presidentialism），來替代「總統優勢的半總統制」概念，以描述臺灣的半總統制型態，但兩者均涉總統相較於總理（行政院院長）權力為大的半總統制次類型。[2]

　　從歷史的變遷來看，國民黨在臺灣長期執政，直至西元2000年才喪失執政權，而由於「黨國體制」下黨主席（或總裁）一職並非

2　蔡榮祥與陳宏銘合著（2012），〈總統國會制的一致政府與憲政運作：以馬英九總統第一任任期為例〉一文，亦運用「總統國會制」（即本文總統議會制）概念探討馬總統執政時的憲政運作。

開放黨員競爭，係由黨國最高領袖蔣介石先生及蔣經國先生先後擔任。黨主席（或總裁）不僅在黨內具有最高的領導權，且在「以黨領政」的特性下，絕大多數時期亦皆具總統身分。2008年馬英九當選總統後，由於在大選之前的黨主席是吳伯雄，馬總統就任後並未兼任，故總統與執政黨黨主席係處於分離的狀態，當時馬總統並宣示暫「退居第二線」，落實「雙首長制」的憲政精神。當國民黨內部出現希望「總統兼任黨魁」的意見，其間社會各界有諸多討論，國民黨政府也曾在黨政運作過程中碰到一些阻礙，因此最後在2009年時馬總統兼任黨主席。然則，在2014年國民黨在「九合一選舉」中失利，馬總統辭去黨主席職位，其後由新北市市長朱立倫在2015年1月間擔任黨主席；再至2016年1月，朱立倫因國民黨在總統和立法委員選舉的挫敗下辭去黨主席，接著由洪秀柱於同年3月接任。

　　馬總統執政的這段期間出現總統兼任與非兼任的不同狀態，是很值得研究的個案。不過，我們可以先進行跨國的比較視野下來觀察。本文將擴增筆者（2009）研究中的國家數目，由22個國家數至30個，排除專制國家以及資料難以取得的案例，並以最新的情況來做觀察。本文以下除文獻討論外，先探討跨國經驗，而後再分析馬英九執政時期情形，最後並比較馬英九與陳水扁兩個案例，焦點在於總統兼任黨魁與否與其黨政運作模式之態樣。本文應是首篇同時涵蓋兩位總統的研究文獻，試圖歸納與解釋兩者的同與異，驗證其中我國半總統制的制度因素所貫穿兩個不同案例的效應。

貳、文獻探討

　　在當代的民主政府體制中，內閣制下的閣揆乃由議會中多數黨黨魁擔任，對於政府領導人兼任黨魁與否並不構成首要關注的研究問題，政黨內部領導人的挑選和競爭反而才是研究焦點。相對的在總統制下，以美國為例，兩黨的政黨組織被視為選舉機器，雖然政黨的黨

魁另有他人擔任，但總統實際上就是執政黨的最高領袖。其他總統制國家的總統與黨主席的關係爲何以及政黨的性質爲何，相關的研究似未受重視。根據筆者（2009）的初步歸納，有些國家常出現總統兼任黨魁，如巴拿馬和鳥拉圭，而智利、哥斯大黎加、巴西、阿根廷則否。無論如何，即使總統制下的總統未兼任黨魁，而影響其對政黨的掌控程度以及黨政關係之態樣，但至少總統爲最高行政首長之角色不變。然而，第3種類型之半總統制的情況，就較爲複雜。半總統制下的總統權力，除依憲法之法定職權外，更容易受其他因素之影響，其是否兼任黨魁或掌握執政黨應是其中重要變數，可惜現有研究不多。

總統是否兼任黨魁，亦涉及政黨內部領導人挑選和競爭之邏輯。相關研究顯示，政黨領導人角色愈來愈重要，在許多國家中其權力亦不斷增加，並且對於政黨在組織、選舉與立法等主要活動，均發揮重要的影響力（Poguntke and Webb, 2005）。尤其是在內閣制民主國家中的大選，這種情況特別明顯，這是由於大選結果深受政黨領導人之競爭所決定（McAlister, 1996: 281）。因此，政黨領導人的挑選，不再僅僅是與政黨內部的事情有關，更被視爲帶有行政權競逐過程之色彩。半總統制存在著實權的總統，政黨內部領導人的挑選似乎循著一套與內閣制不一樣的邏輯，也很可能與競逐政府的領導人有關，也就是與總統職位或總理職位相連結。

1993年《*European Journal of Political Research*》刊登了關於政黨領導人研究的專刊，這可能是近20多年來較早關於政黨領導人的多國案例文獻。該專刊收錄了包括比利時、英國、法國、挪威、西班牙、愛爾蘭等國政黨的研究，整體而言主要集中在內閣制國家的政黨。在該專刊之後，相關研究文獻整體而言主要仍集中在內閣制國家，總統制中除美國案例外，也較爲少見。基本上，半總統制國家的研究文獻，幾乎缺乏專論。不過，從政黨內部挑選黨魁的邏輯出發，不一定能完全掌握半總統制下總統與黨魁的關係，因爲這還涉及實權總統的政府體制對於政黨性質產生的影響。

　　近來，許多研究者觀察到，在總統具有實權的憲政體下政黨可能是總統行使權力的重要憑藉，因此政黨有總統化（the presidentialization of political parties）的跡象，從而出現「總統化的政黨」（presidentialized parties）或「總統黨」（president's party）（Thiebault, 1993; Clift, 2005; Samuels and Shugart, 2010）。Thiebault（1993: 287）指出，政黨成爲總統權力運作的機制，是政治人物取得總統職位的平臺與組織資源。Clift（2005）基於法國第五共和的經驗，發現總統職位成爲第五共和政治競爭的主要焦點，從而形塑政黨的性格和憲政發展。[3]以他的說法，「總統黨」（presidential parties）的出現和相關特質乃源於半總統制下第五共和結構影響。舉凡在政策、人事以及選戰等方面，政黨乃是從屬於總統的。Samuels與Shugart（2010）也指出，憲政體制對政黨的組織和行爲都會有重要的影響，在總統制與半總統制下，總統是具有實質權力，會出現前述所謂政黨從屬於總統的現象，導致政黨的總統化，而這種作用是內閣制所沒有的。關於政黨總統化的研究觀點，將於第七章中進一步加以深度討論，在此我們將焦點置於總統兼任黨主席的層面。

　　關於實權總統的政府體制（含總統制、半總統制）對於政黨的影響，尤其是總統兼任黨主席的政治影響，也爲目前國內少數學者所關注。李鳳玉與黃建實（2015）對陳水扁政府時期的研究顯示，民進黨雖然在立法院並未掌握過半席次，但陳水扁透過兼任黨主席，能夠使政府提案的通過率較之於未兼任期提高。沈有忠與烏凌翔（2016）的研究認爲，總統兼任黨主席與否也是影響臺灣半總統制過去多來年來偏向總統主導的主要原因，是制度（尤指組閣權）和非制度因素（掌握黨權）相互強化的結果。邱訪義與李誌偉（2016）從總統學研究的觀點與多數聯盟立法理論之邏輯指出，總統兼任黨主

3　法國第五共和在經歷最近一次的修憲後，似乎也有走向「體制的大總統化」現象，請參閱郝培芝（2010：65-98）。

席將有利於行政部門與政黨內部意見的整合，在黨政意見較爲一致的情況下，行政部門在與多數聯盟的協商中也會較爲有利，實證研究也顯示，總行政部門的提案通過機率較高。[4]上述研究提出了重要的研究發現，但對於半總統制下總統是否兼任黨魁以及其黨政運作，較缺乏較完整的探討，但這個問題具有一定程度臺灣本土個案的重要性，因此也是本文欲進一步研究之處。

如前所述，筆者（2009）曾以陳水扁總統8年執政經驗爲例，探討民主進步黨執政下的黨政關係，並將其置於總統優勢的半總統制下來觀察。該文的研究發現指出，傾向總統優勢的半總統制國家要比總理優勢的半總統制國家容易出現總統兼黨魁的情況，而臺灣符合此種情況。本文即試圖再以馬英九8年執政的個案爲基礎，以檢驗2009年主要研究發現是否仍然成立。在上述的既有研究文獻的基礎上，我國政黨個案的探討，可以先採取跨國比較的視野來思考。

參、半總統制總統是否兼任黨魁：比較各國經驗

本研究中所分析的半總統制國家，係參考吳玉山教授2011年研究論文中所納入的41國家，且需通過2019年最近3年「自由之家」（Freedom House）的評比中屬於「完全自由」（free）或「部分自由」（partly free）的等級。至於「完全不自由」（not free）國家，則屬專制國家，不在探討之列。再者，本研究也參考Elgie對半總統制國家的判定；[5]此外，若干國家因資料不足或不易判定，亦暫不列入。最後，總共有32個國家被納入分析。每個國家原則上納入近期3位總統和其任內的總理爲探討對象，極少數國家因資料不足的限

4　不過，總統兼任黨主席時提出的行政院提案，其完成三讀之機率僅增加0.076。該研究未特別區分總統的重要法案與行政部門所提法案，總統兼任黨主席與否對於總統的重要法案通過影響情形無法做出判斷。

5　請參考Elgie的研究：http://www.semipresidentialism.com/?p=1053。

制，或因成為半總統制國家後只有不到3位總統的數量，因此例外的以2位為分析對象。本研究所納入的雖未窮盡所有半總統制國家以及其所有總統個案，但仍有一定程度的代表性。本文以下先分析總體情形，再討論總統議會制與總理總統制兩種次類型下的差異。

一、總體情形

首先，表6-1所呈現的總體情形，先以32個國家共91位總統為觀察單位，其中總統兼任黨主席的有30位，約占33%，未兼任者有61位，超過半數，占67%。因此以總統的個案數來看，總統兼任黨主席的比例明顯居於少數，大部分的情況下總統未兼任黨主席。再以32國家為觀察單位，在個別國家中的多數情況下總統是兼任黨主席者共有8個，包括納米比亞、塞內加爾、烏克蘭、尼日、多哥、莫三比克、斯里蘭卡、坦桑尼亞，其比例僅占所有國家的25%。

其次納入總理的情況，依據其與總統的黨籍關係，可區分為4種類型：「總統與總理同黨、總理是黨主席」、「總統與總理同黨、總理非黨主席」、「總統與總理不同黨、總理是黨主席」、「總統與總理不同黨、總理非黨主席」。其中所謂不同黨，也包括其中一位有黨籍、一位無黨籍的情況。特別值得關注的是當總統與總理同黨，但是由總理擔任黨主席的情況，即第1種類型，這種情況顯示，總理很有可能才是「總統黨」的領導人。然而根據表6-1，這種情況僅占12.87%，是4種類型中最少見的。最常見的情況是總統與總理不同黨，總理非黨主席，占30.7%，而「總統與總理不同黨、總理是黨主席」與其相當，占29.7%。

關於總統為無黨籍的情況，根據表6-2所統計每個國家最近3位總統無黨籍的人數，均為無黨籍的國家有2個，冰島與羅馬尼亞，3位中有2位是無黨籍的共有6個國家，包括保加利亞、立陶宛、斯洛維尼亞、亞美尼亞、立陶宛、布吉納法索。3位中曾有1位是無黨籍者有10個，從未有無黨籍總統者有14個國家。整體而言，曾出現無黨

籍總統的國家超過半數，約占56.25%。再就91位總統來看，共有28位是無黨籍，僅占30.77%。

表6-1　半總統制國家總統與總理兼任黨主席情形（2019年最近三任總統任期）

| 國家 | 總統是否為黨主席（次數、百分比） | | 總理是否為黨主席（次數、百分比） | | | |
| | | | 總統與總理同黨時 | | 總統與總理不同黨時 | |
	是	否	是	否	是	否
克羅埃西亞	0（0）	3（100）	2（29）	0（0）	4（57）	1（14）
蒙古	1（33）	2（67）	2（22）	2（33）	4（44）	1（0）
納米比亞	3（100）	0（0）	0（0）	3（100）	0（0）	0（0）
秘魯	1（33.3）	2（66.7）	0（0）	2（33）	0（0）	4（67）
塞內加爾	3（100）	0（0）	0（0）	4（67）	0（0）	2（33）
烏克蘭	2（67）	1（33）	1（17）	2（33）	3（50）	0（0）
法國	0（0）	3（100）	0（0）	3（75）	0（0）	1（25）
芬蘭	0（0）	3（100）	4（40）	0（0）	4（40）	2（20）
波蘭	0（0）	3（100）	2（40）	0（0）	0（0）	3（60）
葡萄牙	0（0）	3（100）	1（16.7）	0（0）	2（33.3）	3（50）
奧地利	0（0）	3（100）	3（50）	0（0）	3（50）	0（0）
保加利亞	0（0）	3（100）	1（16.7）	1（16.7）	3（50）	1（16.7）
維德角	0（0）	3（100）	2（50）	1（25）	0（0）	1（25）

表6-1　半總統制國家總統與總理兼任黨主席情形（2019年最近三任總
統任期）（續）

國家	總統是否為黨主席（次數、百分比）		總理是否為黨主席（次數、百分比）			
			總統與總理同黨時		總統與總理不同黨時	
	是	否	是	否	是	否
冰島	0（0）	3（100）	0（0）	0（0）	4（50）	4（50）
愛爾蘭	0（0）	2（100）	2（50）	0（0）	2（50）	0（0）
立陶宛	1（33）	2（67）	0（0）	1（14）	3（0.43）	3（43）
斯洛伐克	0（0）	3（100）	0（0）	0（0）	4（80）	1（20）
斯洛維尼亞	0（0）	3（100）	1（14.3）	0（0）	4（57.1）	2（28.6）
羅馬尼亞	0（0）	3（100）	0（0）	0（0）	4（44.4）	5（55.5）
聖多美及普林西比	0（0）	3（100）	0（0）	0（0）	5（83.3）	1（16.6）
馬利	1（50）	1（50）	0（0）	1（11.1）	2（22.2）	6（66.7）
亞美尼亞	1（33）	2（67）	2（2）	4（4）	3（3）	1（1）
喬治亞	1（33）	2（67）	0（0）	1（16）	0（0）	5（84）
布吉納法索	1（33）	2（67）	0（0）	2（66）	0（0）	1（34）
馬達加斯加	1（50）	1（50）	0（0）	1（8）	1（8）	10（84）
尼日	2（67）	1（33）	1（25）	3（75）	0（0）	0（0）
多哥	2（67）	1（33）	1（12.5）	3（37.5）	2（25）	2（25）

表6-1 半總統制國家總統與總理兼任黨主席情形（2019年最近三任總統任期）（續）

國家	總統是否為黨主席（次數、百分比）		總理是否為黨主席（次數、百分比）			
			總統與總理同黨時		總統與總理不同黨時	
	是	否	是	否	是	否
海地	1（50）	1（50）	0（0）	1（11）	0（0）	8（89）
幾內亞比索	0（100）	2（100）	1（11）	5（55）	2（22）	1（11）
莫三比克	3（100）	0（0）	0（0）	5（83.3）	0（0）	1（16.7）
斯里蘭卡	3（100）	0（0）	0（0）	5（71.4）	1（14.3）	1（14.3）
坦桑尼亞	3（100）	0（0）	0（0）	4（100）	0（0）	0（0）
累積	30（32.97）	61（67.03）	26（12.87）	54（26.73）	60（29.70）	62（30.70）
總計	91（100）		202（100）			

資料來源：Wikipedia網站；NationMaster.com網站。本表由作者自製。

表6-2 半總統制國家總統為無黨籍情況（2019年最近三位總統）

類型	國家	次數（百分比）
3位總統均無黨籍	冰島、羅馬尼亞	2（6.25）
2位總統無黨籍	保加利亞、立陶宛、斯洛維尼亞、亞美尼亞、立陶宛、布吉納法索	6（18.75）
1位總統無黨籍	波蘭、葡萄牙、奧地利、愛爾蘭、斯洛伐克、聖多美及普林西比、馬利、秘魯、喬治亞、幾內亞比索	10（31.25）
0位總統無黨籍	法國、芬蘭、維德角、克羅埃西亞、蒙古、納米比亞、塞內加爾、烏克蘭、馬達加斯加、尼日、多哥、海地、斯里蘭卡、坦桑尼亞	14（43.75）

資料來源：Wikipedia網站；NationMaster.com網站。本表由作者自製。

　　進一步的，可以納入民主程度這項因素的分析。本文以「自由之家」（Freedom House）的評比中屬於「完全自由」（free）的國家與「部分自由」（partly free）做比較，其結果如表6-3所示。在屬於完全自由的國家（克羅埃西亞、蒙古、納米比亞、秘魯、塞內加爾、法國、芬蘭、葡萄牙、奧地利、保加利亞、維德角、冰島、愛爾蘭、立陶宛、斯洛伐克、斯洛維尼亞、羅馬尼亞、聖多美及普林西比）中，共有57個總統個案，其中兼任黨主席者僅9位，占15.79%，一面倒的多數情況是未兼任。相對的，在部分自由國家的34個總統個案中，兼任者有21位，達61.76%，超過半數；未兼任者反而是少數。另外，表6-3值得關注的是，在完全自由的國家中，當總統和總理同一政黨時，總理約有一半的機會擔任黨魁，但在部分自由的國家中，當總統和總理同一政黨時，總理擔任黨魁的次數大幅下降，在41個案例中，僅有6個擔任黨魁；這似乎透露出，在部分自由國家中，總理掌握政黨的權力較弱，黨權偏向在總統這邊。

表6-3　自由之國家評比下半總統制國家總統與總理兼任黨主席情形

國家類型	總統是否為黨主席 次數（百分比）		總理是否為黨主席 次數（百分比）			
			總統與總理同黨時		總統與總理不同黨時	
	是	否	是	否	是	否
完全自由 國家	9 （15.79）	48 （84.21）	20 （16.27）	19 （15.45）	49 （39.84）	35 （28.46）
部分自由 國家	21 （61.76）	13 （38.24）	6 （7.60）	35 （44.30）	11 （13.92）	27 （34.18）

資料來源：Wikipedia網站；NationMaster.com網站。本表由作者自製。

一、總統議會制與總理總統制

　　半總統制國家甚多，不同國家間制度的差異性可能不小，研究者

嘗試劃分成不同的類型，一種是以憲法規範設計爲主，另一係以制度
實際表現的運作型態爲基礎。第二種類型劃分方式著重於制度實際上
的運作和表現，而非憲法條文設計。國內學者對於半總統制憲法上或
運作上的類型以及模型之討論相當多，如包括吳玉山（2012）、林
繼文（2000）、Tsai（2008）、張峻豪（2011）、沈有忠（2012）、
蘇子喬（2011）。

　　本文對於半總統制的分類關注焦點在於憲法規範設計爲主，而非
實際運作表現，理由是要以實際運作表現來分類，所要考慮的因素
太多，分類的型態常流於各說各話，有時類型太多亦欠缺簡約性。
再者，憲政體制的實際運作類型劃分脫離不了政黨政治因素，而政
黨角色恰恰是我們外部觀察的對象，而不是應該納入分類時的考量
因素。若干學者曾以總統憲法上的權力來分類半總統制，如Shugart
與Carey（1992）、Metcalf（2000）、Roper（2002）、Siaroff
（2003）等人。但其中以Shugart與Carey的兩種次類型：總理總統制
（premier-presidential）與總統內閣制（president-parliamentary），[6]
是目前常被援引的方式，也最爲簡約清楚，這一點Elgie（2011:28）
有清楚的說明。「總理總統制」是總理（內閣）僅對國會而不對總
統負責；而「總統內閣制」則是總理（內閣）同時對國會和總統負
責。「總統對內閣是否有免職權」決定了一個半總統制國家是屬於
內閣單向負責的「總理總統制」或內閣雙向負責的「總統內閣制」
（蘇子喬，2012）。芬蘭、波蘭以及法國第五共和等國家，根據憲
法總統並無免職總理之權，是爲總理總統制（Elgie, 2011: 28）；納
米比亞與奧地利，根據憲法規範，總統具免職總理之權，屬總統內閣
制（Elgie, 2011: 28）。[7]

6　請參考Shugart與Carey（1992）。
7　納米比亞憲法第32條規定總統任命與免除總理職務；奧地利憲法第70條規定總統任命
　　與免除總理職務；冰島憲法第15條規定總統任命與免除總理職務（李宜芳、石鵬翔，
　　2014）。

　　綜上，本文即以Shugart與Carey的「總理總統制」與「總統內閣制」兩種憲法的次類型為分析基礎，但並不表示這是唯一的分類方式。

　　研究結果如表6-4所示，在13個總統議會制國家的所有個案中，總統兼任黨主席的次數約達到六成（59.46%），換言之，未兼任者反而是少數情況。這也符合預期，即在總統議會制下，通常總統權力要大於總理的權力，故總統兼任黨魁的可能性較高，也是合理的情況。進一步的，再觀察所有78位總理的情況，最常出現的情況是「總理與總統同黨、總理非黨主席」，達到46.15%，相對的，「總理與總統同黨、總理是黨主席」，僅有6個案例，占7.7%。再者，不論雙首長是否同黨，總理擔任黨主席的個案均少於總統擔任黨主席。如以國家為觀察單位，在13個國家中有7個國家總統兼任黨魁，另有6個國家總統未兼任黨魁，二者比例相當。

表6-4　「總統議會制」下總統與總理兼任黨主席情形（2019年最近三任總統任期）

| 國家 | 總統是否為黨主席 | | 總理是否為黨主席 | | | |
| | | | 總理與總統同黨時 | | 總理與總統不同黨時 | |
	是	否	是	否	是	否
納米比亞	3（100）	0（0）	0（0）	3（100）	0（0）	0（0）
秘魯	1（33.3）	2（66.7）	0（0）	2（33）	0（0）	4（67）
塞內加爾	3（100）	0（0）	0（0）	4（67）	0（0）	2（33）
烏克蘭	2（67）	1（33）	1（17）	2（33）	3（50）	0（0）
奧地利	0（0）	3（100）	3（50）	0（0）	3（50）	0（0）
冰島	0（0）	3（100）	0（0）	0（0）	4（50）	4（50）

表6-4　「總統議會制」下總統與總理兼任黨主席情形（2019年最近三任總統任期）（續）

| 國家 | 總統是否為黨主席 | | 總理是否為黨主席 | | | |
| | | | 總理與總統同黨時 | | 總理與總統不同黨時 | |
	是	否	是	否	是	否
布吉納法索	1（33）	2（67）	0（0）	2（33.3）	0（0）	4（66.7）
馬達加斯加	1（50）	1（50）	0（0）	1（8）	1（8）	10（84）
多哥	2（67）	1（33）	1（12.5）	3（37.5）	2（25）	2（25）
幾內亞比索	0（0）	2（100）	1（11）	5（55）	2（22）	1（11）
莫三比克	3（100）	0（0）	0（0）	5（83.3）	0（0）	1（16.7）
斯里蘭卡	3（100）	0（0）	0（0）	5（71.4）	1（14.3）	1（14.3）
坦桑尼亞	3（100）	0（0）	0（0）	4（100）	0（0）	0（0）
累計	22（59.46）	15（40.54）	6（7.70）	36（46.15）	16（20.51）	20（25.64）
總計	37（100）		78（100）			

資料來源：Wikipedia網站；NationMaster.com網站。本表由作者自製。

　　如表6-5所示，在19個總理總統制國家的所有個案中，總統兼任黨主席僅有8個案例，占14.81%，換言之，絕大部分均未兼任。再觀察所有126位總理的情況，最常出現的情況是「總理與總統不同黨、總理是黨主席」，達到46.15%。至於「總理與總統同黨、總理是黨主席」，僅有14.28%。進一步在35位屬於總理與總統同黨的個案中，總理是黨主席的剛好約占一半。如以國家爲觀察單位，在19個國家中僅有尼日曾有2位總統同時兼任黨魁，在絕大部分國家中，從未有兼任者，或僅出現1次總統兼任的情況。

　　若比較總統議會制國家與總理總統制國家，我們發現，前者明顯較易出現總統兼任黨主席情形。如何解釋這種現象？可能的一項重要原因是在總統議會制之下，總理除向議會負責外也須向總統負責，總統掌有對總理去留和較大的行政權，是故總統若擔任黨主席更有助於前述權力的運作以及對政黨的領導。當然，總統兼任黨主席與否受到憲政體制以外的其他因素影響，在此本文並無意做因果關係的推論。

表6-5　「總理總統制」下總統與總理兼任黨主席情形（2019年近三任總統任期）

國家	總統是否為黨主席		總理是否為黨主席			
			總統與總理同黨時		總統與總理不同黨時	
	是	否	是	否	是	否
克羅埃西亞	0 (0)	3 (100)	2 (28.6)	0 (0)	4 (57.1)	1 (14.3)
蒙古	1 (33)	2 (67)	2 (22)	2 (33)	4 (44)	1 (0)
法國	0 (0)	3 (100)	0 (0)	3 (75)	0 (0)	1 (25)
芬蘭	0 (0)	3 (100)	4 (40)	0 (0)	4 (40)	2 (20)
波蘭	0 (0)	3 (100)	2 (40)	0 (0)	0 (0)	3 (60)
葡萄牙	0 (0)	3 (100)	1 (16.7)	0 (0)	2 (33.3)	3 (50)
保加利亞	0 (0)	3 (100)	1 (16.7)	1 (16.7)	3 (50)	1 (16.7)
維德角	0 (0)	3 (100)	2 (50)	1 (25)	0 (0)	1 (25)
愛爾蘭	0 (0)	2 (100)	2 (50)	0 (0)	2 (50)	0 (0)
斯洛伐克	0 (0)	3 (100)	0 (0)	0 (0)	4 (80)	1 (20)

表6-5　「總理總統制」下總統與總理兼任黨主席情形（2019年近三任
總統任期）（續）

國家	總統是否為黨主席		總理是否為黨主席			
			總統與總理同黨時		總統與總理不同黨時	
	是	否	是	否	是	否
斯洛維尼亞	0 (0)	3 (100)	1 (14.3)	0 (0)	4 (57.1)	2 (28.6)
羅馬尼亞	0 (0)	3 (100)	0 (0)	0 (0)	4 (44.4)	5 (55.5)
聖多美及普林西比	0 (0)	3 (100)	0 (0)	0 (0)	5 (83.3)	1 (16.6)
馬利	1 (50)	1 (50)	0 (0)	1 (11.1)	2 (22.2)	6 (66.7)
亞美尼亞	1 (33)	2 (67)	0 (0)	3 (33.3)	3 (33.3)	3 (33.3)
喬治亞	1 (33)	2 (67)	0 (0)	1 (16)	0 (0)	5 (84)
立陶宛	1 (33)	2 (67)	0 (0)	1 (14)	3 (43)	3 (43)
尼日	2 (67)	1 (33)	1 (25)	3 (75)	0 (0)	0 (0)
海地	1 (50)	1 (50)	0 (0)	1 (11)	0 (0)	8 (89)
累計	8 (14.81)	46 (85.19)	18 (14.28)	17 (13.49)	44 (34.92)	47 (37.30)
總計	54 (100)		126 (100)			

資料來源：Wikipedia網站；NationMaster.com網站。本表由作者自製。

肆、臺灣半總統制下馬英九總統執政時期經驗

　　在本節中，筆者將討論臺灣在馬英九執政時期的情況，試圖將臺
灣的個案與前述各國經驗的歸納加以比較。從30個國家經驗的歸納

結果來看，總統內閣制國家相較於總理總統制國家，明顯較易出現總統兼任黨主席情形。再就總統內閣制國家內部來看，總統兼任黨主席的情況也達到六成以上的程度。臺灣的憲政體制較傾向何種半總統制次類型？總統是否較易出現兼任黨主席的情況？

　　首先，以半總統制的次類型來看，我國行政院院長乃向立法院與總統雙邊負責，雖然在憲法規範上總統是否具有解職權，學界有不同見解，但總統在憲法上具有單邊任命行政院院長的權力，總統發布行政院長任免命令無須行政院長之副署（憲法增修條文第2條），從而筆者認為，實際上與規範上總統具有解職後者的權力，行政院院長需向總統負責，因此臺灣符合總統內閣制特徵。對此，國內學者蘇子喬（2012：199）也指出，判斷我國憲政體制中閣揆是否對總統負責有3個關鍵點：分別是「總統任命閣揆有任意裁量權」、「總統對閣揆有免職權」、「閣揆於立法院與總統改選後皆會總辭，且根據最近一次經驗，甚至有轉變為僅需於總統改選後總辭的趨勢」；其亦認為，以上3個關鍵問題的答案，都顯現內閣除了依憲法規定對立法院負責外，在實際運作上亦對總統負責。就此看來，我國憲政體制在2000年第1次政黨輪替後逐漸定型為「總統內閣制」。

　　其次，我國總統是否較易出現兼任黨主席的情況？若從公民直選的總統，李登輝、陳水扁、馬英九以迄蔡英文，所有總統任內的多數時期乃兼任黨主席，就此而言，也相當符合與跨國經驗的歸納。再者，我們若觀察總統內閣制下總理兼任黨魁的情形以及臺灣的經驗，從表6-3中發現，當總統與總理屬於同一政黨時，除了極少數個案，尤其是奧地利外，絕大部分的情況是總理未兼黨主席。同樣的，近四任總統執政時期，除陳水扁時期的唐飛、馬英九時期的張善政、蔡英文時期的林全外，總統和行政院院長均為同黨籍，而行政院院長從未兼任黨主席。

　　前述乃從憲政體制的制度和結構面，加以勾勒跨國經驗和臺灣特徵，以下進一步就馬英九執政時期的黨政運作加以探討。由於黨政關係的面向繁多，本文將聚焦在分析總統兼任黨主席與否以及其伴隨的

現象。以下第一部分先就國民黨執政時總統與黨主席的角色關係略做
描述；第二部分就馬總統是否兼任黨主席區分不同階段，並說明黨政
運作型態；第三部分嘗試將陳水扁總統的個案納入做一簡要比較，呈
現其中的同與異。

一、總統與黨主席的角色關係：國民黨個案簡述

　　國民黨在臺灣的統治期間，共有5位總統，包括蔣介石、嚴家
淦、蔣經國、李登輝與馬英九。在馬英九之前，除了嚴家淦時期之
外，總統均身兼黨主席（表6-6）。在當時，總統是否身兼黨主席並
不構成問題，由於國民黨的「革命政黨」或「革命民主政黨」的屬性
以及威權政體的特性，黨政關係爲「以黨領政」，必須是國民黨黨魁
（總裁、主席），才可能擔任總統，而擔任總統之後並無辭去黨魁職
務的問題（陳宏銘，2013：42）。

　　但隨著政治體制的變遷，特別是1996年採用公民直選總統後，
民選總統成爲全國最具有選票和民意基礎的政治領袖，實權總統的憲
政體制對黨政關係的形塑作用隱約可見。在「後蔣經國時期」，隨著
李登輝在黨內權力的鞏固，以及民選總統的政治實力，其12年總統
期間一直身兼著黨主席。由於政治體系民主化的持續和加劇，國民黨
也面臨內部民主化的需求和挑戰，在2001年3月24日國民黨進行首次
黨員直選黨主席，並選舉出連戰先生爲黨主席。當時國民黨在前一年
失去了中央執政權，李登輝辭去黨主席。在2000年至2008年的8年期
間，國民黨處於在野黨時期。其間，2005年6月16日進行第2次黨員
直選黨主席，由馬英九取得黨主席職位（陳宏銘，2009：30）。

　　2007年，馬英九因市長特別費被起訴，宣布辭去黨主席，由吳
伯雄代理黨主席一職；4月7日進行補選，吳伯雄當選黨主席。2008
年馬英九代表國民黨參選總統，贏得勝選，重新執政。一開始，馬
英九未兼任主席，黨主席仍是吳伯雄，1年後才選擇兼任。2009年7
月26日國民黨舉行黨主席選舉，此次選舉是「同額競選」，在沒有

競爭對手情況下，馬英九以93.87%得票率高票當選。2014年國民黨「九合一選舉」失利，馬英九辭去黨主席職位，新一任黨主席朱立倫在2015年1月上任；再至2016年1月，國民黨在總統和立法委員選舉的挫敗，朱立倫辭去黨主席，由洪秀柱於同年3月接任。

表6-6　國民黨執政時期黨主席是否為總統一覽表

總統	黨主席（總裁）	總統與黨主席（總裁）是否同一人
蔣中正（1948-1949；1950-1975）	蔣中正	是
嚴家淦（1975-1978）	蔣經國	否
蔣經國（1978-1988）	蔣經國	是
李登輝（1988-2000）	李登輝	是
馬英九（2008-2016）	吳伯雄（2008-2009）	否
	馬英九（2009-2015）	是
	朱立倫（2015-2016）	否
	洪秀柱（2016-）	否

資料來源：本表作者自製。

二、總統與黨主席的角色關係與黨政運作：馬英九總統執政時期的變遷

綜觀馬英九總統8年任期，依照總統和黨主席的角色關係可歸納出4個組合階段：一是2008年至2009年總統未兼任黨主席階段（馬英九總統搭配吳伯雄黨主席）；二是2009年至2014年12月總統兼任黨主席階段；三是2014年12月後至2016年4月間總統未兼任黨主席（朱立倫）階段；四是2016年3月後洪秀柱擔任黨主席階段。

（一）馬英九總統與吳伯雄黨主席階段

　　2008年馬英九當選總統，時任黨主席的吳伯雄特別詢問過馬英九：「要不要回來兼任黨主席？」馬則回：「現在怎麼可能兼呢？」（蕭旭岑，2018：77）。而吳伯雄的意思是，具體上是否要修改國民黨黨章，以明定執政期間總統可不經黨內選舉而兼任黨主席，並因此表明願意把黨主席的任期還給馬英九，以讓黨政一元領導。但馬英九並無意回任黨主席，不希望造成外界「以黨領政的現象」，並表示支持吳伯雄續任，以及2009年6月前他會再決定是否參選（張琪，2009；李建榮，2017：219；蕭旭岑，2018：77）。於是，馬英九以超黨派的全民總統自居，宣示「退居第二線」，欲落實「雙首長制」。此階段形成總統與執政黨黨主席職位分離的狀態。

　　雖然總統未身兼執政黨黨主席，但馬英九甫當選總統，聲勢正隆，基本上吳伯雄的黨權名大於實。然而國民黨與行政部門並未形成緊密合作的關係，黨的相關體系從中央到地方，陸續反映重新執政後，黨政的關係似乎出現黨政分離現象，而其中一項重要的觀察指標在於馬英九提名的考試院和監察院人事案在立法院的投票時部分遭到滑鐵盧（李建榮，2017：221）。以當時監察院正副院長及監委選舉來看，國民黨當時在立法院裡雖然擁有絕對多數的席次，儘管院長被提名人王建煊獲立法院同意出任，但副院長被提名人沈富雄，監委被提名人尤美女、陳耀昌與許炳進則未能通過，此顯示馬總統的領導威信受到挑戰，反映出黨政關係出現問題（蕭旭岑，2004）。

　　當時對於總統是否兼任中國國民黨主席議題，社會輿論與學術界各亦有正反意見，譬如周繼祥及曹俊漢教授認為黨政合作應朝建立機制努力，不宜寄託在誰接黨魁上。不過，周育仁教授認為總統站上第一線有助黨政運作更順暢，馬總統是700多萬票選出的領導人，民眾強烈期望應該站上第一線主導，現行是一個團隊四輛馬車各自奔跑，若有效整合總統府、行政院、國民黨中央及立法院這四輛馬車，在規劃政策、人事案一開始時就交換意見，這樣人民會感受到政

府是有系統的運作，對提升國家競爭力是好事，總統兼任黨主席是一個可思考的方向（唐佩君，2008）。

雖然馬總統與吳伯雄主席都一再強調黨政關係是「黨政分際」，而非「黨政分離」，黨與政並沒有分離，而是有所分際，各自扮演應有的角色與功能（陳財官，2008），但黨政關係的強化乃是無可避免之課題。2008年11月22日舉行的國民黨臨全會修正黨章，讓主席得指定黨籍政務官五人擔任指定中常委，強化黨的輔政機制（民眾日報，2008）。不過，中常會在黨政平臺中所占據的地位逐漸式微，甚至弱於新設的「中山會報」。

國民黨重新執政後，建構了相關黨政溝通機制，包括府院黨高層會議的五人小組、中常會、中山會報、行政與立法間的黨政平臺等等（表6-7）。其中，府院黨五人小組由總統府每星期一中午在總統府召開，扮演最高層次的溝通平臺，包括政務、立法院的民意，及黨務資訊溝通的場所，其成員包括正副總統、立法院長、行政院長和國民黨主席。中山會報是早在馬英九2005年首度擔任黨主席時所設置，於週二舉行，由黨主席親自主持。[8]

表6-7　國民黨黨政平臺

黨政平臺名稱	時間	性質與出席人員
府院黨高層會議 （五人小組）	星期一	在總統府召開例行性的府院黨五人小組會議。 五人小組會議重要的功能，是扮演溝通平臺，包括政務、立法院的民意，及黨務資訊溝通的場所。
中山會報	星期二	並非正式的一個組織架構，它是臨時編組的，黨主席主持。
中常會	星期三	黨主席主持的中常會。行政院部會首長會列席參加，層級最高者為秘書長。

---

[8] 2014年9月在所謂「九月政爭」後，立法院院長王金平不再受邀參加五人小組高層會議，改由國民黨政策會執行長參與，這種情況延續直至朱立倫和洪秀柱擔任黨主席時。在其間，金溥聰在擔任國安會秘書長時，於2014年3月31日加入此高層會議，出席人員增為六人。

表6-7　國民黨黨政平臺（續）

黨政平臺名稱	時間	性質與出席人員
委員會會議	不定期	由立法院各委員會的委員長為主持人，遇有需要政策說明或是法案需要溝通的時候，由委員長召集或由行政部門的首長請求委員長幫忙邀集。
政策會協調會報	不定期	中央政策會執行長主持，就重大政策、法案或預算，邀請行政院長、副院長、秘書長、相關部會首長、委員會的委員長、召委或是全體的委員溝通。
府院黨三祕會議	定期	由府院黨三位秘書長定期會商，作為掌握民意、解決民怨的黨政運作平臺。

資料來源：依陳宏銘（2013）修改。

　　至2009年歷經近1年的磨合，國民黨與政府之間不斷修正彼此互動模式，卻仍未穩定，亦需面對立法院在立法進度上無法配合施政的情況。例如，第7屆立法院第2至第3會期的立法，行政部門所提的重大法案（或優先法案）通過率僅分別為36.9%與52.0%（陳宏銘，2011：89）。回過頭來看，國民黨一致政府時期的若干處境與民進黨分立政府在2000年執政初期相似。因此在黨政關係上，馬總統是否兼任國民黨主席的問題，也逐漸浮上檯面。

（二）馬英九總統兼任黨主席階段

　　2009年6月10日馬英九宣布參加下屆國民黨主席選舉，希望藉此推動更緊密的黨政關係，中常會旋即正式通過增列府院高層及行政院直屬機關之黨籍首長為當然黨代表。國民黨中常會並大幅改組，除了副主席團之外，增加指定中常委席次，納入具決策權的部會首長，改變偏重立院黨團的中常會結構。馬總統在競選期間並指出未來當選主席以後的黨政關係，是要「以黨輔政」，且黨政有所分際，而不是「以黨主政」或「以黨領政」。

　　此次馬英九一人參選黨主席並非理所當然，事實上黨內也曾掀起

一股要吳伯雄連任的聲音。[9]面對相關人士的勸進，吳伯雄不是沒有動心。但他考量到如果參選而與現任總統競爭，不論誰贏，對國民黨都是輸，他私下對幕僚說：「萬一我贏了怎麼辦？」（李建榮，2017：226）。於是吳伯雄最後決定，把黨主席職務還給馬英九，也化解下屆黨主席可能的競爭場面，因爲他的不參選，馬英九以現任總統重任黨主席也就順理成章，大勢所趨（李建榮，2017：226）。

2009年10月21日馬英九正式接任國民黨黨主席，受到馬英九兼任黨主席的影響，該次黨代表、中央委員，以及中常委三級代表選舉競爭激烈（李明賢，2009）。馬英九在當選黨主席之後，國民黨並於2013年11月10日舉行第19次全國代表大會，通過黨章修正案：「國民黨黨員爲總統時，自其就任總統之日起即兼任黨主席，卸任總統時亦同免兼任之，不適用黨章中有關黨主席選舉產生及任期之規定。」[10]易言之，總統即當然兼任黨主席。

其後，金溥聰在廖了以之後接任黨的秘書長，主張國民黨必須轉型成「選舉機器」。再者，他除以「變形金剛」形容黨的選舉機器外，又以「雨傘理論」說明黨務革新，欲打造「選舉時打開來，沒有選舉時收起來」的選舉機器。馬總統在這個階段中欲藉由兼任黨主席來強化對政黨的掌握，並改善黨政關係的運作，至於，國民黨是否要定位爲「選舉機器」，未見他有對外明確的說法，應是金溥聰採取較主動的構想（陳宏銘，2013）。

在這個階段中，馬英九身兼黨主席，故可以透過黨的機制直接領導國民黨，譬如可以直接主持中山會報、中常會，並以黨主席身分直接對黨籍從政黨員下達黨的命令，這是未兼任時無法採取的作爲。如表6-8所示，透過黨內機制如中山會報、中常會的主持，馬總統可以

9　在一場黨內重量級要角的餐會上，曾任主席以及多位院長、副院長、中常委都建議吳伯雄應該繼續競選，即使馬英九總統願意再參選黨主席，他們都願意支持吳伯雄連任（李建榮，2017：225-226）。

10　此項規定於2019年7月間所召開的全國代表大會中予以刪除，此後國民黨籍總統將不再當然兼任黨主席。

表達其對重要法案的態度和推動立場，而其發言次數亦占有相當的
比例，並且其發言內容的強度頗高（關於要求法案三讀通過的急迫
性）。相對的，從表6-9可以看到，在吳伯雄擔任黨主席時，馬總統
透過政黨內部的正式場合表達法案態度的次數為零，而多藉由政府
官方或其他黨政平臺來發聲和推動。[11]不過，馬總統回任國民黨主席
後，雖定位中常會為政策溝通平臺，但過去中常會議案只要經工作會
議同意，即可進入中常會，然而現今改由工作會議同意之後，尚須送
中山會報同意才送至中常會，因而中常會的一些功能被質疑弱了不
少。

表6-8　馬英九總統「兼任」黨主席時期重大法案表達場所

法案表達	表達場合					
	政府官方		政黨內部		府院黨高層會報（五人小組）	其他黨政機制
	總統府	其他	中山會報	中常會		
	第一任					
次數	20	7	13	17	11	4
平均強度	1.9	1.4	2.2	2.2	2.5	2.5
	第二任					
次數	53	16	23	28	11	22
平均強度	1.9	2.3	2.4	2.3	2.8	2.2

資料來源：立法院國會圖書館《新聞知識管理系統》；中華民國總統府新聞稿。本表由作者自製。

---

[11] 關於表6-8和表6-9的研究方法，如次數和強度的計算，請參閱本書第三章的研究設計。

表6-9　英九總統「未兼任」黨主席時期重大法案表達場所

偏好強度	表達場合					
	政府官方		政黨內部		府院黨高層會報（五人小組）	其他黨政機制
	總統府	其他	中山會報	中常會		
	第一任（吳伯雄任黨主席）					
次數	13	3	0	0	21	4
平均強度	2.2	3	0	0	2.8	2.8
	第二任（朱立倫、洪秀柱任黨主席）					
次數	4	5	0	0	0	0
平均強度	1.5	1.4	0	0	0	0

資料來源：立法院國會圖書館《新聞知識管理系統》；中華民國總統府新聞稿。本表由作者自製。

（三）馬英九總統與朱立倫黨主席階段

　　由於2014年國民黨在「九合一選舉」中失利，馬總統因為敗選扛責，辭去黨主席職位，其後由新北市市長朱立倫在2015年1月間擔任黨主席。此一階段是馬總統第2次未兼任黨主席的時期，而在這階段中從多數民意調查結果顯示，馬英九總統的聲望大幅下降，加以任期即將結束，已經被普遍視為出現跛腳狀況。因此，這次總統未兼任黨主席的原因與第1次在主觀意願和客觀條件上均有所不同，而其所造成的政治影響也有所差異。

　　由於當時朱立倫是唯一的國民黨籍直轄市市長，被視為最有實力代表國民黨角逐2016年總統大選的政治明星，而此時馬總統的聲望已與2008年甫上任時不可同日而語。因此，朱立倫所扮演的黨主席角色具有一定程度的自主性和實權，與吳伯雄僅具名多於實的黨權相較，不是在同一個級別上面。

　　朱立倫接黨主席後，黨政之間的關係營造，主要針對黨中央與行政、立法權的互動採所謂的「雙軌制」。與行政權互動部分，黨主席除參與總統府府院黨高層會報而直接參與決策外，在中常會上也要求

行政首長報告政務，溝通行政作為。與立院黨團互動部分，試圖讓部分黨籍立委兼黨職直接參與黨決策，以及黨秘書長和政策會與黨籍立委之溝通。朱立倫在黨決策機制部分亦做出重大改變，即取消中山會報，而中山會報是馬英九早在2005年首度擔任黨主席時即設置。按國民黨黨章明定，中常會是全代會閉會期間黨內最高權力機關，但其功能卻逐漸被「中山會報」取代，惟中山會報並無黨章之基礎。其次，根據媒體分析，朱立倫接連一段時間並未出席每週一中午在總統府舉行的黨政高層會議，並且在國民黨總統提名初選的關鍵時刻，請假不主持週三的中常會（張詠，2015）。

再者，關於作為黨主席的自主性，在立法院院長王金平黨籍案中，朱立倫決定撤回此案的上訴，此一作為與馬英九立場衝突，致馬總統正式發表聲明：「本人必須嚴正表示失望與不能認同。我一向認為，國民黨是一個有是非、講道義的開國政黨，面對大是大非的司法關說爭議，國民黨不能鄉愿，也不能和稀泥，必須捍衛黨的核心價值，否則無以對百萬黨員交代。」對此，朱立倫亦表示：「重視程序正義、大是大非，不同的意見，彼此尊重。」（李雅雯，2015）最後，朱立倫推動內閣制（即內閣制）修改，馬英九是被動的和消極的支持，並不看好，而最後此波憲改之推動，並未有具體成果。在朱立倫擔任黨主席的階段，國民黨人士有時會出現要聽從「朱意」還是「馬意」的困惑。究竟此時是以黨輔政或黨政分離，也不易判斷。

綜觀此階段，馬總統儘管在當時聲望和影響力處於執政以來最低迷的狀態，但他並非虛位元首，憲政體制的運作仍是半總統制，他仍握有國民黨政府在人事和政策上的實質權力或影響力，其對政黨的影響力亦未完全消退。隨著朱立倫在黨內的領導並不如預期順利，以及經歷「換柱」事件後威信受創，聲望亦走下坡。

（四）馬英九總統與洪秀柱黨主席階段

2016年1月，朱立倫即因國民黨在總統和立法委員選舉的挫敗下

辭去黨主席，之後除由副主席黃敏惠暫時短期代理主席外，接著由洪秀柱在3月30日就任。

洪秀柱接任黨主席之後，由於國民黨總統敗選而成為在野黨，同時在立法委員選舉也失利，讓民進黨一舉獲得國會過半數席次，因此國民黨能夠與民進黨競爭和角力的重心會是在立法院。因此，這個階段的黨政關係也必須從這個角度理解。確實，國民黨黨團的自主性高漲，黨籍立委亦力求表現，例如國民黨立法院黨團決議要求直選政策會執行長。不過，洪秀柱亦欲掌控立法院黨團，不僅上任後即坐鎮立院黨團大會，且雖承諾黨團可直選總召，總召也會是當然的「政策會副執行長」，試圖爭取讓黨團的向心力以及與黨中央政策會更緊密連結（施曉光，2016；楊毅，2016）；然而，政策會執行長卻未如黨團所期待由直選產生，反而係由非立法委員身分的蔡正元前立委擔任。再者，洪秀柱於「肯亞案」中曾致電黨團，不滿黨團對於立法院向陸方所發出的朝野共同譴責聲明中，將臺灣與中國併陳，讓「兩國論」入文有意見，並指責代表黨團協商的黨團幹部為綠營背書（周志豪，2016）。不過，由於政策會執行長一職與立委脫勾，非現任立委擔任，其成為單純的黨務主管後，無法在國會前線督軍，亦不能參與朝野協商，黨主席與黨中央的角色與功能處於較不確定的狀態。

洪秀柱擔任主席期間除了欲強化對黨團的掌控外，另一項值得觀察的是她與馬英九總統之間的互動平臺。如前所述，在馬英九總統執政時期，黨政互動平臺之最高層級為在總統府每週一召開的府院黨高層會議，馬英九在洪秀柱上任之初，即邀請她出席，在520卸任前建立好黨政合作機制。然而，從後續的觀察來看，這個平臺並沒有成為洪秀柱與馬英九進行黨政互動的重要機制。

（五）綜合分析

前述黨政關係的發展，一開始馬英九於2008年就任總統後，由吳伯雄擔任國民黨的黨主席，吳伯雄雖然也相當「尊馬」，但當時的

黨政互動平臺並未發揮效果，黨政關係傾向處於「黨政分離」的狀態。所謂「黨政分離」並非指當時的政府不是國民黨政府，也並非指政府與國民黨完全脫勾，而是指由於總統並未兼任黨主席，以及黨與政之間無法有效連繫和整合，以致黨未能成為政府施政的有力支持。即使當時總統府定期召開府院黨高層會議，總統和黨主席於此可見面商討，但總統無法實際參與黨內的決策機制並發號施令。

源於黨政分離所帶來困境，馬總統意識到他必須改變現狀，選擇自己身兼黨主席來因應挑戰。在總統兼任黨主席這個階段中，馬英九將黨政關係定義為「以黨輔政」。總統身兼黨主席之後，可以透過黨的機制直接領導國民黨，譬如可以主持中山會報、中常會，甚至是在非正式場合以黨主席身分下達黨的命令。由於此時總統和黨主席是同一人，也會產生究竟馬英九是基於總統的職權還是國民黨黨主席的身分在對黨內進行領導和下指示之疑惑。黨政關係演進到馬英九總統第二任任期中之後，在朱立倫與洪秀柱階段，又轉回總統未兼任黨主席的狀態。這個階段，馬英九欲在黨內貫徹意志已經力不從心，這固然與他在當時的聲望下跌顯著有關，但他未能正式參與黨的決策應是很關鍵的因素。一位聲望很高的總統，如2008年他甫就任總統之初，在未兼任黨主席之下，他依然無法得心應手的對黨加以領導、駕馭。由此可見，總統是否同時為執政黨的黨魁，位居臺灣半總統制下黨政關係金字塔體系中的頂端，具有牽引黨政運作其他次級體系的作用。

三、馬英九總統與陳水扁總統之經驗比較

陳水扁與馬英九在總統任期之初，均以全民總統自居為由而未兼任黨主席，卻在執政的任期中踏上兼任之路，其後因故又未兼任，故兩位總統的經驗極具比較性。至於蔡英文總統時期則較為不同，因為她就任總統一開始即具黨主席身分，其後因2018年年底民進黨於九合一地方選舉失利，辭掉所兼黨主席之職務，情況有所不同，加以其

任期剛滿3年，故此處僅就前兩位總統的個案做討論。

　　陳、馬兩位總統不約而同在任期中踏上兼任黨主席之路，這是兩者相同的部分，而究其因，可從宏觀的歷史的與制度的因素加以理解。所謂歷史的因素係指臺灣曾經歷過一段長期的黨國不分、以黨領政的威權統治，在黨國體制時代，與其說是總統兼任國民黨黨主席，不如說正是因為能成為國民黨的最高領袖，也才可能成為國家的最高領導人──「總統」。這個情況在蔣中正、蔣經國，甚至是李登輝時期，都是「本應如此」的法則。總統兼任黨主席在當時是正常的，未兼任（嚴家淦任總統時）反而才是異常。此一歷史遺緒在臺灣政治民主化後，逐漸受到各方的質疑：「總統作為國家元首，是否應該不涉入政黨事務，而維持超然的身分？」以上述角度來觀察陳水扁的全民總統以及馬英九「退居第二線」，都源自於總統身兼政黨領袖並不是一件可以贏得人民讚許的事。這並非指他們主觀上不想在政權和黨權上同時兼而得之，而是有客觀環境的因素。這種客觀的環境，主要是來自人民對總統掌握黨權的負面觀感與超出黨派的期待。譬如，根據一項針對陳水扁與馬英九兼任黨主席的民調顯示，認為兼任黨主席是「不適當」的受訪者，分別有46.8%與59.6%，相對的，認為這是「適當」的，僅分別為21.4%與20.8%。[12]本文雖然不欲對民主程度與總統兼任黨魁的相關性遽下結論，不過由這些數據來看，我國總統兼任黨主席仍背負外界對於其維持超然的國家元首的質疑。[13]再者，陳水扁與馬英九兩位總統當選之初都有不利兼任黨主席的因素，陳總統面臨民進黨在國會中居於少數的劣勢，且同時當時是臺灣首次政黨輪替，他有需要淡化民進黨一黨執政的色彩，其所籌組的「全民政府」內閣閣員多非民進黨人士，甚至包括了若干非黨派成員。根據一項針對半總統制國家的研究指出，內閣組成中，非黨派的

12　臺灣指標民調發布（2013年7月1日），分別在2004年6月針對陳水扁（當時係由年代民調所設計與執行），2013年7月針對馬英九所做之調查。

13　學者亦有針對總統兼任黨魁的應然面加以探討，如蘇子喬（2016）。

成員愈多，表示總統對於內閣的影響力愈大（Schleiter and Morgan-Jones, 2010）。確實，全民政府的出現，也顯示陳水扁當時對政府人士的決定權達到高峰。相對的，馬總統則是因為行政和立法多數一致的完全執政優勢，也無兼任黨主席以強化黨政整合的迫切需要，況且吳伯雄的黨主席任期也未到。

　　陳水扁與馬英九兩位總統任期中是否兼任黨主席也深受制度的影響，即實權總統的政府體制對黨政關係的牽引作用。源於總統議會制或總統優勢的半總統制特質，在兩位總統任期內，除了因為任期之初或扛敗選責任，又或是特殊情況下未兼黨主席外，主要時期仍傾向是兼任的。並且在未兼任的時期，無一是由行政院院長擔任執政黨黨主席。很明顯的，若是行政院院長兼任黨主席，其將是執政黨的最高領袖，這是傾向議會內閣制的特色：由多數黨黨魁擔任總理，這與總理須向總統和議會負責的總統議會制下之權力邏輯是相違的。因此，我國歷任總統傾向兼任黨主席，實受到半總統制結構的影響；換言之，憲政體制對於黨政關係的型態所產生的作用，再次獲得確信。

　　我國半總統制的設計，除了可以解釋兩位不同黨籍的黨主席以及不同府會關係下〔陳水扁處於分立政府（divided government），馬英九處於一致政府（unified government）〕的總統，任期的多數時候都接任黨主席，也同樣可以解釋兩者為何都不約而同建構了多層次的非體制內的黨政互動平臺，包括同樣都在總統府召開的府院黨高層會議，只是參與人數略為不同而已。其原因，即由於形同內閣制內閣會議的行政院會議係由行政院院長主持，我國憲法並未賦予總統正式的政策決定機關，國家安全會議僅是總統作成國家安全大政方針的諮詢機關，總統除了緊急命令的發布之外，亦無發布具有法律效力的行政命令或總統令之權。在此情況下，陳水扁和馬英九兩位總統會設法在體制外尋求黨政互重平臺的建置，也是迫於制度的約制使然。但陳水扁總統的「九人小組」府院黨高層會議在2002年他兼任黨主席後，便停止運作，因他既已身兼黨主席，進行「黨政同步」，無需再多此一舉。相對的，馬英九總統的五人（亦曾六人）府院黨高層會議

終其任期並未完全停止其運作。

除了上述相同之處外，兩位總統的經驗同中也有異，其中不同的府會黨派結構因素，以及民進黨和國民黨政黨組織屬性因素的差異扮演了關鍵作用。首先，關於府會關係，陳水扁面對的是民進黨在立法院持續未能掌握過半席次的分立與少數政府難題；而馬英九總統則是立於行政和立法由國民黨掌握多數的一致政府和「完全執政」優勢。陳水扁和馬英九兩位總統是否兼任黨主席以及黨政關係的強化，都是為了順利的執政，前者主要目標在於「突破少數的困境」；而後者在於「鞏固多數的優勢」。為了突破少數困境，陳水扁總統執政之初刻意創設前所未見的「全民政府」，並且未兼黨主席以示超然。為了鞏固多數，馬英九總統則不得不在上任1年半後接任黨主席，從第二線站到第一線。

此外，政黨的屬性也影響其與政府之間的關係，民進黨相較於國民黨，從其政黨的起源開始即具有選舉專業型政黨（electoral-professional parties）以及派系共治的特性；[14]國民黨是革命政黨起家，組織內部的核心人士並非選舉專家，相對的政黨本身係一龐大的官僚系統，且國民黨有其黨營事業和不容低估的黨產，相對的具有大眾官僚型政黨（mass bureaucratic parties）的特徵（陳宏銘，2013）。民進黨是選舉起家，黨民選公職人員在黨內的地位甚高，加以派系共治和山頭菁英的群雄並起，更容易弱化黨中央和黨領導人的權威。歷來民進黨內部菁英便沒有如國民黨般官僚層級，這對陳水扁總統欲藉由掌握黨權來突破國會中的少數困境並非絕對順利。然而，我們觀察到，也正是因為少數政府的困境，以及陳水扁為民進黨首度贏得中央執政權，其聲勢和黨內權力在任期的前期和中期處於高

---

[14] Panebianco（1988: 264-67）曾提出「選舉專業型政黨」（electoral-professional parties）與「大眾官僚型政黨」（mass bureaucratic parties）的分類。所謂「選舉專業型政黨」，係由職業性的專家擔任政黨核心角色以完成專業化的工作。同時，政黨是一種選舉的政黨，訴諸選民中的意見分子，組織內垂直的聯繫較弱。

峰，於是黨內派系也被迫弱化其影響力，甚至通過了解散派系的決議。陳水扁總統的政策理念，試圖能夠貫徹到行政部門和立法院黨團的。

不過，民進黨作為執政黨，雖然當陳水扁總統兼任黨主席時中央黨部黨工的地位顯著提升，但中常會仍非他藉以作成政策決定的重要機制。根據筆者對陳總統在法案表達態度和推動的實證研究顯示，在第1個任期未身兼黨主席時，他以政府與民間為主要場合，直至2002年7月就職黨主席後，政黨內部的機制如中常會、中執會等才成為他傳達法案態度的可能管道。陳總統第二任時，總統府和民間場合更明顯成為他表達法案態度的主要場合，而中常會的法案表達次數非常有限，透過政黨和黨政平臺表達態度的次數較第一任少很多。推測其因有三：一是此任期中總統兼黨主席時間甚短，僅約10個月的時間；二是陳總統的決策模式漸漸成型，即他主要不是透過黨內正式決策機制或黨政協調平臺作成，而是在此之前他已有所定見；三是民進黨政府在此一時期被許多政治議題的討論占據議程，陳總統在此針對特定法案的討論就少很多（陳宏銘，2014）。

相對的，馬英九總統所屬的國民黨在立法院雖握有過半數席次，如果國民黨黨團和行政部門合作無間，國民黨立委與黨籍總統立場一致，則不會發生要黨政關係改善的問題。但從若干重要法案的立法挫敗，如2009年底至2010年1月初「美牛案」中涉及的食品衛生管理法第11條修正案以及2010年12月間「二代健保」法案（全民健康保險法修正草案），可知國民黨黨團並非馬總統能完全掌控。確實，根據筆者（2012）的研究，馬總統即使兼任黨主席，其推動的重大法案在立法院的通過率並不高，這與前述陳水扁兼任黨主席在立法通過的情況似乎有所不同。馬總統也意欲突破國民黨既有的官僚和決策體制，例如創設了在中常會召開前的另一機制──中山會報，以求更有效率的決策。然而，他仍未能有效令國民黨黨團貫徹其立法意志，甚至無法取得同黨籍國會議長王金平的有力配合。由於其聲望的下降，在其第二任任期的中後半段，有無兼任黨主席，府院黨高層會

報是否召開，似乎已經不再是其統治權行使的關鍵了。

伍、結論

　　本文歸納各國半總統制下總統兼任黨魁與否之概況，並結合黨政關係分析臺灣馬總統執政時期的個案經驗。綜合上述研究成果，本章提出以下幾項研究發現：

　　首先，在馬英九總統8年任內，儘管曾出現未兼任黨主席情況，不過相對上多數時期仍是由他兼任。對於此一情況的解釋，可以從憲政體制的因素來加以理解。根據跨國資料顯示，雖然在半總統制國家中，出現總統兼任黨魁的比例居於相對少數，但若考量半總統制之下有不同的次類型，那麼情況可能有所不同。本文藉由Shugart與Carey提出的總統議會制與總理總統制的分類比較發現，總統議會制下總統較易兼任黨魁，具體而言有過半數的總統兼任，而臺灣的憲政體制傾向具有濃厚的總統議會制特點，因此是符合跨國比較下的模式。

　　其次，如何解釋總統議會制下總統較易兼任黨魁？其中可能的原因在於，此種體制下總統掌有對總理去留和行政權的較大權力，因而總統更有政治實力擔任黨主席職位，並因此更鞏固政府權力的運作以及對黨權的掌握。進一步而言，在此種總統優勢的半總統制類型下，倘若總統未兼任黨主席，則其除了因為無法同時兼任行政院院長，而須費心選擇一位忠於其理念的代理人之外，又必須同時在政黨中建立代理人，在治理上何其不方便。尤有甚者，總統無法出席行政院會議，憲法缺乏賦予總統常態性的政策決定機制，其需要費力建立體制外各種決策諮詢機制和黨政聯繫平臺，再加上總統若無法有效掌控政黨，會發生總統意志與黨意可能的落差等等現象。若總統兼任黨主席，則剩下只需尋找他領導行政權的代理人，即行政院院長。

　　這可以解釋為何國民黨一如民進黨一樣，修改黨章讓擔任總統的黨員即同時擔任黨主席。但並不是每個總統優勢的半總統制國家都如

此，換言之，一定還有其他因素必須考量，諸如該國的憲政傳統對總統所設下的角色期待，或與政黨體系特質或政黨本身特性有關，以致總統無需兼任黨魁，因並不妨礙其實質上就是黨的領導人。整體而言，即便我們無法從半總統制（暨其次類型）的特性單獨解釋這些現象，但憲政體制變項確實提供一項核心而重要的解答。

再者，總統兼任黨魁對於政黨的掌控只會更強而不會更弱，甚至對黨政關係的運作有可能有所助益。但總統亦可能要付出代價，除總統作為國家元首的中立角色被認為有所損傷外，也必須承擔領導黨的責任。換言之，兼任黨魁的總統會出現隨著其所屬政黨在國家重要選舉中的勝與敗而有所進退。這可以解釋馬英九在2014年底卸下黨主席一職，也可以解釋陳水扁執政時的相關案例。

此外，由於總統是否同時為執政黨的黨魁，牽引黨政關係其他次級體系，因此馬英九有沒有兼任黨主席，其黨政運作模式自然有所變動。具體而言，馬英九身兼黨主席時，透過黨的機制直接領導國民黨，譬如他延續之前自己所創設的中山會報，他可以黨主席才可以主持這個會議，也可以主持中常會，並以黨主席身分透過各種黨內機制直接對從政黨員下達黨的命令，這是未兼任時無法採取的作為。

本文也納入陳水扁總統執政個案與馬英九總統經驗加以比較，他們分別代表民進黨和國民黨，也分別處於分立政府與一致政府之不同府會結構下，這可以提供我們更進一步驗證半總統制在不同的個案下的制度效果。經由兩個個案的比較，本研究再次確認，無論是陳水扁或是馬英九之執政，半總統制的制度因素對於總統是否兼任黨主席以及相關的黨政運作型態，扮演重要的牽引作用，架構了其中基本的發展軸線。我國半總統制的設計，除了可以解釋為何兩位不同黨籍的總統，其任期內多數時候均兼任黨主席，也可以相當程度解釋為何他們都不約而同建構了多層次的非體制內之黨政互動平臺和機制。當然，細部的比較，兩位總統的經驗，同中亦有異。比如他們處在不同的府會黨派結構下，以及分屬民進黨和國民黨之不同政黨組織體之下，相關的黨政關係操作亦有所差異。

　　最後，本文對於總統兼任黨主席與否以及黨政運作之分析，強調半總統制與其次類型制度的作用，除半總統制下總統角色的理論層面外，並著重實然面的討論，以補充國內憲政體制研究之不足。

7

黨主席選舉競爭與政黨組織定位：以民主進步黨為例之研究

壹、前言

國內兩大政黨中國國民黨和民主進步黨，其各自黨主席的選舉，往往受到國人高度的矚目。一方面這是因為政黨領導人的選拔，是政黨內部領導權競爭之要事；另一方面因為作為大黨，這兩個政黨都有實力取得中央政府執政權，一旦執政，黨的領導人也可能同時成為政府的領導人。換言之，黨內領導權之競爭，可能關係到政府領導權的競爭。當政黨於處於在野黨時，黨權之競爭，也間接牽動著未來角逐總統職位的競爭。當政黨處於執政地位時，黨主席人選既可能就是總統本人來擔任，也可能是總統在黨的代理人身分。尤有甚者，政黨領導人和政黨領導權的競爭模式，也深受政黨長期的屬性和組織型態的影響。

當前的執政黨──民進黨，其迄今（2019年）為止共有17屆黨主席，最新一屆的黨主席之產生，乃源於2018年年底民進黨於九合一地方選舉失利後，蔡英文總統辭掉所兼黨主席之職務，而由卓榮泰與游盈隆兩人競逐該職位，最後由卓榮泰勝出。卓榮泰所扮演的黨主席角色與總統以及政府團隊的關係，涉及「執政時期民進黨黨主席的角色定位」。其實，這個定位在民進黨黨章中已經確立，即執政時期由總統任黨主席，非執政時期由黨員直接選舉產生。換言之，目前黨主席由非總統擔任是黨章所設定下的例外，這個例外在陳水扁總統執政時也曾經出現過。

而民進黨非執政時期黨主席的選舉競爭，也常與總統職位的競逐邏輯相關，其中特別值得關注的案例，是2012年的第14屆黨主席選舉。在那場有關黨內領導人選舉的競爭過程中，令人印象深刻的是，候選人蘇貞昌受到其他候選人和黨內同志的質疑，他是否會以取得黨主席一職作為參選下一屆總統的跳板。質疑者認為，蘇貞昌應該在參選黨主席和參選總統之間做一個明確的抉擇。有趣的是，蘇貞昌從頭到尾並未正面回答這個問題或做出什麼承諾，最後並以壓倒性的

選票優勢贏得這場黨內的選舉。

　　這場選舉已經結束多年，但留下值得繼續探討的重要問題是，擔任政黨黨主席與參選總統之間的關聯性究竟為何？質疑當時蘇貞昌沒有做出承諾的人，除了主張黨主席在選務上應站在中立無私的角色外，是否預設其在總統選舉中僅能扮演「抬轎」，而非「坐轎」的角色？

　　在該場黨主席的競爭中，另一個議題同樣值得關注，即候選人蘇煥智主張：「民進黨必須成為有使命型的剛性政黨，不能只是鬆散的『選舉機器』。」蘇煥智的呼籲在候選人之間並未激起什麼火花，然而，關於民進黨組織定位的問題並未隨之落幕。2012年9月底，曾擔任第2屆黨主席的姚嘉文也指出，民進黨剛成立時黨的定位是推動民主改革的組織，現在卻扭曲為「選舉總路線」（李欣芳，2012）。蘇煥智和姚嘉文的看法有點接近，他們某種程度的都將民進黨在過去的一段時期，視為是以選舉為核心任務的一個政黨。他們對民進黨屬性或路線的認知不一定反映事實的全貌，但卻突顯了相關的議題和爭點。

　　上述兩件事情看似不同的性質，一是關於黨主席角色與總統選舉的關係，另一則是涉及政黨是否走向選舉機器的組織定位，但兩者其實是具有相關性的，關鍵就在於「選舉」這個共同的交集詞彙。

　　確實，如果民進黨定位在只為贏得選舉而傾向是單純的選舉機器，那麼其黨主席的主要職責在於領導黨在各次的全國性選舉中贏得勝選，並且該項職位的競爭應與總統職位的競逐沒有太大關係。黨主席是幫助黨內參選人贏得選舉的組織首腦，而非自己坐上候選人的轎子。但相反的，如果政黨不只是履行選舉機器的任務，還主導意識型態和政策理念的創發和設定，並且在贏得中央政權時構成組織政府的主要實體，那麼黨主席的產生過程就很難只是單純政黨內部領導人的挑選問題，也不是決定一部選舉機器的領導者是誰而已。換言之，黨主席選舉的競爭本質，反映了政黨在組織上的重要特性，是政黨性格的投射；而政黨的性格也可能受到所處國家憲政體制的結構特質所影

響和形塑。這個現象，從臺灣在總統由公民直選產生之後就逐漸形成，直至在當前蔡英文總統執政時期的民進黨，同樣持續存在。

在內閣制下，執政黨黨魁通常就是內閣的閣揆，政黨內部領導人的選拔和更替，直接關係到的就是誰來當總理。但臺灣的憲政體制並非內閣制，在半總統制的實務運作上也不是傾向內閣制的方向運作，因此情況與其有所不同。在臺灣，政黨內部領導人的選擇，常關係到黨內菁英角逐總統的機會結構。因此，有關黨主席選舉競爭的研究，對於掌握一個政黨的性質，乃至於連結到整體憲政的運作，都是相當重要的課題。

當代的民主政治莫不以政黨政治為運作基礎，政黨組織在研究上的重要性不可忽視（吳重禮，2013）。事實上，「政黨組織」、「政黨與選民」與「政黨與政府」是當代政黨研究議題主要的3大項目（Key, 1964: 180-182）。政黨的領導人是政黨作為組織中最核心的人士，也是政治體系中最重要的政治人物之一（McAlister, 1996: 281），其研究價值不言而喻。一些研究者也觀察到，政黨領導人角色愈來愈重要，在許多國家中其權力亦不斷增加，並且對於政黨在組織、選舉與立法等主要活動，均發揮重要的影響力（Poguntke and Webb, 2005）。尤其，在內閣制民主國家的大選中，這種情況特別明顯，這是由於大選結果深受政黨領導人的競爭態勢所決定（McAlister, 1996: 281）。此種現象，又被稱為總統化（presidentialization）或個人化（personalization）的政治（Poguntke and Webb, 2005; Rahat and Sheafer, 2007）。因此，政黨領導人的挑選，不再僅僅是與政黨內部的事情有關，更被視為帶有行政權競逐過程之色彩。

然而，現有大部分的文獻著重於黨內公職候選人的產生（Katz, 2001; Rahat and Hazan, 2001），而對於黨內領導人部分的探討則相當少（Cross and Blais, 2012）。1993年European Journal of Political Research刊登了關於政黨領導人研究的專刊，可能是近20年來較少見的系列文獻。該專刊收錄了包括比利時、英國、法國、挪威、西班

牙、愛爾蘭等國政黨的研究，整體而言主要集中在議會制國家的政黨。Michael Marsh（1993）在該專刊總論的文章中闡述了政黨領導人甄選的重要性，其中便指出領導者的選擇是政黨最重要的決定事項之一，對其過程之研究有助於了解政黨的行動、哲學、組織型態以及權力分配情形。在該專刊之後，相關研究文獻整體而言主要仍集中在議會制國家的政黨，總統制（presidentialism）中除美國的研究外，也十分稀少。至於半總統制（semi-presidentialism）國家，幾乎很少有專題研究。在臺灣，關於民進黨領導人產生的探討，多散見於各種政治評論性文章，學術專題之研究幾乎未曾見到。因此，本文試圖以民進黨為例，補充現有文獻之不足。另外，本章所呈現的民進黨個案，也與第六章中關於國民黨的個案相對照，雖然兩者的研究取向和視角並不相同。

　　再者，兩個概念需要說明，所謂的「黨主席競爭」一詞，在本文主要指關於黨主席產生過程中的競爭性質，而不在於其法規上職權內容的探討。通常論及民進黨黨主席的產生，派系的因素和作用會被提出。確實，民進黨是一個以民主運動起家的外造政黨，在政黨的創建和發展過程中，存在著派系化、山頭化的政治菁英結構，派系的存在是相當重要的現象，在黨主席選舉過程中常扮演重要的角色。[1]本文將競爭性質的討論限縮在偏向單純的黨內領導權競逐，或是擴延至前述具有政府領導權（爭取總統職位或黨內總統候選人）之區辨。至於「政黨組織定位」，係廣義地指涉政黨的性質，即政黨作為一政治組織為了贏得選舉及組織政府，會相應的出現相關組織建制和制度結構。

　　本文的研究時間，從西元1986年民進黨成立以迄2019年。本文指出憲政制度和組織特徵對黨主席競爭本質的影響，筆者嘗試運用兩

---

[1] 所謂的「外造政黨」，依Duverger（1954）的觀察，係指外力起源的政黨，即政黨是由一個早已存在的團體所創立，此團體本身的活動是在選舉與議會範圍之外。民進黨過去常被視為外造政黨。

個軸線：「政黨選舉機器化」以及「政黨總統化」，加以分析。前一軸線涉及臺灣政治民主化下，政黨為取得執政、贏得選票所牽動的意識型態設定（使命型vs.掮客型）和組織特性（選舉專業型與非選舉專業型）；後一個軸線涉及臺灣半總統制下所衍生的政黨性格。這兩個軸線雖然不是扮演全部的作用，但相當程度牽動民進黨黨主席角色和其競爭性質的變遷方向。最後，本文雖然是針對民進黨的個案研究，但所運用的政黨組織和憲政制度之理論，仍嘗試具有普遍性的意涵。

貳、分析架構

本文將藉由以下與政黨性質或類型有關的學說，探討民進黨黨主席競爭的型態：

一、政黨組織屬性：使命型與非選舉專業型vs.掮客型與選舉專業型（選舉機器型）

政黨黨主席（或黨魁）作為政黨組織的核心成員，其職位的特性與政黨屬性是息息相關的。本文關於民進黨屬性的探討，主要集中在政黨意識型態上的本質及其相對應的組織特性。關於政黨意識型態上的一項重要分類，是使命型政黨（missionary party）相對於掮客型政黨（broker party），前係指政黨的主要目標在於使人信奉其意識型態，而非為了贏得選票而可能犧牲其原則和理念，如許多歐洲國家的左翼政黨（像是共產黨、社會主義政黨）及右翼政黨（像是保守主義政黨）。後者是政黨的主要目標在於贏得選舉，因此宜儘可能地吸納各種利益和意識型態，美國的民主黨和共和黨被視為是主要的例子（Ranney, 1993）。

美國兩黨除被視為是掮客型政黨外，其政黨組織亦被視為是選

舉機器的典型。美國政黨作為選舉的機器，它們是在執行各州有關
「代表大會」或「初選」的規定而舉行的正式初選中，負責委任候選
人的工作，全無思想團體或階級社群的色彩。它們是在政黨分贓制度
下競逐選票及行政公職的技師隊伍，是扮演一種選舉代理人的技術
性角色（Duverger, 1954）。美國政黨幾乎就是為了選舉而存在的組
織，其權力結構是分權的，地方黨部的權力甚大，中央的政黨組織權
力薄弱。美國政黨的中央組織——全國委員會，是沒有重要權力的組
織，它不但對總統提名無影響力，也缺乏對國會議員候選人的選擇
權。全國委員會對候選人的政策主張及立場，亦乏明顯的影響力。此
外，美國政黨不強調意識型態，民選公職人員為黨的主體，國會黨團
不受黨中央的指揮。如果不是執政黨，國會黨團成為政黨組織決策的
中心。

　　美國選舉機器意義的政黨，在各國中幾乎難以見到。美國的政
黨，幾乎可以視為是一種例外。但若以Epstein（1967）關於「選舉
型政黨」以及Panebianco（1988）的「選舉專業型政黨」來定義選舉
機器，則提供了一種相對於掮客型政黨或使命型政黨的更廣泛適用
的政黨組織分類。Epstein區分「選舉型」與「非選舉型」政黨的差
異，選舉型政黨具有「組織選票」（vote structuring）的特徵，此類
政黨是以選舉功能為主的政黨，相較於吸引選票，吸收黨員是比較次
要或附屬的工作。當組織選票的功能主導政黨的活動時，其影響會遍
及所有政黨組織單位和建制。組織具有鬆弛和彈性的架構，能夠依選
舉的需求在選戰高峰期間將黨的活動運作至最大效能。一個成功的選
舉型政黨所需具備的，就是減弱黨員的基礎，並且在意識型態上傾向
採取一種無黨綱（non-programatic）的特徵，其不需要透過群眾黨員
的參與來合法化政綱和政策。

　　Panebianco（1988: 264-267）提出的「選舉專業型政黨」
（electoral-professional parties），亦與選舉型政黨有異曲同工之
妙。所謂「選舉專業型政黨」，係由職業性的專家擔任政黨核心角
色，承擔專業化的工作。同時，政黨主要訴諸的是選民當中的意見分

子，公衆代表在政黨中的角色較突顯，重視議題和個人化的領導，並透過利益團體和大衆的捐款來籌措經費。這種政黨組織，其內部垂直的連繫較弱。不過，Strom（1990）從新制度主義來理解競爭性的政黨行爲，認爲政黨存在的目標多非爲勝選而勝選，純粹的選票競逐者並不存在，贏得官職以實踐政黨理念（政策），是絕大部分政黨的企圖。[2]

　　整體而言，前述使命型相對於掮客型，以及選舉專業型（或選舉機器）相對於非選舉專業型，提供了本文辨識民進黨政黨性質的概念工具。事實上，民進黨黨內菁英本身對於政黨屬性的觀點，也愈來愈集中在上述幾種政黨類型的討論上，並且可以歸納爲兩種主要的意見：一是強調民進黨應以使命型政黨自許；另一則是主張民進黨應走向選舉機器來定位和運作。以下，僅以其中較具代表性的論述爲例說明。

　　強調民進黨應以使命型政黨自許者，可以林濁水和游盈隆的觀點爲代表。林濁水指出，民進黨自黨外開始，對於未來黨的想像是柔性還是剛性，並不一致。不過因爲當時面對威權統治，民進黨無論要爭民主、爭臺獨，其目標都是革命性的「使命」；另外又因在黨外的後期，已發展出「群衆路線」，在此情境下，民進黨選擇的政黨屬性自然傾向「使命政黨」、「群衆政黨」、「剛性政黨」（林濁水，2006：209-220）。林濁水指出，一直有人想把民進黨改造成掮客政黨或權貴政黨，2000年陳水扁當選總統後歷經幾次黨章重大修改，致掮客政黨或使命政黨、群衆政黨或權貴政黨的內涵，更加雜然並陳。他進一步舉例，當時讓總統兼黨主席且不設選舉綱領，把總統片面決定的競選政見當作黨綱，並和基本綱領放在同一位階，權力因而向總統集中，「黨向『掮客政黨』產生了劇烈的滑動，但卻又維持剛性的黨紀」。他分析，臺獨仍未成共識，在國際社會仍極度弱勢，「所以仍應有強大的方向、組織、決策都清晰的『使命政黨』，才足

---

[2] 相關的分析另請參閱陳宏銘（2013）。

以承擔推動任務」。

　　游盈隆（2004）也認為，民進黨在草創時期本質上是「外造剛性政黨」，漸漸的隨著政治自由化、民主化，轉化成「內造剛性政黨」。在其中，中央黨部一直都扮演著衝鋒陷陣、改革的火車頭角色，它不僅僅只是提名機制、也不僅僅只是選戰機器，它還具有更重要的願景、理念、政策領導與啟蒙的重要功能。他指出，特別是島內族群與意識型態的嚴重分歧，島外中國威脅依舊，民進黨更應有「使命型政黨」的自我期許，而不能淪為汲汲營營於權勢的「掮客型政黨」。除了上述林、游兩位外，其他黨內若干菁英也公開表達相似的看法，如蘇煥智主張「民進黨必須成為有使命型的剛性政黨，不能只是鬆散的『選舉機器』」。姚嘉文也批評，民進黨剛成立時，黨的定位是推動民主改革的組織，現在卻扭曲為「選舉總路線」（李欣芳，2012）。

　　另一種主張是希望民進黨應走向選舉機器來定位和運作，最具代表性的民進黨菁英如蔡同榮。蔡同榮在民進黨2000年10月甫執政時，即曾清楚的提出相關主張和論述理由，他認為民進黨應學習美國的制度，由「以黨領政」轉型為「選舉機器」。民進黨中央黨部應完全退出公共政策的協調，而任由行政部門和立法院黨團去協調（蔡同榮，2007：226-229）。他認為其理由有三：一是民進黨的中央黨部缺乏民意基礎，無法令行政部門和立法院黨團接受其決定之公共政策；二是中央黨部不具現實感，即中常委多不熟悉立法院議事運作和黨派關係，無法替立法部門去和行政院協商，並「責令」立法院同志接受協商結果；三是中常會機動不足，每週開一次會，無法因應局勢變化。除了蔡同榮之外，謝長廷亦曾主張，透過民主程序做出的黨內總統和立法選舉提名方式，將讓民進黨走向黨政分流，轉為選舉機器，邁向柔性政黨（林修全，2011）。

　　由上述分析可知，民進黨菁英對黨「應該」如何定位，出現了歧異的看法，但對於黨在「實然上」淡化了原有使命型政黨的性格，特別是在2000年至2008年執政時期，似乎在認知上沒有那麼大的不

同，對此本文將在後文中加以探討。

二、憲政制度的作用：半總統制下政黨的總統化現象

　　另一項影響黨主席角色和選舉競爭的因素，則涉及到憲政制度的作用。憲政制度的因素，在本文中主要涵蓋中央政府體制與國會議員選舉制度。前者關係到特定政府型態下政黨黨主席與競逐總統職位的關聯性，後者則涉及到黨主席對於國會議員選舉中黨內提名的影響力。以下依序討論這兩個因素，但以前者爲主要分析對象。

　　現有多數的政黨組織研究文獻，在相當程度上忽略了政府體制對於政黨組織的作用。在以政黨政府（party government）爲主要研究對象的視野下，主流的研究在於探討政黨對政府制度與其運作的影響（Blondel and Cotta, 1996: 1; Blondel, 2000: 1），相關文獻並集中在虛位元首的議會制案例。即使是研究美國政黨的學者，也很少考慮到總統制政府對於政黨影響的因素，似乎也只有Epstein（1967, 1986）試圖將美國的政黨經驗放在總統制的比較架構來看。整體而言，關於政府體制型態對於政黨的影響，並未獲得充分的關注（陳宏銘，2009：166）。在此一研究傳統下，無怪乎Samuels與Shugart（2010）會認爲，憲政制度是一個消失的變項（missing variable）。Samuels與Shugart提出一個核心問題：憲政上行政權威的分權結構是否會促使政黨產生總統化的現象？他們的答案是：「相當程度上是如此」，憲政體制對政黨組織和行爲會有形塑的作用。他們並無意挑戰社會、經濟和文化等因素的重要性，但認爲分析政黨組成、演化和行爲時，不能不先就行政和立法關係的憲政體制設計因素加以考量。

　　在Samuels與Shugart於2010年的專書發表前，少數學者已討論到憲政體制影響政黨的作用，並觀察到出現所謂「政黨的總統化」（或謂總統化的政黨）現象（請參見第六章）。學者。「總統化的政黨」一詞，強調實權總統的憲政體制塑造政黨性格的作用，而這種作用是在內閣制之下所沒有的現象。在議會制之下，政黨僅面臨議會的

選舉，而政府的組成是在選後間接進行的。然而在實權總統的制度之下，行政權之歸屬取決於總統的選舉結果，那麼政黨的組織和行為之誘因必然異於在議會制之下的經驗。

「總統黨」形式上的領導人係由總統本人所挑選，表面上則透過正式的程序所產生。形式上的政黨領導人之權威和正當性，相當程度取決於總統個人，且政黨相對於總統的自主性低。在具有實權總統的制度下，提名具有勝算的候選人參與總統選舉，是政黨生死存亡的重頭戲，所以會集中資源在總統的選舉。因為一旦當選，候選人自然成為政黨的實質領導人，即使在形式上並不是。總統闡述政黨立場，做出政策計畫，所以他才是維繫政黨形象的主力。進一步來看，實權總統制度使得主要政黨必須提出總統候選人，其導致的效應包括：政治的個人化、意識型態因素的降低，以及選戰中政黨組織邊緣化的現象（陳宏銘，2009a、2009b）。

對於總統由公民選舉產生的政府體制，包括總統制與半總統制下的政黨總統化現象，Samuels與Shugart（2010: 37）對此有更清楚的分析，他們指出：「行政和立法機關在源頭上（origin）和存續上（survival）的分離之憲政結構，促使政黨的總統化。」源頭上的分離指的是，總統經由直接選舉產生，和議員的選舉是分開的，儘管這兩個選舉可能是同時進行；存續的分離指的是，總統不會受到國會的罷免，但國會也不會被解散。在此憲政結構下，總統參選人憑藉個人的因素贏得選舉的程度，要高於依賴政黨而當選。且當選後其對內閣成員的挑選以及政策的作成，政黨都很難介入，從而政黨的組織和性格會呼應這樣的憲政制度。進一步的，總統選舉創造出全國性的政黨，尤其在總統制下，角逐總統職位的動力使政黨乃由跨越地域性的聯盟組成，若是採用相對多數決制，也會減少政黨數目。

Webb, Poguntke與Kolodny（2011）也和Samuels與Shugart（2010）一樣，都看到了總統制下總統與議會分權所產生的作用，他們在Webb與Poguntke（2005）的論點基礎上，強調「政治的總統化」包含3個部分，除了選舉與政府兩個面向外，尚包括政黨的

面向。在政黨面向的總統化，他們更標舉「政黨領導的總統化」議題。他們的研究確信，雖然總統制和內閣制之下的情況不可相提並論，但不論何種體制，政黨領導人的個人選票基礎都更加明顯，從而在政黨內部、甚至在政府職位上，均擁有更多的自主性。且即使是在內閣制，傳統政黨政府的運作模式也受到衝擊，政府的決策受到更多政黨領導者個人因素的左右，而不是依循政黨的政策主張。雖然Webb與Poguntke等人的研究對象主要是總統制和議會制，但從其中所觸及的法國案例來看，我們沒有理由排除半總統制也可能出現政黨領導的總統化現象。

　　由上述分析中，我們知道總統制、半總統制均存在公民選舉產生的實權總統，因此均有可能出現總統化的政黨，特別是總統制體現較明顯的行政和立法兩權之分離。然而，在不同的半總統制國家中，總統的權力可能不同，且其相異性應遠高於不同總統制國家內部的情況，那麼是否都會出現政黨的總統化現象？根據Samuels與Shugart的研究，只能說是大部分情形如此，因為即使是在總統制下也可能有政黨出現議會化的現象，譬如委內瑞拉在1960與1970年代的案例；[3]不過，兩位學者認為這種議會化的情況只是短暫的例外。至於半總統制，Samuels與Shugart認為政黨的總統化現象乃橫跨所有這種型態的政府體制，包括所謂「總統議會制」與「總理總統制」均如此（Samuels and Shugart, 2010: 39-42）。

　　如Samuels與Shugart所說，總統議會制出現政黨的總統化這個現象不會令人困惑，因總統兼具任命和解職總理職務，更具解散議會權力，在一些案例中其權力甚至大過總統制。然而在總理總統制中，兩位學者依然認為總統經常就是實質的政黨領導人，一旦總統握有政黨

---

[3] 另外，根據學者Kawrmura（2013）對印尼政黨的研究，亦指出在印尼的總統制下，並未出現普遍的政黨總統化的現象，特別是小黨並不志在參選總統，而是以贏得議會選舉最多選票為目標，因此總統直選與掌握行政權因素對政黨組織的影響不大。Kawrmura分析認為，像印尼這種新興民主社會中，在政黨的組織化較不成熟的情況下，除特定大黨（如Golkar），政黨總統化的現象並未出現。

內部的權威，那麼不論憲法上總統的權力如何，其結果政黨都會出現總統化。他們並舉出除了少數國家如保加利亞、克羅埃西亞、馬達加斯加和烏克蘭等國，憲法完全未賦予總統提名總理權力外，在大多數案例中總統仍具有挑選的一定權力。在此情況下角逐總統職位也就牽動政黨組織，因為即使總統僅具有些微的權力，半總統制對於推出候選人競逐總統職位的政黨仍會誘發政黨總統化的現象。

　　不過，一些國家如奧地利、冰島、芬蘭、斯洛維尼亞、斯洛伐克……等等，似未產生政黨的總統化。因此，雖然Samuels與Shugart指出總統化現象橫跨所有半總統制系統，但本文認為在不同類型的半總統制中其情況應會有所差異。換言之，本文認為總統優勢的半總統制（或總統議會制），較總理優勢的半總統制（或總理總統制），更易出現總統化政黨。且相對於總統化政黨，在行政和立法兩權融合的體系中，也有「議會化政黨」（parliamentarized parties）的形成（Shugart and Samuels, 2010: 14-16）。[4]據此，可以歸納出圖7-1所示，政黨總統化程度由高而低分別是總統制、總統優勢的半總統制、總理優勢的半總統制、議會制，議會化政黨程度所對應的順序則與之相反。

　　以上述的觀點來看，我國憲政體制係屬半總統制，總統由公民直選產生，是具有實權的總統，且偏向總統優勢的半總統制，那麼是否憲政體制的特性對民進黨的政黨屬性也產生影響？本文對於政黨總統化的界定，主要以兩個指標來看：一是總統是否為黨的領導人，此又分為兩種情況，一是擔任政黨的黨主席，另一是總統雖非黨主席，但為黨的實質領導人；二是黨內主要菁英意圖取得政黨主席職位，掌握黨權，並進一步累積參選總統的資本。在這兩個指標之外，輔以另一指標，即總統和黨內派系相對影響力。

4　在議會制體下某些政黨也可能出現總統化特徵，譬如日本首相小泉純一郎其職位具有高度的個人化特質（Shugart and Samuels, 2010: 16-17）；不過，畢竟這都較屬於少數情況，且與實權總統的角色仍有所不同。

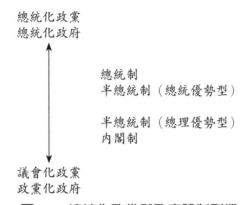

圖7-1　總統化政黨與政府體制型態

資料來源：依據陳宏銘（2009a：180）修改而成。

　　本文假定，民進黨在2000年至2008年陳水扁總統主政時期開啟了政黨總統化的現象，尤其在所謂「黨政同步」、總統兼任黨主席的情況下，特別顯著。但無論陳水扁是否兼任黨主席，政黨的總統化情形是持續存在的，只是程度上的不同。同時，本文將進一步析論政黨總統化的現象在2008至2016年民進黨轉為在野黨之後是持續發展，而其表現在黨主席職位與競逐總統職位的關聯性；再者，於2016年再度執政時，這個狀況又再延伸強化。

　　此外，相較於中央政府型態對政黨性質和黨主席角色的影響，國會議員選舉制度也具有間接的作用，此涉及政黨內部所設計的參選人提名制度中關於黨主席的權力或影響力，這通常在具有政黨比例代表制的國會議員選制中較可能發生。研究者指出，從西方民主國家政黨發展的經驗得知，政黨的提名制度並無一定的規則模式可循，其中由黨魁挑選候選人的民主國家，如1977年希臘的新民主黨（ND）、日本過去宗教色彩濃厚的公明黨（Komei），此外並不多見。比例代表制下的政黨提名方式，普遍較單一選區相對多數決制下的提名方式複雜，政黨內部各派系也常須面對如何分配議席以達成協議之課題（王業立，2008：129-131）。

　　臺灣立法委員選舉制度原為「多席次單記不可讓渡投票制」

（Single-nontransferable vote, SNTV），自2008年第7屆立法委員選舉改採「單一選區兩票制」，前後兩種制度均規劃有全國不分區代表名額。本文所研究的民進黨案例，從第3屆立法委員選舉開始，在不分區立委的提名人選中區分為政治組、專家學者組及弱勢團體組。其後在2004年民進黨修改不分區提名辦法，弱勢團體併入專家學者組。除政治組由黨員投票及民意調查各占50%的兩階段初選制度產生外，專家學者組則和另外的僑選立委，由黨主席任命的提名委員會決定，再送中執會決議。在第7屆立委選舉制度改採「單一選區兩票制」後，並經歷2個階段，首先是增加了黨主席指定席，在34席不分區立委中有三分之一的名額由黨主席指定。其後2011年進一步修改提名辦法，又改以「提名委員會」的方式，由黨主席遴選委員，經多數中央執行委員會同意下，組成七至九人的提名委員會。提名委員會包裹提出所有不分區立委名單，該名單經三分之二的中央執行委員會通過後生效；名單若未通過，黨主席再修正重提即可。

從此一制度變遷來看，民進黨黨主席在不分區立委的提名過程中是逐漸增加影響力的。現階段黨主席雖無指定三分之一名額權，但畢竟因提名委員會成員係由其選擇，且委員會具有包裹提出所有不分區名單的權力，因此黨主席的角色和影響力仍不容小覷。至於單一選區部分，在職者（現任者）優勢明顯呈現，政黨對於候選人提名的影響力下降，黨主席對於這些區域立委（猶如地方重要樁腳）的依賴程度恐怕更為嚴重。無獨有偶，在黨主席選舉方面，有意角逐的候選人也必須仰仗這些區域立委。整體而言，在單一選區兩票制實施後，對於黨主席角色的影響不容忽視。

最後，本文將藉由上述兩個關於政黨組織的軸線：政黨性質是否走向選舉機器化以及政黨總統化的現象，分析從創黨以迄2019年政黨屬性的變遷以及黨主席競爭性質的差異。

參、民進黨黨主席競爭的變遷與歷史脈絡

　　在理論上和現實上，政黨的實質領導者不必然擔任正式黨魁職位，譬如在法國第五共和，其歷來總統並無政黨的官方職務，但實際上卻是黨的最高領導人。再從另一方面來看，政黨名義上的領導者，諸如黨主席、秘書長、總書記、第一書記等等，也不見得就是實際上的領袖。由於民進黨黨章一開始就確立合議制精神，明確規定「組織決議以多數決為原則，但重大事項經出席人數三分之二通過」、「執行委員會及常務執行委員會，均採合議制」，故早期黨主席除了任命中央黨部的秘書長和一級主管外，與中常會其他成員的權力並沒有太大的區別。[5]其後，比較值得關注的是黨主席在黨內立法委員不分區提名過程中的影響力。

　　民進黨從1986年成立以迄2019年，共經歷17屆的黨主席（表7-1）。以下先就創黨後至2000年5月的在野時期、2000年5月至2008年5月首次執政時期、2008年5月至2016年5月重回在野時期、2016年5月至2019年5月第二次執政時期等共4個階段，分析民進黨黨主席的變遷。

一、在野時期（1986/09-2000/05）：合議制、派系共治的奠基

　　民進黨首任黨主席係在1986年由中央執行委員（簡稱中執委）選出，江鵬堅獲得「黨外編聯會」的支持，以1票之差險勝費希平，當選第1屆黨主席。從江鵬堅之後至2000年民進黨執政前，除代理黨主席外，共經歷5位正式黨主席，包括姚嘉文、黃信介、施明德、許信良以及林義雄，其中黃信介和許信良分別擔任兩屆。而黨主席的任期由最早的1屆1年不能連任，到1989年延長為1屆2年，連選可以連任1次。

5　民進黨黨章規定：「黨主席，爲當然中央執行委員及常務執行委員。」

表7-1　民進黨歷任黨主席的變遷概況表

屆數	黨主席	任職原因	產生方式（候選人）	離職原因（屆滿、辭職）	是否擔任總統或於任職後競逐總統
1	江鵬堅（1986/11-1987/12）	選舉	中執委選出（江鵬堅、費希平）	屆滿	否（非直選總統）
2	姚嘉文（1987/12-1988/11）	改選	中執委選出（姚嘉文、許榮淑）	屆滿	否（非直選總統）
3	黃信介（1988/11-1989/10）	改選	黨代表投票（姚嘉文、黃信介）	屆滿	否（非直選總統）
4	黃信介（1989/10-1992/01）	改選	黨代表投票（黃信介）	屆滿	否（非直選總統）
5	許信良（1992/01-1993/12）	改選	黨代表投票（許信良、施明德）	屆滿	否（非直選總統）
5	施明德（1993/12-1994/07）	代理	由中執委推任	選舉失利	否（非直選總統）
6	施明德（1994/07-1996/03）	改選	黨代表投票（施明德、余陳月瑛）	屆滿	否
6	張俊宏（1996/03-1996/07）	代理	由中執委推任	屆滿	否
7	許信良（1996/07-1998/07）	改選	黨代表投票（許信良、張俊宏、蔡同榮、江鵬堅）	屆滿	否
8	林義雄（1998/07-2000/06）	改選	首次黨員直選（呂秀蓮、張俊宏、陳文茜、黃富、顏景福、林義雄）	屆滿	否
9	謝長廷（2000/06-2002/07）	改選	黨員投票（謝長廷同額競選）	屆滿	否
10	陳水扁（2002/07-2004/12）	總統兼任	黨政同步，總統兼任黨主席[6]	立委選舉敗選辭職	是

---

[6] 2002年民進黨臨時全國黨代表大會通過「黨政同步」改造案，以壓倒性多數通過總統兼任黨主席，黨主席可指派3名中常委，並增設1至3名副主席。黨章第15條之1規定現任總統為本黨黨員時，自其就任之日起，為民進黨黨主席，至其卸任之日止。其任期以憲法規定之總統任期為1任，不適用第15條第3項關於任期之規定。

表7-1　民進黨歷任黨主席的變遷概況表（續）

屆數	黨主席	任職原因	產生方式（候選人）	離職原因（屆滿、辭職）	是否擔任總統或於任職後競逐總統
10	柯建銘（2004/12-2005/01）	代理	由中執委推任[7]	屆滿	否
11	蘇貞昌（2005/01-2005/12）	改選	黨員投票 蘇貞昌同額競選	DPP縣市長選舉敗選辭職	是
11	呂秀蓮（2005/12-2006/01）	代理	由中執委推任	屆滿	是
11	游錫堃（2006/01-2007/09）	改選	黨員投票（翁金珠、游錫堃、蔡同榮）	首長特別費被起訴，辭職負責	是
11	陳水扁（2007/10-2008/01）	回任	黨政同步 總統兼任黨主席	DPP立委、總統皆敗，辭職負責	是
11[8]	謝長廷（2008/01-2008/05）	代理	由中執委推任	屆滿	是
12	蔡英文（2008/05-2010/05）	改選	黨員投票（蔡英文、辜寬敏、蔡同榮）	無	是
13	蔡英文（2010/05-2012/02）	改選	黨員投票（蔡英文、尤清）	總統選舉落敗，辭職負責	是
13	陳菊（2012/02-2012/05）	代理	由中執委推任	屆滿	否
14	蘇貞昌（2012/05-2014/05）	改選	黨員投票（蘇貞昌、許信良、蘇煥智、吳榮義、蔡同榮）	屆滿	否
15	蔡英文（2014/05-2016/05）	改選	黨員投票（蔡英文、郭泰麟）	屆滿	是
16	蔡英文（2016/05-2018/11）	總統兼任	總統兼任黨主席	2018九合一地方選舉敗選辭職	是
16	卓榮泰（2018/11-）	改選	黨員投票（卓榮泰、游盈隆）		

資料來源：民主進步黨中央黨部網站（2015）。

7　根據民進黨黨章第15條規定，主席由全體黨員直接選舉產生，任期2年，連選得連任1次。主席出缺時，所餘任期未滿1年，由中央執行委員互推1人代理；所餘任期超過1年，應擇期由全國黨員投票補選之。代理主席或補選產生之主席，其任期均至補滿原任期為止，任期超過1年者，視爲1任。

8　第11屆中因有4位代理，加陳水扁總統

　　在1987年的第2屆黨主席選舉中，姚嘉文在新潮流的支持下，擊敗另一參選者許榮淑。至1988年第3屆黨主席選舉，選舉方式由原來的中執委選出，改為黨代表選舉產生。姚嘉文爭取連任，但受到黃信介的挑戰。黃信介與姚嘉文分別受到美麗島系新潮流系的支持，最後由黃信介勝出（楊憲村，1988）。這場選舉涉及政黨屬性和政黨目標的不同定位，在政黨屬性上，姚嘉文傾向認同新潮流的革命理念，黃信介則走循序改革和批評路線；而在政黨目標上，黃信介支持政黨目的即為贏得選舉，他並主張：「公職是政黨最主要的象徵，否則即與民間組織無異……我認為有民意基礎的公職與有專才素養的黨工應該聯合……。」（洪建隆，1988）姚嘉文則批評政黨不應退化為選舉後援會（許薔薔，1988）。

　　選後，姚嘉文並強調民進黨應依循黨章設計的「集體領導」原則來運作；黃信介則是在選前就強調民進黨需要強勢主席，黨主席不能只是會議主席，同時也應是政治領導人。黃信介也特別強調此次選舉並不是由中執委選出，他是由黨代表直選（吳典蓉，1988）；由此可看出，他認為他晉任黨主席的民主正當性是與之前有所不同的。不過，由於黨章中關於「合議制」的運作狀態並未修改，因此黃信介的領導風格被外界視為較強勢的領導（一般報導，1988b）。黃信介在1989年第4屆的黨主席選舉中連任成功，新潮流推出參選的陳永興後來也支持他。黃信介在任內，其領導風格較為草莽，雖然他希望民進黨黨內不再分派系，但新潮流和美麗島系之間的紛爭並未減少。

　　在這樣的背景下，第5屆黨主席的選舉，形成美麗島系公開支持的許信良和新潮流系公開其支持的施明德之間的競爭。雖然兩位候選人都有派系的支持，但兩人都試圖轉為路線與理念之爭，突顯超派系色彩（樊嘉傑，1991）。在政黨的發展路線上，許信良採取「選舉總路線」，施明德則傾向不放棄街頭路線（蕭新煌，1991）。當時陳水扁、謝長廷各自支持許信良與施明德，最後許信良贏得了黨主席選舉。1992年國大代表選完後，正義連線、福利國連線組建，黨內美麗島系、新潮流系、正義連線、福利國4大派系正式成型。

　　1993年縣市長選舉民進黨僅取得6席，許信良為此辭去黨主席，所餘任期由施明德遞補。至1994年舉行第6屆主席選舉，一開始出現施明德、蔡同榮、張俊宏以及張燦鍙4位的競爭，其後這場選舉過程，充滿著美麗島系、新潮流系、福利國、正義連線，以及臺獨聯盟等派系間的合縱連橫，最終選舉結果是由新潮流支持的施明德當選。

　　其後，在1996年臺灣第1次舉行公民直選總統，在競選過程中，代表民進黨參選正副總統的彭明敏和謝長廷，其競選總部的運作與黨中央各行其是。背後的原因有許多，一方面彭明敏競選總部認為彭是老前輩，又是總統候選人，黨中央應該主動來配合；但另一方面，民進黨黨中央亦有其立場，加以各派系存在彼此制衡的微妙心態，因此民進黨各級黨部並未主動積極配合（張文權，2004）。彭明敏在談到競選總部與黨中央的合作關係時，表示他是「吐了幾口血，然後又吞了回去」（林瑩秋，1996）。1996年3月總統選舉結果民進黨敗選，黨主席施明德向中常會請辭，中執會推舉張俊宏代理。

　　1996年6月間民進黨舉行第7屆黨主席選舉，形成同屬美麗島系的許信良及張俊宏兩人間的競爭，最後由許信良勝出。這場選舉發展成張與許二人割袍斷義以及美麗島系的分裂，張俊宏遂成立「新世紀辦公室」（彭威晶，1996；杜正隆，1996）。其後，在許信良任期將屆滿時所舉行的第8屆黨主席選舉，則是民進黨首次由黨員直選主席，進入黨內民主的新階段，共有陳文茜、呂秀蓮、張俊宏、黃富、顏錦福、林義雄等多人參選。起初，高雄市市長謝長廷建議臺北市市長陳水扁，應從全黨的利益來考量，在市長和黨主席中二選一。陳水扁則表態絕不會參選黨主席選舉，並且和現任主席許信良共同反對下屆黨主席由派系共推產生的構想，此無疑是對當時另一位有意角逐黨主席，即福利國系張俊雄所主張的「派系共推，派系共治」的否定。許信良主張，既然主席選舉改由直選，就應該讓新制度有實現的機會。最後，在1998年6月，黨主席選舉由林義雄勝出（一般報導，1998b；施曉光，1998）。林義雄擔任黨主席期間，領導風

格較不強勢，尤其在2000年陳水扁當選總統展開新政府人事布局階段，黨中央其實是較為弱勢的。

在上述這個階段中，黨主席角色受到合議制與派系共治這兩個基本因素的約制，在「集體領導」的結構下其職權相當有限，除了任命中央黨部的秘書長和一級主管外，與中常委並沒有太大的不同。即使黨主席選舉方式由中執委改成黨代表選出，直到後來由黨員普選產生，使得黨主席的黨內民意基礎不斷提高，但有關擴增黨主席職權的提案，仍遭到全代會否決。民進黨權力分散的結構設計，顯示出民進黨人並不信任領導權威（郭正亮，1998：160）。[9]從黨主席的任期設計也可看出這一點。

除合議制外，派系的因素在黨主席角色和選舉競爭中也扮演重要的作用。首先，黨主席在領導政黨時必須考慮平衡派系的力量，否則不易有效的領導。由於黨主席的職權相當有限，因此若遇到與其不同派系的中常委居多數，其權力運作通常會遇到相當大的阻礙。在此情況下，黨主席的角色較被期待為扮演協調與溝通談判者，而非領導者（鄭明德，2004：202-203）。其次，在黨主席位的競爭上，除相對上較具超派系色彩者如施明德、林義雄等外，常出現明顯的派系競爭和角力。早期最典型的是美麗島系與新潮流系之間的二元競爭，其後又增加了具有個人色彩的相關派系，如正義連線、福利國連線等之成立，形成所謂「派系共治」的現象。整體而言，黨主席領導模式隨著不同的黨主席領導作風而有所不同。譬如許信良與黃信介，相較姚嘉文、林義雄等，被認為屬於較強勢的領導。

最後，前述黨主席的產生方式上由早期第1屆與第2屆的中執委

---

9 民進黨人士曾就黨的決策結構提出3種模式：一是英國保守黨模式，以張俊宏為代表，主張取消中常會和中執會，由黨主席組成內閣直接向全國黨代表大會負責；二是美國總統制模式，以陳定南為代表，主張取消合議制，黨主席成為單一行政首長；三是黨主席適度擴權，以邱義仁為代表，主張維持中常會合議制，但黨主席所任命的秘書長、政策會主委、財務長，均為當然中常委。3項方案都指向擴大黨主席職權，但無一能獲得多數支持（郭正亮，1998：237-238）。

選出，第3屆至第7屆的黨代表選出，再到第8屆時改爲黨員直接選舉產生，此一朝向黨員直選而反映黨內民主化的過程，與臺灣政治民主化是相呼應的。根據最近的研究指出，許多國家的政黨也一樣紛紛在組織上創新，擴大領導人選舉的選民基礎，削弱議會黨團和政黨菁英以及寡頭影響力，增加領導競爭的激烈性（Cross and Blais, 2012）。且在這一時期的黨主席更替過程中，除了黃信介的連任以及林義雄的參選這兩次案例爲同額選舉外，其餘皆存在著2位以上的參選人，從而具相當程度的競爭性。此外，其間除許信良的特殊案例外（見後文分析），並沒有黨主席在任內或甫卸任後，競逐黨內的總統候選人身分或參選總統，是故黨主席的競爭本質上與爭取總統或政府領導權並無明顯關係，關於此點在下節中進一步探討。

二、首度執政時期（2000/05-2008/05）：總統兼黨主席的浮動性

2000年5月民進黨執政以迄2008年5月，除了林義雄短暫的在職時間以及呂秀蓮和柯建銘屬於代理黨主席外，主要共有4位黨主席，分別是謝長廷、陳水扁、蘇貞昌以及游錫堃。民進黨黨主席角色在這8年之間出現了重大的變遷，即有一部分時期（2002年7月至2004年1月、2007年10月至2008年1月）陳水扁總統兼任黨主席，另一部分時期則未兼任。

2000年民進黨取得中央執政權，6月即舉行第9屆黨主席選舉，民進黨主席選舉首度出現「同額競選」，由高雄市長謝長廷一人競選，謝長廷當選黨主席，「謝系」正式成立。[10]選後對於謝長廷以高雄市長身分兼任主席的模式，黨內存在不同意見（張瑞昌，2000；

---

[10] 謝長廷在參選前曾經向前主席林義雄請益，林義雄曾當面向謝表達市長兼任主席恐有「分身乏術」的疑慮，對於林義雄並不支持謝長廷的訊息，傳出陳水扁總統也表贊同（張瑞昌，2000）。

羅曉荷，2000）。謝長廷擔任黨主席期間，黨的實質最高領袖實際
上在於陳水扁總統。此時，由國民黨籍的唐飛擔任行政院院長，並籌
組所謂的「全民政府」，民進黨在其中的角色較為尷尬。其後唐飛下
臺，張俊雄組成民進黨的內閣，黨政運作仍面臨不少挑戰。在此一
背景下黨內開始呼籲陳水扁總統應身兼黨主席。2002年民進黨通過
「黨政同步」黨章修正案，黨主席產生方式採「雙軌制」，執政時期
由總統任黨主席，非執政時期由黨員直接選舉產生，因此由陳水扁總
統就任第10屆黨主席。直至2004年12月14日，陳總統以當時立法委
員選舉未能取得過半席次為由辭去黨主席，結束2年多的總統身兼黨
主席的狀態。

　　2005年第11屆黨主席選舉，總統府秘書長蘇貞昌成為唯一參選
人。蘇貞昌雖為民主進步黨的黨主席，但領導權還是集中於總統陳水
扁身上。2005年年底舉行縣市長三合一選舉，結果並不如民主進步
黨的預期，蘇貞昌辭去黨主席職務，中常會推舉副總統呂秀蓮代理黨
主席，並進入補選的作業。第11屆黨主席的補選共有3位候選人，包
括游錫堃、翁金珠、蔡同榮，由於民進黨2002年雖然通過「黨政同
步」黨章修正案，但政黨與政府的關係並未完全定位清楚，因此黨政
關係成為此次候選人間辯論之重點。游錫堃主張「黨政合議」，翁金
珠要求「黨政分離、黨政分工」，蔡同榮則提出「黨政平臺」，最後
是由陳總統支持的游錫堃當選。

　　游錫堃在主席任內試圖展現其自主性，譬如，當時在未獲陳總
統的支持下決意參選2008年黨內總統候選人初選；其後，亦在未獲
黨內主要派系以及總統參選人謝長廷支持下，毅然推動「正常國家
決議文」。再者，他參加黨內總統初選方面，遭質疑帶職參選（何
烱榮，2007；高有智、何博文、林晨柏，2007）。在推動「正常國
家決議文」方面，游亦想藉此爭取深綠選民支持，故走基本教義路
線，使得游錫堃在主席後期階段自主性非常高，但這乃是特例（陳宏
銘，2009b）。2007年9月21日，游錫堃因首長特別費案遭起訴辭去
黨主席；在充滿爭議的情況下，陳水扁總統在中執會的通過下依然回

任黨主席一職。2008年1月底，民進黨在立委選戰中慘敗，陳水扁再請辭黨主席，臨時中常會推舉中常委、民進黨總統參選人謝長廷接任黨主席。

在這個階段中，半總統制的制度因素對於執政黨黨主席角色的影響，產生前一階段所未見的相關作用。執政時期無論總統是否兼任黨主席，黨的實質最高領導人是陳水扁總統，且在黨主席並非由總統擔任的所有案例，包括謝長廷、蘇貞昌以及游錫堃在內，只有在游錫堃參選黨主席時出現了2位以上的競爭者，其餘則盡皆是同額選舉。

此外，黨主席競爭屬性漸與政府領導權產生關聯。早期黨主席在任內或卸任後，並未競逐黨內的總統候選人身分和正式參選總統，黨主席的競爭本質上與爭取總統或政府領導權並無明顯關係。但在1996年公民直選總統以及1997年半總統制（雙首長制）修憲後，情況開始有些不同。再至2000年民進黨執政後，包括謝長廷、蘇貞昌以及游錫堃等多位黨主席，以及代理黨主席的呂秀蓮，均試圖參選總統。如此，黨主席的產生過程和競爭模式與執政前階段有本質上的差異，而與競逐總統大位有更多的連結性。

三、重回在野時期（2008/05/20-2016/05）：黨主席參選總統的連動性

這個階段是民進黨重回在野黨的時期。2008年身兼黨主席的民進黨總統候選人謝長廷競選總統失敗，5月間卸下黨主席，隨後蔡英文勝過辜寬敏，當選第12屆黨主席。2010年13屆黨主席選舉，蔡英文尋求連任，面對尤清的挑戰。尤清在公開場合及拜會行程都曾公開抨擊蔡英文，質疑黨通過多項授權黨主席提名的徵召案偏離黨內民主（李欣芳，2010）。選舉結果，蔡英文取得連任。在其任期內，關於黨主席對黨內不分區立委提名過程的影響力，也成為關注焦點。2011年時，黨內針對不分區立委的提名修改辦法，取消黨主席在34席不分區立委中有三分之一名額的指定權，改以黨主席決定委員人選

的提名委員會來選擇所有不分區名單，再交中執會通過。此一修改引來對黨主席擴權的質疑（李鴻典，2011）。

2012年蔡英文參選總統，面對敗選結果，她辭去了黨主席，由高雄市市長陳菊代理。同年5月間舉行第14屆的黨主席選舉，共有5位參選人，包括蘇貞昌、許信良、蘇煥智、吳榮義、蔡同榮，最後由蘇貞昌勝選。

再至2014年5月，民進黨進行第15屆黨主席選舉，蔡英文於3月間宣布參選，另一位早先參選的謝長廷旋即表示，「選黨主席和總統應二擇一」（郭顏慧、李欣芳，2014）。呂秀蓮先前亦表示，「為何他們要搶主席，無非他們也是想主席可以決定總統候選人如何產生」（吳家翔，2014）。其後，蘇貞昌也宣布參選，於是這場選舉被視為是2016年總統大選的前哨站（鄭宏斌、林河名，2014）。不過，謝、蘇兩人後來退出了選舉，其原因很明顯，蔡英文的民調支持度和聲勢明顯占上風。最後，這場黨主席選舉由蔡英文與前高雄縣副縣長郭泰麟兩人角逐。2014年5月25日，蔡英文以93.71%得票率當選，並創下黨內首次有人擔任3屆的黨主席。2015年初，蔡英文並登記參加民進黨2016年總統選舉的黨內初選，在黨內並無其他人挑戰。從上述的發展來看，退居在野的民進黨，其黨主席選舉競爭與爭取總統職位的關聯性似乎如影隨行，密不可分。

四、第二次執政時期（2016/05-2019/05）：總統先兼黨主席、後辭職

蔡英文於2015年代表民進黨角逐總統職位時，具有黨主席身分。2016年5月就職總統，依照民進黨黨章之規定，「現任總統為本黨黨員時，即為黨主席」，故乃兼任黨主席。2018年年底民進黨於九合一地方選舉失利，蔡英文總統辭掉其所同時擔任民進黨黨主席職務。民進黨接著進行黨主席補選，僅有2位參選人：卓榮泰與游盈隆。卓榮泰是在黨內幾位重要中生代菁英所推出的人選，據了解也是

蔡總統所能接受的人選，而游盈隆則挑戰黨內主流勢力的力量。選舉結果，卓榮泰勝出。

肆、黨主席競爭與政黨組織定位

根據前述分析，以下先進一步探討不同時期黨主席的角色、競爭屬性，以及政黨組織特性（表7-2），此偏向較靜態的類型分析；其次再以動態的角度詮釋其中的變遷模式。

表7-2　民進黨黨主席角色、競爭屬性與政黨組特性

時期		黨主席角色	黨主席競爭屬性	政黨組織特性
長期在野時期 （2000年之前）		政黨領導人	政黨領導權競爭： 與競爭總統職位無關	使命型性格濃厚 無政黨總統化
執政時期 （2000-2008； 2016-2019）	總統兼黨主席	兼具總統身分	總統本身兼主席： 政黨領導權無競爭性	使命型性格淡化 選舉專業型強化 政黨總統化程度最強
	總統未兼黨主席	弱勢政黨領導人 總統黨內代理人	總統對黨主席人選時有偏好：政黨領導權具部分競爭性	使命型性格淡化 選舉專業型強化 政黨總統化程度強
非執政時期 （2008-2016）		政黨領導人： 易成為潛在的總統參選人	兼具政黨領導權競爭與總統職位競爭意涵（黨主席參選總統）	使命型性格與選舉專業型之拉鋸 潛藏式政黨總統化

資料來源：本表由作者自製。

一、靜態類型分析

黨主席的角色和其競爭屬性構成一體兩面的現象，此處主要是判

定是偏向黨內領導權競爭或是兼具總統職位之爭的性質，據此可以區分為4種主要型態：第1種型態是西元2000年長期在野時期，黨主席為政黨領導人，黨主席競爭屬於政黨領導權競爭，與總統職位競爭無關；第2、3種型態出現在執政時期，依總統是否兼黨主席區分：一是黨主席兼具總統身分，政黨領導權無競爭性；另一是黨主席非總統，總統對黨主席人選時有偏好和影響力，政黨領導權具部分競爭性，但黨主席明顯扮演總統在黨內代理人身分之功能；第4種型態，出現在非執政時期，黨主席為政黨領導人，同時常成為潛在的總統參選人，黨主席競爭兼具政黨領導權競爭與總統職位競爭意涵。

　　第1種型態是在民進黨從創黨到西元2000年居於在野黨的大部分時期，黨主席參選人多屬黨外運動前輩和民主運動時期的領導人。當時黨主席的競爭性質較局限在政黨內部領導權範圍，候選人間之競爭主要觸及黨的發展路線、目標，以及派系之間的實力消長。黨主席一職與競逐總統職位的相關性不高，候選人在競爭過程中較少被揣測是否藉此進一步競逐政府要職（如縣市首長）或總統大位。當然，在1996年首度實施直選投票之前，總統係由國民黨占絕對多數的國民大會間接選舉產生，民進黨實力有限，當時也並無可能競逐總統職位。

　　但到了在1996年之後至2000年之間，黨主席競爭與爭取總統職位開始產生關聯性，這可以在許信良身上看到。1996年臺灣首次總統直選，總統由過去國民大會間接選舉，改為公民投票直接選舉產生。一直就有志擔任總統的許信良在黨內初選中的第1階段初選中擊敗林義雄、尤清，但進入第2階段初選，則敗給了彭明敏。但許信良後來當選第7屆黨主席選舉，於1998年卸任，並開始為2000年參選總統做準備。然而陳水扁在競選連任臺北市長而高票落選之後，很快在黨內竄升為2000年總統大選的最熱門候選人。為了順應民意，民進黨修改黨綱的「4年條款」，允許陳水扁獲得提名。[11]堅持參選總統

---

11 所謂「4年條款」，係指民進黨公職候選人提名條例中明文規範，黨員對於總統、副總

的許信良也因此於1999年5月7日發表了題爲〈同志們，我們在此分手〉的退黨宣言，獨自參選2000年總統選舉，最後在沒有政黨支援的情況下低票落選。

第2和第3種型態，出現在民進黨執政時期，包括陳水扁擔任總統的2000年至2008年，以及蔡英文總統2016年之後（至本書出版時2019年）這兩個階段，也是半總統制對政黨組織屬性的影響最爲顯著的時期。其中陳水扁時期民進黨在2002年進行所謂的「黨政同步」，現任總統爲本黨黨員時，即爲黨主席。由於總統兼任黨主席，因此並不存在所謂黨主席職位的競爭。其後因民進黨在選舉中失利，陳水扁辭去主席職位，由他人代理或改選，本質上這時黨主席較近似總統在黨內的代理人身分，[12]這種情況，部分接近法國第五共和主要政黨的經驗。法國第五共和的政黨主要執行兩項任務：一是作爲總統候選人贏得大位的跳板；二是候選人當選後，另挑黨魁作爲總統的助手和代理人，這個政黨成爲「總統黨」。總統黨的名義上領導人是直接由總統決定，黨的正式程序是用來爲總統的挑選做背書。民進黨的情形不一定完全相同，譬如第11屆選舉時有游錫堃、翁金珠、蔡同榮3位參選，其中游錫堃是陳水扁所偏好的人選，但陳水扁並未握有十足的權力能排除其他人參選。整體而言，在陳水扁雖未兼黨主席時期，他依然實質上相當程度仍能掌控政黨，黨主席是較弱勢的政黨領導人，政黨領導權具部分競爭性。

此外，執政時期總統未兼任黨主席的時候，在陳水扁總統階段，黨主席的更替相當頻繁，尤其是陳水扁總統任期的第2年更是如

統以及縣市長等各種選舉，僅能在4年內擇一而選。前臺北市長陳水扁已於去年競選臺北市長，如「4年條款」規定不予修改，陳水扁勢將無法取得黨內提名資格。

12 這裡以1個例子來說明，2005年蘇貞昌因縣市長選舉失利辭掉黨主席職務，一則新聞指出：「親近陳總統人士清楚地說，『我們不可能讓自己跛腳』。」「扁亦有意藉由呂秀蓮擔任代理黨主席，『以時間換取空間』，利用接下來1個月的時間，與其他黨內勢力協調出他可以接受的人去參選下屆民進黨主席。」（李濠仲，2005）這則報導生動的描述了實權總統掌握黨主席人選的企圖和處境。

此，包括蘇貞昌、呂秀蓮、游錫堃、謝長廷等人，均先後擔任黨主席（呂秀蓮爲代理主席）。在陳水扁任期結束前，上述4位亦均投入競逐2008年民進黨黨內總統初選。首位表態參加初選的是謝長廷，接著則是游錫堃、蘇貞昌、呂秀蓮，最後，謝長廷代表民進黨參選總統。民進黨內「四大天王」一說，也大約在這個階段出現。由於2008年1月間立委選舉民進黨失利，陳水扁辭去黨主席一職，總統候選人謝長廷任代理主席。3月22日的總統選舉，謝長廷和蘇貞昌的組合落敗，謝長廷於中常會請辭黨主席，但黨部仍慰留謝長廷，謝最後留任至5月黨主席改選爲止。

至於蔡英文時期，也同樣因爲民進黨選舉失利，蔡總統辭掉黨主席職務，新一屆的黨主席由卓榮泰擔任。卓榮泰被外界認爲是蔡總統能接受的人選，其如何處理與總統的關係猶待觀察。在2019年辦理下屆總統黨內初選的選務工作過程中，外界也非常關注其在面對蔡總統受到賴清德挑戰時，作爲黨主席角色的中立性。

第4種型態，即非執政時期，黨主席選舉兼具黨內領導人與政府領導人之競爭意涵，主要是在2008年至2016年間重回在野黨這段期間，也包括陳水扁總統第二任的任期快結束時。舉例而言，蔡英文以身兼黨主席身分參與2012年總統選舉，以及大選結束後，蘇貞昌參選黨主席過程被質疑是否以此爲參選總統之跳板，再到2014年蔡英文再複製之前的模式，先擔任黨主席，接著於2015年宣布參選下一任總統。[13]民進黨黨主席的角色和競逐特性都愈來愈和總統職位相關，也就是說黨內領導權競爭和政府領導權競爭，密不可分。

進一步的，在表7-2中我們觀察到不同的黨主席競爭型態與政黨組織的關係。首先，民進黨草創之初使命型性格濃厚，黨主席角色固然要率領政黨在選舉中開疆闢土，但政黨不只是爲選舉存在，宣揚政黨理念更是黨的使命，此時亦無政黨總統化的可能。再到取得中央

13　值得注意的是，蔡英文擔任黨主席時，隨著其任期發展，特別是至第二任時，其個人領導的風格逐漸形成，出現一種將非典型民進黨人的特色轉移至政黨身上。

執政後則如前述，一方面因多數時期黨主席由總統兼任，形成高強度政黨總統化的現象；在總統未兼任黨主席，政黨總統化程度固然略減，但本質不變。在另一方面，民進黨作為執政黨，欲延續執政，贏得所謂中間選民的青睞，淡化了關於統獨議題訴求。如此一來，原有的使命型性格不免降低，帶有更多一些囊括型的政黨（catch-all party）、選舉專業型政黨的成分。[14]但即使如此，在陳水扁總統時期民進黨仍是擁有10萬以上黨員的政黨，對國家定位、兩岸關係等均明確表示其立場，如揭櫫「臺灣前途決議文」（仍並存著「臺獨黨綱」），反對「九二共識」與「一中各表」。且在2004年和2008年總統選舉時，並分別推動反映政黨意識型態和國家定位意涵的「防衛性公投」、「入聯公投」，這均表明民進黨在此階段中既不是，也不易走向純粹的選舉機器型態。在蔡總統時期，由於執政剛滿3年，其運作情形還有待觀察，但因黨的選舉機器化相較陳水扁總統時期，似乎更為加強。

　　在非執政時期，2008年之後再度成為在野黨的民進黨，其政黨組織性格不再是為總統的附庸，政黨相對於政府統治機構之自主性頓時上揚。此時，黨主席蔡英文在任內雖較少談到獨統議題，但在2008年參選黨主席期間提出「重新定義臺灣的本土論述」、「重新思考對中國政權外交，建立新的中國論述」之主張（蔡慧貞，2008a：A4）。故在特定時間，使命型政黨性質仍存在，使得在朝向選舉機器的方向發展過程中，出現使命型與掮客型的拉鋸。

二、動態的變遷分析

　　建立在前述的基礎上，可以進一步描繪一種動態的變遷模式。在此藉由兩個關於政黨組織的發展軸線——「政黨選舉機器化」以及

14　譬如，2004年曾傳出民進黨青壯派立委，主張將黨中央定位為「選舉機器」（林修全，2004）。

「政黨總統化」，加以分析。圖7-2中的橫軸線涉及政黨為取得執政和贏得最多的選票，因而牽動意識型態（使命型vs.掮客型）和組織特性（選舉專業型vs.非選舉專業型）的發展動力；愈往右方發展，政黨的使命型性格愈低，選舉專業型的性質愈強。縱軸線攸關臺灣半總統制下的政黨性格和黨主席角色，愈往上方發展，政黨總統化的程度愈高，政黨愈傾向是總統的附庸和輔佐工具，且政黨相對於政府的自主性也愈低。這兩個軸線的發展一定程度影響了民進黨黨主席角色和該職位產生過程的競爭性質。

　　本文發現，在橫軸方面，從創黨之初以迄至西元2000年政黨輪替執政，民進黨使命型政黨的特徵和部分掮客型政黨（特別是在晚近）的性格不僅並存，且使命型政黨性格相當濃厚。一方面，在

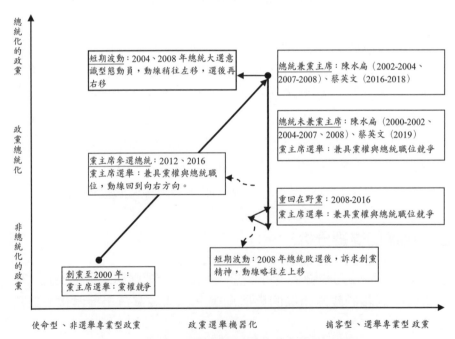

圖7-2　黨主席競爭與政黨組織性質之變遷

資料來源：作者自製。

「黨外」時期的選舉後援會組織，便具有部分選舉機器（當然非美國政黨型態）的經驗，其多以部分候選人的競選組織爲主體。但在另一面，民進黨是以「民主運動」起家的外造政黨，揭櫫「臺獨黨綱」以及「臺灣前途決議文」等與國民黨的意識型態和國家定位爭鋒相對，從而具有鮮明的使命型政黨色彩。民進黨既非無黨綱型（non-programatic）政黨，並且在中央黨部層次的組織建制也有政策性和相關專業部門，是以在組織性質上民進黨從來都不是單純的選舉機器，也非是一完全走向選舉總路線的政黨。

　　然而，若從動態的發展過程來看，民進黨隨著邁向西元2000年的執政，其作爲執政的政黨有淡化意識型態色彩的趨勢，因此掮客型政黨的元素和選舉專業型政黨的特性也略增。不過，仍值得留意的是，在處於大選時期民進黨也可能策略性的強化臺灣認同的意識型態訴求，以利造勢和動員支持者，即如圖7-2所示，在橫軸上於2004年和2008年兩次總統大選時出現向左移動之情形。但這僅是短暫的現象，之後還是回復右移，造成短期波動的現象，呈現使命型性格與選舉專業型政黨的拉鋸。

　　至2008年民進黨淪爲在野黨，此時黨內充斥著檢討敗選，不同派系的黨內菁英，在不同的時間和場合，幾乎一面倒的呼籲重拾創黨精神和核心價值。譬如林義雄認爲，民進黨會輸掉選舉，「不是因爲對方撒錢、買票，而是喪失創黨的精神」（王燕華，2008）。謝長廷也認爲，民進黨面臨3次全國性大選的連續挫敗，黨的形象不斷降低，這已經不是技術和策略的問題，而是「黨的路線以及核心出現問題」，必須重建核心價值（蔡慧貞，2008）。

　　在2008年5月競選黨主席期間，蔡英文也強調要找回創黨精神，並提出「重新定義臺灣的本土論述」、「重新思考對中國政權外交，建立新的中國論述」之主張（蔡慧貞，2008b）。在當選後的相關場合，她也有幾次重申這樣的主張。在此背景下，民進黨在重回在野黨的短段期間內，其使命型政黨性格略爲回升。但即使如此，並非單向的朝此方向發展，因爲蔡英文任黨主席之初即主張民進黨應固

守既有的支持者，還要擴大設法爭取支持者（吳敏菁等，2008），因在基本的調性上還是傾向淡化臺灣獨立的訴求。在2008年至2012年以及2014年後蔡英文擔任主席期間，民進黨的政黨性格深受蔡英文個人因素影響，蔡並非傳統的民進黨人士，並沒有鮮明的獨派色彩，她曾表示：「很多人覺得我的意識型態不太清楚，有人說我偏獨，可是，我也講不出傳統獨派的講法。」（李雪莉，2009）蔡英文雖屢言欲實現民進黨基本價值，但較少明確論及獨統議題，被認為嘗試進行民進黨的轉型。因此，如圖7-2所示，2000年民進黨敗選後在橫軸上雖又出現向左上方移動之情形，但屬短暫的現象，之後還是回復右移，形成一種波動情況。

　　整體而言，2008年之後民進黨黨內人士主張選舉機器定位的聲音雖然是少數，使命型性格有時特別浮現，以號召創黨精神，但本質上民進黨仍是選舉專業型政黨與使命型性格的拉鋸。從這個角度來看，黨主席職位一方面要能反映民進黨的政黨理想、使命，甚至提出代表黨的重大政策立場，不可能單純的將政黨經營成選舉機器；但另一方面因為黨主席易成為黨內領袖菁英邁向總統職位的平臺，且在臺灣總統選舉制度採相對多數決制下，也會使其領導的政黨必須和選票市場妥協，而表現出有一定程度的掮客型或囊括型政黨的性格，以贏得多數選民的支持。

　　值得注意的是，在蔡英文總統於2016年5月就任總統前，民進黨在4月間的臨時全國黨代表大會中，通過修改黨章，在民進黨執政後，副總統、總統府正副秘書長、中央政府正副院長、秘書長、政務委員及部會首長與政務副首長的黨員，不再是「當然黨代表」；副總統、行政院院長、總統府秘書長不再是「當然中常委」。所以新的中常會組成結構中，雖然納入執政縣市長，強化民意基礎，但行政院院長和中央部會首長不必出席中常會，中常會作為政策協調整合的功能相對弱化（參見本書第五章）。因此，此期間與前面階段相較起來，中央黨部的選舉機器化程度略增。

　　在縱軸方面，如圖7-2所示，民進黨由早期的在野黨邁向執政過

程，再到取得總統勝選後，政黨逐漸出現總統化現象。雖然在2008年民進黨淪為在野黨之後，其程度雖降低許多，但競逐總統職位的政治機會結構仍趨動此一發展。如前所指出的，我們可以從2個主要指標來觀察這個現象：一是總統是否為民進黨的領導人，包括是否兼任黨主席，或者未兼任時，總統實際上是否仍是黨的實質領導人；另一是黨主席是否是黨內主要菁英作為掌握黨權，以進一步累積參選總統的資本。

　　首先，民進黨在陳水扁8年的執政期間，有超過一半的時間總統為民進黨的黨主席，使總統得以直接握有政黨的權力（林濁水，2009：40）。特別是2000年後，民進黨黨內傳統的「派系共治」或「合議制」型態漸漸式微，執政初期陳水扁的正義連線開始異軍突起，成為黨內最有實力的派系（鄭明德，2003）。陳水扁總統可直接或間接影響所有派系的動向（謝瑞明，2013），甚至有「一人獨治」下的民進黨派系發展現象（楊毅周，2006）。整體而言，就政黨與派系的關係來看，特別是在陳水扁兼總統後，導致派系的自主性較低。此時，民進黨偏向集權型的政黨，陳水扁總統是最重要的主導力量（謝瑞明，2013）。因此，儘管陳水扁總統有相當時間未兼黨主席，但他仍是民進黨實質的領導人，總統化現象仍然存在，只是程度稍加弱化而已。在蔡英文迄今3年（2016/05-2019/05）的執政期間，有三分之二以上的時間由她兼任黨主席，在實質上或形式上，民進黨的領導人即是蔡總統。不論是黨中央或立法院黨團，基本上是完全配合蔡總統的政策和領導，政黨總統化的程度並不亞於陳水扁執政時期。

　　其次，廣義的政黨總統化現象，包括黨內主要菁英意圖取得政黨主席職位，掌握黨權，並進一步累積參選總統的資本。換言之，當擔任主席者可能志在進一步問鼎總統大位時，則其領導下的政黨性質，與僅是取得黨內領導權的情況有所不同。從謝長廷擔任黨主席，而後參與2008年總統選舉，以及蔡英文擔任黨主席，再參與

2012年與2016年總統選舉，其軌跡均清楚可見。[15]特別是蔡英文於2012年總統選舉敗選後，黨內有很多人希望蔡英文再選一次，連帶構成蘇貞昌當時想當民進黨主席的阻力。再從2000年之後，呂秀蓮、游錫堃、蘇貞昌以及謝長廷都分別於不同時期擔任黨主席，民進黨形成了以這些可能是總統候選人的個別政治菁英為首，並以其極為熟悉的黨內、學界、商界等人士圍繞於四周，形成所謂的呂系、游系、蘇系、謝系之派系勢力（謝瑞明，2013：44）。由此可見，黨主席的競爭不再是單純的黨內領導權之爭，還相當程度與總統選舉有所關聯。

至於2018年12月間的黨主席選舉中卓榮泰和游盈隆之爭，因為背後涉及團結在蔡英文領導的執政團隊，以及挑戰她的領導模式和執政績效的兩種意見和力量，且時值各界對蔡英文應否競選次任總統有不同意見，因此這場選戰其意義當然不止是黨權之爭，也有「總統在黨內代理人之爭」的意義。在該場選舉過程中，另一個有關政黨發展的議題是，參選人游盈隆提及民進黨作為政黨的自主性，一種有別於附屬在政府（乃至總統）的自主性格，此種意見相對於卓榮泰強調黨在「九合一地方」選舉失利後，應有團結的基礎，再謀求政黨改革的議程，是兩種不同的發展見解。無論如何，政黨在執政時期，其與政府之間的關係和自主性定位，始終會成為「政黨政府」運作的一重要課題。

最後，結合政黨選舉機器化與政黨總統化兩個軸線的發展來看，民進黨的長期發展仍同時並存使命型與選舉機器兩種性格，但整體趨勢則如圖7-2所示傾向是朝著右上方區塊發展，也就是淡化使命型色彩。其中，在特定時間，可能強調意識型態的動員，形成一種小範圍浮動狀態；相對蔡英文兩次參選總統時，則相當程度淡化意識型態色彩。整體而言，就黨主席競爭性質，民進黨的情況是由黨內領導

---

15 從某種程度來看，中國國民黨也有類似的情形，如朱立倫於2015年擔任中國國民黨黨主席之後，黨內有相當多的人士期待他競逐2016年總統選舉。

權的競爭型態，隨著執政與在野的不同時期，朝向政府領導權（主要指總統職位）方向發展。

伍、結論

　　當代民主政治政即政黨政治，政黨既是民主政治運作的重心，對於政黨組織的研究，自是不可或缺。確實，政黨領導人角色在政治的運作中愈來愈重要，在許多國家中其權力亦不斷增加。政黨領導人的挑選，不再僅僅是與政黨內部的事情有關，更被視為帶有執行權競逐過程之色彩。同樣的在臺灣的政黨運作中，黨主席的角色和其產生過程的競爭型態是一項值得研究的政治現象，且其與政黨組織性格的發展具有相當的關聯性。本文以民進黨黨主席之政黨領導權競爭作為研究焦點，觸及了政黨組織的核心人物以及政治菁英的重要角色。本文從政黨組織與憲政制度之理論，提出兩個政黨發展的軸線：「政黨選舉機器化」以及「政黨總統化」，分析民進黨的政黨（組織）性格的變遷以及伴隨著的黨主席競爭型態。

　　民進黨是一個以民主運動起家的外造政黨，在政黨的創建和發展過程中，存在著派系化、山頭化的政治菁英結構，反映在民進黨很早在黨內的領導人產生過程中，就具有相當的競爭性。這種競爭性的程度隨著黨內的民主化以及外部臺灣政治民主化，也有逐漸增強的趨勢。然而，本研究進一步發現，黨主席的角色和競爭型態，可能屬於黨內領導權範疇，但也可能擴延至爭取總統職位之爭，不同的模式是伴隨著「政黨選舉機器化」程度與「政黨總統化」程度而形成。從創黨之初至西元2000年的政黨輪替執政，再隨著2008年民進黨淪為在野黨，整個大方向較傾向有利政黨選舉機器化和總統化的發展。民進黨原有使命型政黨的性格略減，選舉專業型和掮客型的特性略增。然而，這並不意味民進黨意識型態有本質上的變化，民進黨仍保存有使命型政黨的元素，在許多時刻，如大選時為凝聚綠營選票而採取的選

舉訴求或動員策略，仍起了作用。換言之，民進黨的長期發展仍同時
並存使命型與選舉機器兩種性格。

　　最後，本研究也發現，在2000年至2008年間以及2016年至2019
年間兩次執政時期，出現高度的政黨總統化現象。在2008年民進黨
重回在野黨時，黨主席職位之競爭仍同時具黨權與總統職位競逐之屬
性。整體而言，在政黨選舉機器化以及政黨總統化的交織牽引下，黨
主席的競爭，常成為黨內總統候選人選舉的前哨戰，黨主席一職也被
賦予更多和總統職位的連結意涵。事實上，國民黨的情況也相似。本
文的研究發現，回應了對政黨組織研究的重要性，並且結合憲政體制
的理論，雖然是針對民進黨的個案研究，但所運用的相關理論和分析
架構，亦可嘗試用在國民黨身上。確實，在本書的相關章節中，讀者
也可以看到相關的分析。

結論：兼談臺灣半總統制的展望

　　半總統制存在3個基本的權力單位：總統、總理和國會，在不同的國家和不同的半總統制次類型下，這三者的權力關係可能會不一樣，本書採取「總統中心」的視角，來探索臺灣的半總統制。然而，有別於傳統對總統權力的研究，多側重總統在特定而短期內的憲政職權行使，如任命行政院院長、人事提名權、發布緊急命令權以及其他職權等等，本書則聚焦在總統經常性的、持續性的權力運作，包括行使政策權力、推動立法以及運作政黨權力等3個核心層面。它們兼具了總統在憲法體制內和體制外的權力，並扣緊憲政實務的運作層面。本書透過幾個篇章的系統性探討，進行了「臺灣總統學研究」的嘗試，也呈現了相關的研究發現，希望能提供學術界和各界讀者參考。本章除藉由總統3個權力運作面向的總結，並在此基礎上進一步展望臺灣半總統制的發展。

壹、總統權力研究的總結和思考

　　由本書第一篇的探討可得知，我國歷任總統在憲政實務上的政策權力，廣泛涵蓋內政、外交與國防的各個領域，總統實際上相當程度握有中央政府重要政策方向的掌控權，不論其是直接的或間接的權力運作。因此，我國半總統制「現實運作下」總統和行政院院長的政策權力歸屬，並非憲法上所謂前者負責國防、外交和兩岸關係，後者負責內政事務的水平分工式型態，而在大部分的時候傾向是垂直的領導或授權關係。即使行政院院長對於某些政策議題享有一定的自主權，但那通常是在總統無意介入或有意授權時才有的結果。從比較半總統制類型的角度來看，我國半總統制是屬於總統優勢的型態，亦即

總統相對於行政院院長，在憲政實務上居於權力優勢的地位。

　　形成我國憲政實務上是總統優勢型的半總統制，有其憲法上的基礎和政治上的現實原因。憲法上的基礎，最根本的是源於行政院院長由總統單方面的直接任命，而無需經由立法院的同意而產生。學術界雖有主張總統此項任命權並非絕對的，而是必須尊重立法院的多數，惟在實際的憲政運作下，總統幾乎掌握完全的任命權，尤其，當國會是同黨居於過半數的一致政府時期，又特別明顯。至於在分立政府時期，總統對閣揆任命的主導權雖受影響，但也未必因此就居於弱勢。既然在絕大部分情況下總統決定了行政院院長的人事任命權，那麼當總統有意介入一般行政部門政策的決定過程時，行政院院長也很難拒絕或表示不同意見。當然，行政院院長並沒有因此喪失主導某項政策的機會，不過那是在總統並沒有特別意見和堅持的情況下才可能出現。再就政治上的原因來看，總統是我國中央政府行政部門中，除了副總統外唯一具有選票基礎的人，其由民選產生、具有全國民意基礎的總統，其職位的民主正當性，完全不是行政院院長可相提並論。然而，總統雖是國家最高領導人，但在憲法上並無正式的政策決定機關；形同內閣會議的行政院會議，不僅總統並非會議主席，甚至無權參與其中，無法藉此知悉會議中的各項重大議案資訊。實務上，歷任總統幾乎都需建置憲法體制外的政策協調和決定機制以及黨政平臺，以求有效領導政府的運作。陳水扁總統時期的「九人小組」，馬英九總統時期的「五人小組」，以及蔡英文總統時期的「執政決策協調會議」，都未能免於這樣的模式。總統不僅要仰賴黨政協調機制，甚且常需透過兼任黨主席來強化對黨的領導，並再轉為有利於行政權本身的領導以及對國會黨團和同黨委員所發揮的影響力。確實，歷來所有民選總統在任內也都傾向兼任黨主席，且民進黨和國民黨的黨內規定也都先後配合這樣的需求，亦即「總統為當然的黨主席」。本書第二篇和第三篇即分別循上述脈絡，探討總統在立法和政黨的權力。

　　經由本書第二篇的探討，我們確認我國總統雖然無法案的提案權，但多試圖透過各種方式發揮立法上的影響力。從幾位總統任內的實證研究顯示，總統對行政院的許多重要法案經常表達其明確態度，甚至是做出立法方向和具體內容的主張。經由此一研究我們發現，總統並非僅僅是決定國家政策方向或國家安全大政方針而已，而常常是深入到一般法案的具體內容，甚至是立法議程的指示。由陳水扁、馬英九和蔡英文3位總統的執政經驗來看，均呈現了相似的情況。這個研究發現很重要，因爲讓我們掌握到憲法職權以外總統的實務角色和權力。換言之，跳脫藍綠政黨的不同背景，跨越分立政府和一致政府的差別，我國總統不約而同都試圖在法案的推動上扮演角色，也都傾向擔任黨主席，以及都存在著建構高層黨政運作平臺的執政需求。促成上述同樣結果的原因，從「異中求同」的邏輯和比較研究角度可知，與制度因素有關，也就是不同的總統都身處相同的憲政制度，由此可推論出優勢型半總統制對於總統權力運作的影響。

　　研究也發現，半總統制的制度因素對於總統是否兼任黨主席以及相關的黨政運作型態，扮演重要的牽引作用，架構了其中基本的發展軸線。我國半總統制的設計，除了可以解釋爲何不同黨籍的總統，其任期內多數時候均兼任黨主席，也可以相當程度解釋，爲何他們都不約而同建構了多層次的非體制內之黨政互動平臺和機制。因此，我們確認民進黨和國民黨都出現「政黨總統化」的趨勢，而其趨動力也源於我國總統優勢的半總統制憲政張力。政黨總統化的現象，促成了「總統化政黨」的形成，這對政黨的研究也帶來新的意涵，這是筆者將國外研究的相關概念引進到臺灣。

　　從上個世紀末我國進行公民直選總統以來，藍綠兩大政黨的組織性格也緩緩發生質變，變因很大一部分來自憲政制度的影響。一言以蔽之，臺灣主要政黨的面貌逐步反射出我國憲政體制的特性。憲政體制是以總統權力優勢的方式運作，政黨內部的權力結構和組織設計，也朝向呼應總統權力優勢的方向演化。具體而言，政黨總統化的結果，政黨相對於政府的自主性必然降低，作爲政策研發和意識型態

動員的角色隨之弱化，相對的，政黨作爲選舉機器的性格則強化。最後，政黨也容易依附在或配合於總統權力中樞的執政需求。這在民進黨身上尤其明顯，國民黨也有此傾向。

　　總結本書的研究發現，我國這20年來憲政運作，逐步鞏固了總統權力優勢的半總統制特性：總統具有單方面決定行政院院長人事權，使得行政院院長的相對地位弱化，總統主導行政部門主要政策的方向和內容。總統具有營造體制外決策機制的誘因和空間，但缺乏制度和定型化，以致權力的行使往往難以發揮效能。再者，總統對國會的立法亦扮演一定的影響力，其影響的方式受到有無兼任黨主席而有所不同。此外，半總統制並形塑政黨的性格，我國主要大黨走向政黨總統化的趨勢難以避免，這對政黨的自主性構成一項挑戰。

　　本書對臺灣半總統制的探索，著重以總統權力爲核心的視角，是臺灣總統學研究初步的、局部的嘗試。同時，鑑於美國總統學的研究經驗，關於總統的公眾演說和對人民的訴求行爲，也值得學界重視。尤其透過新媒體的運用，或有進行經驗性研究的空間。此外，關於總統的政治領導模式和危機處理模式，學術界也甚少有相關研究作品，似也有值得關注的需要。

貳、臺灣半總統制的展望

　　我國憲政體制於1997年修憲確立半總統制後，迄今運作已逾20年，其間經歷不同黨派的4位總統、6個任期，以及3次的政黨輪替執政，但普遍認爲這套制度有其缺失。各種對於憲政體制的意見，幾乎都觸及到本書所論及的總統角色和權力，以及「總統、內閣與國會」的半總統制三角關係，因此主張進一步修改憲法的呼聲從未間斷。以近幾年來爲例，在2015年上半年，當時朝野政黨幾乎就要啓動憲改的議程，立法院亦爲此舉辦多場的公聽會，但最後因未能達成共識而終止。迨至2017年9月間，蔡英文總統在民進黨全代會上提出

憲政改革議題，呼籲打造權責相符的中央政府體制，此舉引來各界不同的回應，但多數認為修憲門檻很高，短期內很難落實。最終，確實這個提議又落得「只聞樓梯響，不見人下來」的窘境。惟無論如何，憲政體制的檢討和定位，將持續是我國重要的政治議題，本章也藉此提出一些觀察和討論。

關於臺灣憲政體制的檢討，歷來存在著兩種取向：第一個取向，主張我國憲法（含增修條文）設計沒有什麼明顯窒礙難行或缺失，現實上所發生的憲政問題，多非憲法本身所致，而是肇因於政治人物未能忠於憲法，落實憲政。此一觀點，或可稱之為「行憲優於修憲說」。第二個取向，則認為我國的憲政運作之所以出現問題，其根源與憲政設計有關，因此修改憲法是解決憲政問題的必要手段。此一觀點，或可稱之為「修憲必要說」。對於上述兩種取向，筆者認為皆有其立論基礎，但從本書的觀點來審視，第二個取向相對上較能因應長久的憲政需求。如前所述，我國的憲政運作問題，是跳脫藍綠執政之下同樣會出現的狀況，並非一黨一派或個別總統的領導模式所能有效解釋。因此，行憲固然重要，但其前提應是憲法並無明顯缺失，如若不然，憲政運作的理想境界終究是緣木求魚。基於此種理解，本書主張若能有機會進行憲法的修改，應是較能直接改善臺灣憲政的缺失。

倘若有機會修憲，應該怎麼做？對此，又可歸納成兩種模式，一是「體制選擇說」；二是「局部修改說」。所謂的體制選擇說，是著重憲政體制的重新定位和選擇，這個取向雖不否定憲政體制設計存在個別問題，但傾向認為問題的本質在於制度類型本身，所以必須透過整體制度型態的重新定位，才能釜底抽薪一舉解決問題。或退一步言，至少以該類型為基準，儘量朝其理想型改造。這種主張的最典型憲改方式，即是持現有半總統制（雙首長制）應予放棄，改採內閣制或總統制作為憲政體制的終局安排，以尋求長治久安之道的觀點。

所謂的局部修改說，則是主張就憲政體制設計中的特定局部問題，透過憲法的修改來加以完善，而不至於要牽動到整個憲政體制的

重新打造或選擇。這種觀點並非否認臺灣現行半總統制的設計有其缺失，但並不認為半總統制是一種劣於內閣制和總統制的類型選項，而是臺灣經驗本身的問題。這種取向的修改，也有偏總統優勢或行政院院長優勢的半總統制選項。

　　既然我國憲政體制中最核心的面向在於總統的角色，因此未來如有憲改的可能，則不論是局部的修改，或進行體制的重新定位，都不能不面對總統權力安排的關鍵問題。從本書的研究發現和目前各界的主張來看，至少有以下兩個議題不易迴避：一是關於總統對行政院院長的人事決定權，是否由現有總統直接任命之規定，改為由其提名後經由立法院同意產生，或還是維持現狀；二是關於是否需要設置總統的政策決定機制，或維持憲法下行政院院長為行政中樞的決策機制。這兩項問題直指憲政體制最關鍵的部分，也就是總統的權責問題，可以說是關係到臺灣半總統制是向內閣制或總統制方向的發展。

　　在提出本書對於因應上述兩個問題的建議之前，先談一下總統的權責問題。「總統有權無責」這個說法常見諸於一般輿論，其立論主要是基於行政院院長形同是總統的執行長，執行總統的政策和治國理念，但面對國會（立法院）負責的卻是行政院院長，而非總統本人。此一事實的陳述並非有誤，只是冠上「有權無責」這個概念時有待斟酌。實則總統由公民選舉產生，向人民負責，4年任期終了面對改選，即是其主要的負責方式。美國總統亦由人民選舉產生，無需對國會負責，卻未聞有指稱其有權無責，更何況我國憲法尚設計有美國所無之罷免總統的機制。由此看來，問題的關鍵可能不在於總統有權無責，而在於其負責的時間點並未即時。亦即，總統逢4年才接受人民「一次性」的總檢驗（即課責），然而在此之前，行政院院長暨各部會卻先已面對立法院「經常性的」問責（或受過），甚至最嚴重的情況下，可能面對不信任投票而有內閣瓦解之滅頂危機。因此二者對比之下，總統的角色就易被認為有權無責，而行政院院長被同情是有責無權。

　　再者，立法院行使監督權的對象是行政院，而非總統，則後者的政策是如何作成，哪些人參與其中，國會也難以監督和知悉，如此也會加大總統有權無責的印象。實則這是監督機制的問題，而非無責的問題。因此，前述關於總統角色和權力所存面臨的兩項議題，就有加以因應的需求，解決的方法可能免不了需要修憲。然而，目前國內學術界和政治界對此也未見有明顯的共識，因此改革難度也很高。所以憲改難度很高，不僅是因為程序上憲法修改所需的門檻很難跨過，而且也在於實質上政治菁英和國人對憲法應該怎麼修改缺乏共識。對此，本書提出以下主張，供讀者參考。

　　如果憲政體制是朝增強行政院院長地位的方向發展，則其產生方式必須有國會的參與，藉由國會所代表的民意的支持和信任時，其憲政地位自然能同步提升。但僅是所謂恢復憲法本文的立法院同意權，恐不夠周密，因若立法院不同意時，缺乏進一步確保人選必然產生的程序，所以有可能人選難產，導致僵局的發生，因此，可以參考其他半總統制國家或內閣制國家總理產生的設計，並加以調整，具體設計可改由：1.總統提名後經由立法院同意產生；2.如果立法院不通過，則總統可提名第2次人選，並再次由立法院行使同意權；如果立法院仍不通過，則立法院須在一定時間內提出自己的行政院院長人選，而總統對其必須加以任命；3.若是立法院無法提出人選，則總統可直接任命行政院院長。上述設計僅是一個例子，可能還有其他方式。論者或謂不必規範到如此細瑣，而應強化憲政共識。實則，就是因為我國政治菁英不易建立憲政共識，所以憲法條文規範反而更需要愈嚴密、愈無個別恣意解釋之空間，才能確保憲法的原意被真正落實。與這項修改的連帶關係，在立法院取得閣揆同意權後，原憲法規定總統解散立法院的被動權力設計，是否需要由改為如同法國第五共和的設計之主動權，以強化行政和立法的權力制衡和衝突解決機制，也可以一併思考。

　　如果是要鞏固總統優勢的半總統制，則應強化和制度化總統的政策決定機制，似可以參考法國第五共和模式，原行政院會議由國務會

議替代之，並由總統親自主持。另外，在總統主持國務會議之後，原國家安全會議的職掌也可能一併連動調整。

上述的討論傾向於局部修憲，其除了仍須面對修憲門檻的挑戰外，也可能被認爲只能治標卻不能治本。論者或認爲，半總統制作爲一種憲政體制類型，其先天上不若內閣制和總統制來的妥善可行，不如重新定位和選擇，以求終局之解決。情況眞是如此？筆者認爲，我們可以嘗試將此思維推向更深一些，其背後的問題意識是：「究竟半總統制是否僅是憲政選擇的中途之家，而非長久歸宿？」這個問題兼具比較憲政選擇的重要理論價值，以及臺灣憲政改革的重大實務意義，值得深論。

讓我們回顧歷史，在近百年前的1919年，在內閣制與總統制這兩種世界上主要採行的憲政體制外，因爲歐洲的兩個國家芬蘭和德國威瑪共和，幾乎在同一時間進行新的憲政嘗試，造就了後來被Duverger稱之爲「半總統制」的政府體制類型。芬蘭半總統制的形成源自1919年7月《芬蘭共和國憲法》，該憲法保留了沙皇統治時期雙元行政體系的特徵。威瑪共和在1919年8月的憲政體制，也是半總統制的原型個案，張君勱先生所起草的1947年中華民國憲法草案，即是參考威瑪憲法的設計。芬蘭與德國威瑪體制所採行的半總統制雙元行政體系，在當時和後來一段並不算短的時間內，除了零星幾個歐陸國家採用外，並沒有引領風潮。直至法國第五共和開啓的實踐，特別是到了1980年代起「左右共治」特殊經驗的出現，此種憲政體制的特色才廣受矚目。但其眞正足以與另兩種類型並駕齊驅，是在20世紀末的1990年代新興民主國家廣爲採行後才出現，並在21世紀初維持相當多的國家數量。

根據半總統制主究者Elgie的觀察，全球半總統制國家在本世紀迄今一直維持在50幾個左右，這確實足以與內閣制和總統制構成全球三足鼎立的勢態。然而，半總統制有一個特色，即這個制度「容易被採用，但不好運作」（Wu, 2007）。因此，單純從上述實然的國家數量來看，並不足以評論這個制度的良莠，而需要進一步結合規範

層面加以思考。確實，憲政體制的研究傳統，在理論的關懷之外，一直都帶有濃厚的規範色彩。在上個世紀的90年代由比較憲政研究大師Linz（1990, 1994）所點燃的，學術界關於總統制與內閣制孰優孰劣的廣泛論辯後，「憲政體制與民主的維續和鞏固」，迄今仍是評斷制度表現的主要邏輯，既是比較政治研究的重要關懷，也是各國憲政工程師所面對的實務課題。在1990年代之前，憲政選擇的辯論，主要集中在內閣制與總統制的國家；直至1990年代後因新興民主國家的大量採用半總統制，這種體制才逐漸被納為研究和比較的對象。

　　新興民主國家採行半總統制是與民主的轉型併行的（Wu, 2007, 2002）在歐洲也是一種試圖限制總統權力，以擺脫威權體制的方法（Elgie, 2009: 255-256）研究。事實上，在較早時Duverger（1997: 137）已指出，在東歐和前蘇聯的共和國中，半總統制已經成為由獨裁轉型至民主最有效的途徑。Sartori（1997: 135-137）也明確的提到：「我主張那些準備放棄總統制的國家，應該選擇半總統制，而且這是基於一個事實：從總統制直接跳到議會制，是進入一個完全不同和未可預期的境域，但轉向半總統制，卻可以讓國家在已確知的經驗與知識範圍內繼續運作。」這是上個世紀末第三波民主化浪潮下半總統制湧現的原因，許多國家實施總統制的負面經驗，遂提供憲政創新的機會。

　　目前要論斷總統制、內閣制與半總統制這3種制度的民主表現，還難以有定於一尊的研究結論。不過，就半總統制而言，由於又可區分不同的次類型，例如總統議會制相對於總理總統制，因此很難總體一概而論。[1]而就這兩種次類型來看，總統議會制在政府的穩定或民主的表現來看，其評價似乎相對於總理總統制較低。不過，這與其說是結論或共識，不如說是現階段有這樣的研究觀點。值得注意的是，在學術界有不少研究者將臺灣的半總統制歸類在總統議會制下，而多年來的運作結果確實也未受到國人的正面肯定，甚至不同黨

---

[1]　對於總統議會制的權力設計與民主的運作之部分個案研究，請參閱蔡榮祥（2019）。

派的執政者都不覺得這套制度是健全的。

　　因此，當舊制度轉型至半總統制後，是否能穩定運作，並利於民主的維續？究竟半總統制是否僅是憲政選擇的中途之家？從全球的發展來看，歷史上曾出現特定半總統制國家轉為總統制或內閣制，但目前為數仍很有限，迄今約有幾個少數國家（如摩多瓦、土耳其、美尼亞、喬治亞等）。除了「憲政體制與民主的維續和鞏固」的經驗實證研究外，中研院吳玉山院士（Wu, 2018）從另一種動態的視野來看半總統制的變遷，本書認為這是一項新的觀察視角。該研究以相關個案為基礎，觀察半總統制轉向其他制度的動態變遷，發現研究個案反而走入一種民主表現較差的危險方向。如此看來，不論從實然面或應然面來看，可能都不易推論出半總統制僅僅是憲政之路的過渡階段。

　　最後，展望臺灣的憲政發展，其受到不同的政治趨力和憲政價值的定位而左右。從總統為中心的權力觀來看，其涉及強化總統權力與抑制總統權力兩種趨力的競逐；從憲政價值的定位來看，其涉及應強調治理效能或應強調權力的制衡這兩種相異的價值取向。筆者預期，由於我國總統在政治制體系中的核心焦點原本即相當明顯，又由於2020年總統大選的來臨，立法委員選舉也與其同一日舉行，總統選舉將在立委參選人眾星拱月情勢下展開，因此短期內憲政體制有利於朝向鞏固總統優勢權力的方向發展。在此情況下，尤其臺灣內外部種種改革議題之需求顯著，總統的領導角色將會被賦予更高的期待，這將提升憲政體制治理效能的需求。然而，權力的另一面是責任，當總統權力趨大時，總統在憲政體制中的課責要求，以及對其有效制衡的權力設計，也會同步受到重視。因此2020年後臺灣的在野力量也可能會興起一股限縮總統權力，或是往內閣制調整的憲改呼聲。總之，憲政體制的定位，是我國國家發展的重大課題，需要學術界和各界的共同關心和努力。

參考文獻

一、中文文獻

一般報導，1988，〈黃信介當選民進黨主席當場慨捐巨款展現強勢領導作風〉，《自由時報》，11月13日，2版。

中華民國總統府，《總統府新聞》，http://www.president.gov.tw/Default.aspx?tabid=131。

王健壯，2016，〈違憲擴權不是憲政慣例〉，《聯合新聞網》，https://udn.com/news/story/7340/2041694，檢索日期：2017年3月16日。

王業立，2008，《比較選舉制度》，臺北：五南圖書出版。

王燕華，2008，〈林義雄感嘆民進黨「喪失創黨精神」〉，《聯合報》，9月22日，17版。

民主進步黨，2015，〈歷任黨主席〉，https://www.dpp.org.tw/about/chairman，檢索日期：2019年6月1日。

民眾日報，2008，〈定調團結國民黨挑戰仍多〉，《民眾日報》，11月23日，A01版。

立法院，《立法院議事及發言系統—法律提案及進度》，https://lis.ly.gov.tw/lylg-meetc/lgmeetkm?.c5ab00C170001000000080010E00000^0000100C0000001020BB23f5a。

立法院，《立法資訊網法案動態追蹤平臺》，https://lis.ly.gov.tw/billtpc/billtp。

立法院，《新聞知識管理系統》，https://npl.ly.gov.tw/do/www/ssologin?url=https://nplnews.ly.gov.tw/sso/login。

何烱榮，2007，〈游：我有權指定代理〉，《聯合晚報》，3月9日，2版。

吳玉山，2012，〈半總統制：全球發展與研究議程〉，沈有忠，吳玉山（編），《權力在哪裡？從多個角度看半總統制》，臺北：五南圖書出版，頁1-28。

吳玉山，2016，〈半總統制與策略性修憲〉，《政治科學論叢》69：1-26。

吳承翰，2019，〈初選後整合黨內　蔡邀各派系立委便當會〉，《今日新聞》，6月19日，https://www.nownews.com/news/20190619/3451417/。

吳典蓉，1988，〈民進黨可打通「任督二脈」？黃信介強調強勢主席現行合議制面臨挑戰〉，《自立晚報》，11月16日，2版。

吳庚、陳淳文，2013，《憲法理論與政府體制》，臺北：三民。

吳明杰，2016，〈取消兩蔣以來傳統！蔡英文軍政決策變革廢「大軍談」改「國防軍事會談」〉，《風傳媒》，9月5日，https://www.storm.mg/article/161711?srcid=

7777772e73746f726d2e6d675f356338343635346464462636330626434_1557469045，
檢索日期：2019年6月1日。

吳東野，1996，〈「半總統制」政府體系的理論與實際〉，《問題與研究》35
（8）：37-49。

吳重禮，2000a，〈美國分立性政府研究文獻之評析：兼論臺灣地區政治發展〉，
《問題與研究》39（3）：75-101。

吳重禮，2000b，〈美國分立性政府運作的爭議：以公共行政與政策為例〉，《美歐
月刊》32（2）：271-316。

吳重禮，2013，〈臺灣政黨的持續與變遷：理論與資料的對話〉，《臺灣政治學
刊》17（2）：1-14。

吳家翔，2014，〈專訪：批蘇蔡謝呂：選主席者勿選總統〉，《蘋果日報》，http://
www.appledaily.com.tw/realtimenews/article/new/20140216/345341/，檢索日期：
2019年6月1日。

吳敏菁、陳世宗、吳南山，2008，〈競選民進黨主席蔡英文：派系是黨內魔咒〉，
《中國時報》，5月4日，C2版。

呂昭隆，2018，〈軍事首長小軍談獨見總統成歷史〉，《中時電子報》，12月31
日，https://www.chinatimes.com/newspapers/20181231000352-260118?chdtv，檢索
日期：2019年6月1日。

呂炳寬、徐正戎，2005，《半總統制的理論與實際》，臺北：鼎茂。

李佳霏，2010，〈原住民設置自治區：總統有必要〉，《立法院新聞知識管理系
統》，http://nplnews.ly.gov.tw/index.jsp。

李明賢，2009，〈中常委被釗送禮才兩個？出事都是榮鳥〉，《聯合報》，10月20
日，A22版。

李明賢等，2008，〈不兼黨主席，閣揆執行我政見〉，《聯合報》，3月29日，A4
版。

李宜芳、石鵬翔，2014，〈半總統制的總統任命權與免除權對於總理任期的影
響〉，《東吳政治學報》32（4）：1-55。

李欣芳，2010，〈黨魁之爭，尤清投靠說，蔡英文反擊〉，《自由時報》，4月12
日，A04版。

李欣芳，2012，〈姚嘉文：徹底黨改健全基層〉，《自由時報》，https://news.ltn.
com.tw/news/focus/paper/617492，檢索日期：2019年6月1日。

李建榮，2017，《百年大黨，十年風雲》，臺北：遠見天下文化。

李雪莉，2009，〈「蔡英文篇」軸線兩端，臺灣往哪走？〉，《天下雜誌》，2009
年7月，頁427。

李雅雯，2015，〈馬轟「鄉愿」朱立倫：大是大非、彼此尊重〉，《自由時報》，2

月26日，https://news.ltn.com.tw/news/politics/breakingnews/1241775，檢索日期：2019年6月1日。

李鳳玉、黃建實，2015，〈總統兼任黨主席對政府法案通過的影響：陳水扁政府時期的分析〉，《政治科學論叢》64：87-136。

李鳳玉、藍夢荷，2001，〈一致政府下的內閣穩定：比較2008年總統大選之後的俄羅斯與臺灣〉，沈有忠，吳玉山（編），《權力在哪裡？從多個角度看半總統制》，臺北：五南圖書出版，頁427-458。

李鳳玉，2011，〈總統與其政黨的關係：法國與臺灣的比較〉。黃秀端編，《黨政關係與國會運作》，臺北：五南圖書出版，頁199-234。

李季光等，2002，〈大溪會議首日財經外交議題上桌〉，《自由電子報》，8月25日，http://old.ltn.com.tw/2002/new/aug/25/today-p1.htm，檢索日期：2019年6月17日。

李濬仲，2005，〈扁屬意？游錫堃思考選黨主席〉，《聯合晚報》，12月9日，2版。

李鴻典，2011，〈民進黨不分區立委呂秀蓮籲公開提名過程〉，《今日新聞網》，http://mag.nownews.com/article.php?mag=9-54-6673#ixzz2vZSOC4cy，檢索日期：2015年3月18日。

周志豪，2016，〈臨時甲動的慘敗洪秀柱堅持原則不能再棄守〉，《聯合報》，4月20日，A4版。

杜正隆，1996，〈民進黨主席交接冠蓋雲集〉，《臺灣時報》，7月1日，2版。

沈有忠，2011，〈半總統制下行政體系二元化之內涵〉，《政治科學論叢》47：33-64。

沈有忠，2014，〈半總統制不同類型下的二元行政關係—臺灣與羅馬尼亞的比較研究〉，《臺灣民主季刊》11（3）：41-82。

沈有忠、烏凌翔，2016，〈半總統制的憲政秩序與權力轉移—臺灣與蒙古的案例研究〉，《臺灣民主季刊》13（1）：1-38。

沈有忠，2017，〈政黨菁英或官僚菁英：臺灣半總統制下的行政院院長類型與立法影響〉，沈有忠、吳玉山（編），《半總統制下的權力三角：總統、國會、內閣》，臺北：五南圖書出版，頁187-211。

沈有忠，2018，《臺灣與後共國家半總統制的憲政運作》，臺北：翰蘆出版。

沈有忠、吳玉山（編），2012，《權力在哪裡？從多個角度看半總統制》，臺北：五南圖書出版。

周育仁，2001，〈建構總統制與內閣制換軌機制〉，明居正、高朗（編），《憲政體制新走向》，臺北：新臺灣人文教基金會，頁1-26。

林怡君，2008，〈蔡同榮下週一登記選民進黨主席提七項政見〉，《中央社》，4月

11日，國內國會。

林河名，2016，〈蔡拍板長照2.0今起試辦特別提醒「不應該讓服務者落入低薪」「只許成功不許失敗」〉，《聯合報》，11月1日，A1版。

林修全，2004，〈民進黨何去何從黨務發展論述青壯派將吹號〉，《聯合晚報》，12月26日，2版。

林修全，2011，〈搶攻2012總統大位民進黨茶壺裡的風暴謝長廷鬆口：贊同我理念就承擔「成功不必在我，但現在不宜把話說死」〉，《聯合晚報》，1月25日，A2版。

林瑩秋，1996，〈二月政改三月政爭施明德盼彭明並肩作戰〉，《自立晚報》，2月10日，2版。

林濁水，2006，《共同體—世界圖像下的台灣》，臺北：左岸出版。

林濁水，2009，《歷史劇場：痛苦執政八年》，臺北：印刻出版。

林繼文，2000，〈半總統制下的三角政治均衡〉，林繼文（編），《政治制度》，臺北：中央研究院，頁133-175。

林繼文，2012，〈共治可能成為半總統制的憲政慣例嗎？法國與臺灣的比較〉，沈有忠、吳玉山（編），《權力在哪裡？從多個角度看半總統制》，臺北：五南圖書出版，頁341-373。

邱訪義、李誌偉，2016，〈影響行政部門提案三讀通過之制度性因素—總統、官僚、與政黨〉，《臺灣民主季刊》13（1）：39-84。

邱師儀，2016，〈總統國會制下總統立法影響力探究：一個府院與府會互動的觀點〉，「第七屆半總統制與民主學術研討會」，4月30日，臺中：東海大學。

施曉光，1998，〈民進黨主席之爭派系共推陳水扁許信良同反對〉，《自由時報》，2月27日，4版。

洪建隆，1988，〈民進黨黨主席選戰、龍爭虎鬥專訪姚嘉文黃信介談未來抱負及展望〉，《自立早報》，10月29日，5版。

韋洪武譯校，M. J. C. Vile，2004，《最新美國政治》，臺北：韋伯。

唐佩君，2008，〈總統兼任黨魁？學者正反意見皆有〉，《中央社》，8月31日。

徐正戎，2002，《法國總統權限之研究》，臺北：元照。

郝培芝，2010，〈法國半總統制的演化：法國2008年修憲的憲政影響分析〉，《問題與研究》49（2），65-98。

郝培芝，2013，〈半總統制的演化：總統化與內閣不穩定〉，《問題與研究》52（1），101-141。

高有智、何博文、林晨柏，2007，〈代理民進黨主席，拱扁回鍋聲浪起〉，《中國時報》，3月10日，A12版。

許恒禎，2012，〈臺灣與蒙古半總統制下政府型態的比較〉，《東吳政治學報》30

（2），71-125。

許恒禎，2019，〈半總統制下國會的監督與制衡權：臺灣、波蘭與斯洛伐克的憲法設計比較〉，黃秀端（編），《國會立法與國會監督》，臺北：五南圖書出版，頁177-212。

國家安全會議，2017，〈預算書〉，國家安全會議網站：www.president.gov.tw/NSC/budget.html，檢索日期：2019年6月1日。

崔慈悌，2017，〈蔡英文鬆口一例一休不排除修法〉，《中時電子報》，6月26日，https://www.chinatimes.com/cn/newspapers/20170626000277-260118?chdtv，檢索日期：2019年6月1日。

康日昇，2008，〈辜寬敏訪南縣尋求支持〉，《中國時報》，5月5日，C2版。

張文權，2004，〈葉菊蘭取代謝長廷主導彭明敏競選總部〉，《商業周刊》425，http://www.businessweekly.com.tw/KArticle.aspx?ID=1362&path=e，檢索日期：2019年6月1日。

張台麟，2007，《法國政府與政治》，臺北：五南圖書出版。

張峻豪，2011，〈半總統制運作類型的跨國研究〉，《問題與研究》50（2）：107-142。

張峻豪，2016，《共治類型與新興半總統制國家的憲政經驗》，臺北：翰蘆出版。

張峻豪，2017，〈從閣揆角色談臺灣的半總統制的行政運作〉，沈有忠、吳玉山（編），《半總統制下的權力三角：總統、國會、內閣》，臺北：五南圖書出版，頁61-90。

張琪，2009，〈總統參選黨主席爲保衛中華民國〉，《自立晚報》，6月11日，政治特區版。

張詠，2015，〈朱主席終於展現戰鬥意志〉，《更生日報》，7月11日，15版。

張瑞昌，2000，〈謝長廷兼黨主席陳水扁林義雄曾有意見〉，《中國時報》，6月5日，http://forums.chinatimes.com/special/DPP/890605c2.htm，檢索日期：2015年3月18日。

吳重禮、陳慧玟譯，David R. Mayhew，2001，《分立政府：1946-1990年期間之政黨控制、立法與調查》，臺北：五南圖書出版。

盛杏湲，2014，〈議程設定與立法產出：行政機關與立法機關在立法過程中的影響力〉，黃秀端等著，《轉型中的行政與立法關係》，臺北：五南圖書出版，頁23-60。

盛杏湲，2003，〈立法機關與行政機關在立法過程中的影響力：一致政府與分立政府的比較〉，《臺灣政治學刊》7（2）：51-105。

許恒禎，2012，〈臺灣與蒙古半總統制下政府形態的比較〉，《東吳政治學報》30（2）：71-125。

許薔薔，1988，《聯合報》，8月25日，2版。

郭正亮，1998，《民進黨轉型之痛》，臺北：天下文化出版。

郭泰淵，2010，〈農村社區千人大會師「農村再生」快立法〉，《自立晚報》，3月18日，政治特區版。

郭顏慧、李欣芳，2014，〈謝：黨魁總統蔡須擇一選〉，《自由時報電子報》，https://news.ltn.com.tw/news/politics/paper/762507，檢索日期：2019年6月1日。

陳文政，2011，〈我國國家安全會議的現代化：系絡、過程、內容與策略〉，載於翁明賢（編著），《變遷中的東亞戰略情勢》，臺北：淡江大學國際事務與戰略研究所，頁348-376。

陳水扁，2001，《世紀首航：政黨輪替五百天的沉思》，臺北：圓神出版社。

陳水扁，2004，《相信臺灣：阿扁總統向人民報告》，臺北：圓神出版社。

陳宏銘，2007，〈半總統制下「少數政府」的續存：2000-2004〉，《東吳政治學報》25（4）：1-64。

陳宏銘，2009a，〈半總統制下的「總統化政黨」現象：以民進黨執政時期為例〉，《中華行政學報》6：163-185。

陳宏銘，2009b，〈臺灣半總統制下的黨政關係：以民進黨執政時期為焦點〉，《政治科學論叢》41：1-56。

陳宏銘，2011，〈總統的政策權限與決策機關：比較半總統制憲法的設計與臺灣經驗〉，《歐美憲政制度與變革》學術研討會，臺北：中央研究院，11月25日。

陳宏銘，2011，〈行政機關與國會的相對立法影響力—以2008年後臺灣「一致政府」為例證〉，《人文社會科學研究》5：77-103。

陳宏銘，2012，〈半總統制下總統的法案推動與立法影響力：馬英九總統執政時期的研究〉，《東吳政治學報》30（2）：1-70。

陳宏銘，2013，〈「選舉機器」政黨轉型路線與黨政關係的建構：中國國民黨的經驗（2000～2012）〉，《臺灣政治學刊》17（2）：15-69。

陳宏銘，2014，〈法案推動過程中總統的態度表達：以陳水扁執政時期經驗為例〉，《中華行政學報》15：99-112。

陳宏銘，2016a，〈總統的政策權與決策機制：半總統制的跨國分析〉，《問題與研究》55（2）：125-156。

陳宏銘，2016b，〈半總統制下總統是否兼任黨主席與其黨政關係型態—比較視野下的馬英九總統任期經驗〉，《臺灣民主季刊》13（4）：1-42。

陳郁仁、符芳碩，2016，〈政院盼設府院黨平臺整合意見避免「髮夾彎」府：目前機制順暢〉，《蘋果日報》，8月22日，A8版。

陳財官，2008，〈伯公：馬英九保證黨政不分離〉，《台灣時報》，7月27日，4版。

陳新民，2006，〈檢討憲政慣例的地位與效力—由總統的閣揆人事決定權談起—兼論德國聯邦憲法法院最近的「國會解散案」判決〉，《月旦法學雜誌》136：128-151。

陳瑞樺譯，Olivier Duhamel, Marie-Anne Cohendet and Phillppe Ardant，2001，《法國爲何出現左右共治？歷史、政治、憲法的考察》，臺北：貓頭鷹。

傅希堯，2005，〈蘇謝黨政競逐，浮上檯面〉，《中華日報》，2月16日，焦點版。

彭威晶，1996，〈民進黨主席選舉許信良約張俊宏協調〉，《聯合報》，5月31日，4版。

彭顯鈞等。2009。〈修法禁美牛不違反議定書府劃設紅線〉，《自由時報》，11月5日，A03版。

曾盈瑜、林修卉、黃信維，2016，〈親上火線蔡英文每周開執政決策會統合府院黨　強化效率藍譏：救民調〉，《蘋果日報》，10月2日，A11版。

曾薏蘋、呂雪彗、周思宇，2016，〈總統令：一例一休非過不可〉，《中國時報》，12月6日，A1版。

曾薏蘋。2010，〈馬：產創條例應涵蓋工農業〉，《中國時報》，5月16日，A5版。

游盈隆，2004，〈民進黨應否走向美國政黨模式？〉，《新台灣新聞周刊》441，http://www.newtaiwan.com.tw/bulletinview.jsp?bulletinid=19314，檢索日期：2015年3月18日。

湯德宗，2002，〈從憲法結構與違憲審查—司法院大法官釋字第520號解釋評釋〉，載於劉孔中、陳新民（編著），《憲法解釋之理論與實務（第三輯）》，臺北：中央研究院中山人文社會科學研究中心，頁307-370。

黃名璽，2008，〈藍營執政新任中常委出爐黨政互動受矚目〉，《中央社》，7月26日，國內政治版。

黃秀端，2014，〈美國總統對國會立法的影響〉，黃秀端等著，《黨政關係與國會運作》，臺北：五南圖書出版。

黃秀端，2003a，〈少數政府在國會的困境〉，《臺灣政治學刊》7（2）：1-46。

黃秀端，2003b，〈程序委員會、分立政府與議程設定〉，2003年臺灣政治學會年會暨《世局變動中的臺灣政治》學術研討會，臺北：東吳大學。

黃錦堂，2000，〈臺灣雙首長制之研究—向總統制或向內閣制傾斜？〉，論文發表於國立臺灣大學政治學系與財團法人新臺灣人文教基金會舉辦之《「憲政體制與政黨政治的新走向」學術研討會》，臺灣：臺北。

楊婉瑩，2003，〈一致性到分立政府的政黨合作與衝突—以第四屆立法院爲例〉，《東吳政治學報》16：47-93。

楊舒媚、何醒邦，2009，〈馬英九：集遊法應限縮警權而非人權〉，《中國時報》，5月16日，A12版。

楊毅，2016，〈洪：總召將是政策會副執行長〉，《中國時報》，4月7日，A4版。

楊毅周，2006，《民進黨組織派系研究》，臺北：水牛出版。

楊憲村，1988，《中國時報》，8月19日，3版。

葉素萍，2016，〈總統籲速過總預算電業法綠擬開臨時會〉，《中央社》，http://www.cna.com.tw/news/aipl/201612260356-1.aspx，檢索日期：2019年6月1日。

鄒景雯、李欣芳、鍾麗華，2016，〈星期專訪執政將屆滿半年總統蔡英文：振興經濟明年進入加速期〉，《自由時報》，11月14日，A2版。

鄒景雯、陳明通，2015，〈國家安全危機處理機制：以1996年臺海危機個案為例〉，《東吳政治學報》33（4）：133-210。

廖達琪，2010，〈國會議員生涯類型變遷與民主體制的取向分析—以臺灣第二到第七屆立法院為例〉，《東吳政治學報》28（2）：49-96。

廖達琪、陳月卿，2019，〈半總統制下國會監督實際作為初探：臺灣立法院與法國國民議會之比較〉，黃秀端（編），《國會立法與國會監督》，臺北：五南圖書出版，頁177-212。

劉世忠，2011，《歷史的糾結：台美關係的戰略合作與分歧》，臺北：新臺灣國策智庫。

劉麗榮，2015，〈朱立倫不上訴王金平馬英九：失望〉，《中央社》，2月25日：http://www.cna.com.tw/news/firstnews/201502255015-1.aspx，檢索日期：2019年6月1日。

樊嘉傑，1991，〈許信良施明德看法大不相同〉，《中國時報》，9月3日，2版。

蔡同榮，2007，《熱情為臺灣》，臺北：民視文化出版。

蔡宗珍，2004，《憲法與國家（一）》，臺北：元照。

蔡榮祥、陳宏銘，2012，〈總統國會制的一致政府與憲政運作：以馬英九總統第一任任期為例〉，《東吳政治學報》30（4）：121-176。

蔡榮祥，2018，〈總統和國會的權力平衡與憲政衝突：以總統國會制國家秘魯、俄羅斯、喬治亞和葡萄牙為例〉，《政治學報》66：65-101。

蔡榮祥，2019，〈總統國會制權力行使：支持基礎與民主運作〉，《東吳政治學報》36（3）：59-129。

蔡慧貞，2008a，〈參選黨主席蔡英文：回歸質樸、重建中國論述〉，《中國時報》，4月19日，A4版。

蔡慧貞，2008b，〈謝：民進黨若沒改革難再執政〉，《中國時報》，5月5日，A4版。

鄭宏斌、林河名，2014，〈蔡英文今宣布參選民進黨主席與蘇貞昌、謝長廷3強爭霸2016大選前哨戰〉，《聯合報》，3月15日，A4版。

鄭明德，2003，《民進黨派系政治之研究》，高雄：中山大學中山學術研究所博士

論文。

鄭明德，2004，《一脈總相承：派系政治在民進黨》，臺北：時英出版。

鄭媁、丘采薇，2017，《聯合報》，6月23日，A1版。

盧本能，2010，《從空間理論看民進黨派系對黨主席決策的影響》，嘉義：中正大學政治學系碩士論文。

蕭文生，2002，〈自法律觀點論國會改選後的政府組成〉，陳隆志（主編），《新世紀新憲政—憲政研討會論文集》，臺北：元照，頁273-289。

蕭旭岑，2004，〈蕭萬長：國民黨須立即改革徹底揚棄舊思維黨產儘速透明化轉型「選舉機器」〉，《中國時報》，5月14日，A6版。

蕭旭岑，2018，《八年執政回憶錄》，臺北：天下文化出版。

蕭博樹，2009，〈美牛案恐生變？王金平：國內法高於議定書」〉，《自立晚報》，11月4日，政治特區版。

蕭新煌，1991，〈「君子之爭」更要爭出黨格—我看民進黨主席選舉〉，《中國時報》，9月10日，4版。

總統府新聞，https://www.president.gov.tw/Page/35。

謝瑞明，2013，《民進黨派系政治：2000-2008》，臺北：中國文化大學政治學系博士論文。

羅曉荷，2000，〈民進黨主席交接展現明年選舉雄心〉，《聯合報》，7月23日，2版。

蘇子喬，2011，〈哪一種半總統制—概念界定爭議之釐清〉，《東吳政治學報》29（4）：1-72。

蘇子喬，2013，《中華民國憲法：憲政體制的原理與實際》，臺北：三民書局。

蘇子喬，2016，〈總統兼任黨魁的應然面與實然面探討〉，「第七屆半總統制與民主學術研討會」，4月30日，臺中：東海大學。

蘇子喬、王業立，2016，〈從組閣爭議論我國憲政體制的定位與走向〉，《政治科學論叢》70：85-120。

蘇芳禾，2016，〈清泉崗機場升級？蔡英文揮手沒回應〉，《自由時報》，6月15日，https://news.ltn.com.tw/news/life/breakingnews/1730370，檢索日期：2019年6月1日。

蘇芳禾、李欣芳、曾韋禎，2016，〈10月起每週一蔡總統開協調會議，確保決策效率〉，《自由時報》，10月2日，https://news.ltn.com.tw/news/focus/paper/1037610，檢索日期：2019年6月1日。

蘋果新聞，2019，〈「蘇揆滿月1」打破不合傳聞　與蔡英文每週見面3次成「命運共同體」〉，2月24日，https://tw.appledaily.com/new/realtime/20190224/1521428/。

顧荃，2017，〈陳水扁倡內閣制總統應改爲虛位元首〉，中央社：http://www.cna.
　com.tw/news/aipl/201709240036-1.aspx，檢索日期：2019年6月1日。
顧荃，2019，〈卓榮泰：建立黨政平臺府黨行政立法四位一體〉，《中央社》，1月
　7日，https://www.cna.com.tw/news/aipl/201901070098.aspx，檢索日期：2019年6月
　1日。

二、英文文獻

Collier, Kenneth and Terran Sullivan. 1995. "New Evidence Undercutting the Linkage of
　Approval with Presidential Support and Influence." *Journal of Politics* 57, 1: 197-209.

Bell, David. 2000. *Parties and Democracy in France: Parties Under Presidentialism*.
　Brookfield, VT: Ashgate.

Blondel, Jean. 1992. "Dual Leadership in The Contemporary World." in *Parliamentary
　Versus Presidential Government*, ed. Arend Lijphart. Oxford: Oxford University Press,
　167-172.

Blondel, Jean and Maurizio Cotta. 1996. *Party and Government: An Inquiry into Rela-
　tionship between Governments and Supporting Parties in Liberal Democracies*. Lon-
　don: Macmillan Press Ltd.

Blondel, Jean and Maurizio Cotta. 2000. *The Nature of Party Government: A Compara-
　tive European Perspective*. New York: Palgrave.BöhlauVerlag.

Bulmer, Elliot. 2017. "Presidential Legislative Powers." International IDEA Constitution-
　Building Primer 15. Sweden: International Institute for Democracy and Electoral As-
　sistance.

Clift, Ben. 2005. "Dyarchic Presidentialization in a Presidentialized Polity: The French
　Fifth Republic." in Thomas Poguntke and Paul Webb. eds. The Presidentialization of
　Politics: A Comparative Study of Modern Democracies: 221-245. Oxford: Oxford Uni-
　versity Press.

Presidentialized Polity: The French Fifth Republic." in Thomas Poguntke and Paul Webb.
　eds. *The Presidentialization of Politics: A Comparative Study of Modern Democracies*:
　221-245. Oxford: OxfordUniversity Press.

Collier, Kenneth and Terran Sullivan. 1995. "New Evidence Undercutting the Linkage of
　Approval with Presidential Support and Influence." *Journal of Politics* 57, 1: 197-209.

Constitutions: Constitutional Finder, in https://www.constituteproject.org/. Lastest update
　2 July 2019.

Covington, Cary R. et al. 1995. "A 'Presidency-Augmented' Model of Presidential Success on House Roll Call Votes." *American Journal of Political Science* 39: 1001-24.

Covington, Cary R., J. Mark Wrighton, and Rhonda S. Kinney. 1995. "A 'Presidency-Augmented' Model of Presidential Success on House Roll Call Votes" *American Journal of Political Science*, 39: 1001-24.

Cross, William and André Blais. 2012. "Who selects the party leader?" *Party Politics* 18: 127-150.

Dickinson Matthew J. 2009. "We All Want a Revolution: Neustadt, New Institutionalism, and the Future of Presidency Research." *Presidential Studies Quarterly* 39(4): 736-770.

Duverger, Maurice. 1954. *Political Parties: Their Organization and Activity in the Modern State*. London: Methuen.

Duverger, Maurice. 1980."A New Political System Model: Semi-Presidential Government." *European Journal of Political Research* 8(2): 165-187.

Duverger, Maurice. 1997. "Reflection: The Plitical System of the European Union." European Journal of Political Research 31: 135-137.

Edwards, George C.III. 1985. "Measuring Presidential Success in Congress: Alternative Approaches." *Journal of Politics* 47: 667-85.

Edwards, George C.III. 1989. *At the Margins: Presidential Leadership of Congress*. New Haven: Yale University Press.

Edwards, George C.III. et al. 1997. "The Legislative Impact of Divided Government." *American Journal of Political Science* 41(2): 545-563.

Edwards, George C.III. 2009. *The Strategic President: Persuasion and Opportunity in Presidential Leadership*. Princeton, NJ: Princeton University Press.

Edwards, George C.III. 2017. "The Revolution in Presidency Studies" *Political Science & Politics* 50(1)：65-67.

Elgie, Robert. 1993. *The Role of the Prime Minister in France, 1981-1991*. London: The Macmillan Press Ltd.

Elgie, Robert. ed. 1999. *Semi-Presidentialism in Europe*. New York: Oxford University Press.

Elgie, Robert. 2003. "Semi-Presidentialism: Concepts, Consequences and Contesting Explanations." Paper presentation at the Conference on Semi-Presidentialism and Nascent Democracies, Institute of Political Science at Academia Sinica, Taiper, October 24-25.

Elgie, Robert. 2011. Semi-presidentialism: Sub-types and Democratic Performance.New York: Oxford University Press.

Elgie, Robert. 2016. "Three Waves of Semi-Presidential Studies." *Democratization* 23(1): 49-70.

Elgie, Robert. 2016. "The semi-presidential one." in http://www.semipresidentialism. com/?p=1053. Latest update 2 June 2019.

Epstein, Leon D. 1967. *Political Parties in Western Democracies*. New York: Praeger.

Epstein, Leon D. 1986. *Political Parties in the American Mold*. Madison: University of. Wisconsin Press.

Gibbs, Christine. 2009. "Presidential Success in Congress: Factors that Determine the President's Ability to Influence Congressional Voting." *Honors Projects*. Paper 35. http://digitalcommons.iwu.edu/polisci_honproj/35. Latest update 2 June 2019.

Haynes, Jeffrey. 2005. *Comparative Politics in a Globalizing World*. Cambridge: Polity.

Howell, William et al. 2000. "Divided Government and the Legislative Productivity of Congress, 1945-94." *Legislative Studies Quarterly* 25(2): 285-312.

Huntington, Samuel P. 1965. "Congressional Responses to the Twentieth Century." in David B. Truman. Eds. *The Congress and America's Future*. Englewood Cliffs, NJ: Prentice-Hall.

International Constitutional Law. "Countries." *International Constitutional Law* in http://www.servat.unibe.ch/icl/. Latest update 2 June 2019.

Katz, Richard S. 2001. "The Problem of Candidate Selection and Models of Party Democracy." *Party Politics* 7: 277-296.

Kawamura, Koichi. 2013. "Presidentialism and Political Parties in Indonesia: Why Are All Parties Not Presidentialized?" *Ide Discussion Paper* 409. in https://www.econbiz. de/Record/presidentialism-and-political-parties-in-indonesia-why-are-all-parties-not-presidentialized-kawamura-koichi/10009726215. Latest update 2 June 2019.

Kelly, Sean Q. 1993. "Divided We Govern:A Reassessment." *Polity* 25(1): 475-484.

Kernell, Samuel. 1997. *Going Public: New Strategies of Presidential Leadership*. 3rd. ed. Washington DC: Congressional Quarterly Press.

Key, V. O., Jr. 1964. *Politics, Parties, and Pressure Groups*. 5th ed. New York: Thomas Y. Crowell.

Köker, P. 2013. "The Role of Presidents in Government Formation -Austria and Germany." *Presidential Power* in https://presidential-power.com/?p=106. Latest update 2 June 2019.

Laver, Michael and Kenneth A. Shepsle. 1991. "Divided Government: American is not 'exceptional'." *Governance* 4: 250-269.

Laver, Michael and Kenneth A. Shepsle. 1996. *Making and Breaking Governments: Cabinets and Legislatures in Parliamentary Democracies*. New York: Cambridge University Press.

McAllister, Ian. 1996. "Leaders." in *Comparing Democracies: Elections and Voting in Global Perspective*: 278-296. Thousand Oaks, CA: Sage.

Marsh, Michael. 1993. "Introduction: Selecting the Party Leader." *European Journal of Political Research* 24: 229-231.

Mayhew, David R. 1991. "Divided Party Control: Does It Make a Difference?" *PS: Political Science and Politics* 24(4): 637-640.

McAllister, Ian. 1996. "Leaders."InLawrenceLeDuc, Richard G. Niemi, and Pippa Norris, eds. *Comparing Democracies:Elections and Voting in Global Perspective*: 280-298.Thousand Oaks, CA: Sage.

McAllister, Ian.1996. *Comparing Democracies:Elections and Voting in Global Perspective*. Thousand Oaks, CA: Sage.

Metcalf, L. K., 2000. "Measuring Presidential Power." *Comparative Political Studies* 33(5): 660-685.

Nakashidze, M. 2017. "Non-Partisan President, Democratic Representation and Impact on Executive Decision-Making-The Case of Georgia." Paper Presented at ECPR General Conference, Oslo, Norway.

Nation Master. "Political Parties and Leaders." in http://www.nationmaster.com/graph/gov_pol_par_and_lea-government. Latest update 2 June 2019.

Neustadt, Richard E. 1960. *Presidential Power: The Politics of Leadership*. New York: Wiley.

Paloheimo, Heikki. 2001. "Divided Government in Finland: From a Semi-Presidential to a Parliament Democracy." in*Divided Government in ComparativePerspective*: 86-105, ed. Robert Elgie. New York: Oxford University Press.

Paloheimo, Heikki. 2003. "The Rising Power of the Prime Minister in Finland." *Scandinavian Political Studies* 26(3): 219-243.

Panebianco, Angelo. 1988. *Political Parties: Organization and Power*. Cambridge: Cambridge University Press.

Poguntke, Thomas and Paul Webb. 2005. *The Presidentialization of Politics: A Comparative Study of Modern Democracies*. New York: Oxford University Press.

Poguntke, Thomas and Paul Webb & Robin Kolodny. 2011. "The Presidentializationof Party Leadership?Evaluating Party Leadership and PartyGovernment in the Democratic World."Paper Presented to *Annual Meeting of the American Political Science Association*, Seattle, 1-4 September 2011. in http://ssrn.com/abstract=1915657. Latest update 2 June 2019.

Rahat, Gideon and Reuven Hazan. 2001. "Candidate Selection Methods: an Analytical Framework." *Party Politics* 7: 297-322.

Rahat, Gideon and Sheafer, Tamir. 2007. "The Personalization(s) of Politics: Israel 1949-2003."*Political Communication*, 24(1), 65-80.

Ranney, Austin. 1993. *Governing: An Introduction to Political Science*. Englewood Cliffs, NJ: Prentice Hall.

Roper, Steven. 2002. "Are All Semipresidential Regimes the Same? A Comparisonof Premier-Presidential Regimes." *Comparative Politics* 34(3): 253-272.

Samuels J. David. 2002. "Presidentialized Parties: The Separation of Powers and Party Organization and Behavior." *Comparative Political Studies* 35: 461-483.

Samuels, J. David. and Shugart, Matthew. 2010. *Presidents, Parties, Prime Ministers:How the Separation of Powers Affects Party Organization and Behavior*. Cambridge, Cambridge University Press.

Sartori, Giovanni. 1997. *Comparative Constitutional Engineering: An Inquiry into Structures, Incentives and Outcomes*. 2nd ed. New York: New York University Press.

Schroedel, Jean Reith. 1994. Congress, the President and Policymaking: A Historical Analysis. Armonk, New York: M.E. Sharpe.

Shugart, Mathew S. and John M. Carey. 1992. *Presidents and Assemblies: Constitutional Design and Electoral Dynamics*. Cambridge: Cambridge University Press.

Siaroff, Alan. 2003. "Comparative Presidencies: The Inadequacy of the Presidential, Semi-Presidential and Parliamentary Distinction." *European Journal of Political Research* 42(3): 287-312.

Strom, Kaare. 1990. "A Behavioral Theory of Competitive Political Parties." *AmericanJournalof Political Science* 34: 565-598.

Strom, Kaare. 1990. *Minority Government and Majority Rule*. Cambridge: Cambridge University Press.

Thiebault, Jean-Louis. 1993. "Party Leadership Selection in France." *European Journal of Political Research* 24(3): 277-293.

Thiebault, Jean-Louis. 1993. "Party Leadership Selection in France: Creating a 'President's Party." *European Journal of Political Research* 24(3): 277-294.

Thomas Poguntke, Paul Webb. 2005. *The Presidentialization of Politics: A Comparative Study of Modern Democracies*.New York: Oxford UniversityPress.

Thomas, Norman C. et al. 1994. *The Politics of the Presidency*. Washington D.C.: Congressional Quarterly Inc.

Thomas, Norman C., Joseph A. Pika, and Richard A. Watson. 1994. *The Politics of the Presidency*. Washington, D.C.: Congressional Quarterly Inc.

Tsai, Jung-Hsiang. 2008. "Sub-types of Semi-presidentialismand Political Deadlock."

French Politics 6(1): 63-84.

Wikipedia. "Portuguese Council of State,"*Wikipedia*, in http://en.wikipedia.org/wiki/Portuguese_Council_of_State. Latest update 2 June 2019.

Wu, Yu-Shan. 2007. "Semi-Presidentialism—Easy to Choose, Difficult to Operate: The Case of Taiwan." In Robert Elgie, Sophia Moestrup, eds., Semi-Presidentialism Outside Europe: A Comparative Study. Abingdon, UK: Routledge.

Wu, Yu-Shan. 2018. "The Perils of Exiting from Semi-Presidentialism." Paper presented at the 25th World Congress of the International Political Science Association, Brisbane, Australia, July 21-25.

國家圖書館出版品預行編目資料

半總統制在臺灣：總統權力新視角／陳宏銘
著. -- 初版. -- 臺北市：五南, 2019.10
　面；　公分
　ISBN 978-957-763-681-2 (平裝)

1.總統制

572.53　　　　　　　　108015911

1PBA

半總統制在臺灣：總統權力新視角

作　　者 ― 陳宏銘 (249.8)

發 行 人 ― 楊榮川

總 經 理 ― 楊士清

總 編 輯 ― 楊秀麗

副總編輯 ― 劉靜芬

責任編輯 ― 林佳瑩、許珍珍

封面設計 ― 姚孝慈

出 版 者 ― 五南圖書出版股份有限公司

地　　址：106台北市大安區和平東路二段339號4樓

電　　話：(02)2705-5066　　傳　真：(02)2706-6100

網　　址：http://www.wunan.com.tw

電子郵件：wunan@wunan.com.tw

劃撥帳號：01068953

戶　　名：五南圖書出版股份有限公司

法律顧問　林勝安律師事務所　林勝安律師

出版日期　2019年10月初版一刷

定　　價　新臺幣420元